그리스 로마 신화
인물사전

신화는 삶을 꿰뚫는
진리를 **발견**하는 길이다

그리스 로마 신화
인물사전 7ㅇㅈ

박규호 · 성현숙 · 이민수 · 김형민 지음

한국인문고전연구소

차례

일러두기

1. 본문의 인명 및 지명은 그리스어와 라틴어를 혼용하여 쓰고 있으나 원전을 살리되, 통용
   되는 명칭은 그대로 사용하였다.

2. 본문의 서명書名은 『　』, 음악 미술 등의 작품명은 〈　〉로 표기한다.

3. 본문의 그림 설명은 작품 제목, 종류, 작가 이름, 제작 시기, 보관처출처, 기타 설명 순이다.

ㅇ

에우마이오스 Eumaeus

요약

　그리스 신화에 나오는 오디세우스의 돼지치기이다.

　심성이 착하고 충직한 하인으로 주인 오디세우스가 20년 동안 집을 비운 사이에도 자신에게 맡겨진 일을 게을리하지 않으며 충성을 지켰다. 오디세우스가 돌아와 페넬로페의 구혼자들을 물리칠 때 옛 주인을 도와 함께 싸웠다.

기본정보

구분	신화 속 인물
상징	충직한 하인
외국어 표기	그리스어: Εὔμαιος
관련 신화	오디세우스

인물관계

　에우마이오스는 시리아 섬의 왕 크테시오스의 아들이며 오르메노스의 손자이다. 그는 오디세우스 집안의 충실한 돼지치기로 라에르테스, 오디세우스, 텔레마코스 3대에 걸쳐 주인을 섬겼다. 나중에 그는 자유인이 되어 이타카 귀족 가문인 콜리아스 일족의 시조가 되었다.

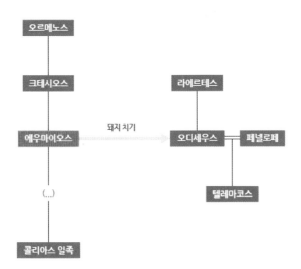

신화이야기

노예로 팔려간 왕자

에우마이오스는 오디세우스의 궁에서 돼지를 치는 하인이지만 원래는 왕족 출신으로, 그의 아버지 크테시오스는 시리아 섬을 다스리는 왕이었다고 한다. 그가 아직 어릴 때 페니키아 상인들의 배가 섬에 도착했는데 선원 한 사람이 크테시오스의 궁에서 일하는 페니키아 출신의 여자 노예를 유혹하여 함께 배를 타고 도망치는 일이 벌어졌다. 그런데 이 여자 노예가 어린 에우마이오스를 배에 데리고 탔던 것이다. 그리고 7일 뒤 여자 노예는 바다에 빠져 죽고 에우마이오스는 오디세우스의 아버지 라에르테스에게 노예로 팔려가는 신세가 되었다. 에우마이오스는 라에르테스의 궁에서 오디세우스와 크티메네 남매와 함께 자랐다.

충직한 돼지치기

성인이 된 에우마이오스는 처음에 라에르테스의 돼지치기로 일하다가 라에르테스가 왕위에서 물러난 뒤에는 오디세우스의 돼지치기가 되었다. 그는 오디세우스가 트로이 전쟁에 나가고 없는 동안에도 변함없이 오디세우스의 집안에 충성하며 페넬로페의 무례하고 탐욕스러운 구혼자들로부터 주인의 돼지를 지켰다.

오디세우스의 귀환

오랜 방황을 끝내고 20년 만에 마침내 고향 땅을 밟은 오디세우스는 아테나 여신의 조언에 따라 제일 먼저 에우마이오스의 오두막을 찾아갔다.

늙은 돼지치기는 아테나 여신이 거지 모습으로 바꾸어놓은 옛 주인을 비록 알아보지는 못했지만 친절하게 맞아주고 음식과 잠자리를 제공하였다. 오디세우스는 자신의 재산을 지키기 위해 돼지들과 함께 자는 에우마이오스를 보며 굳은 신뢰를 느낄 수 있었지만 일단 자신의 정체를 밝히지 않았다. 그 대신 자신을 오디세우스와 함께 트로이 전쟁에 참전했었던 크레타인이라고 소개하면서 접근하여 에우마이오스로부터 그 동안 이타카에서 벌어진 일들을 전해 들었다.

에우마이오스의 오두막에서 아들 텔레마코스와 대면하는 오디세우스
보나벤투라 게넬리(Bonaventura Genelli), 19세기

그는 에우마이오스에게 주인 오디세우스가 곧 귀향할 거라고 말했지만 에우마이오스는 그의 말을 별로 믿으려 하지 않았다.

아버지의 소식을 듣기 위해 스파르타의 메넬라오스를 찾아갔다가 돌아온 오디세우스의 아들 텔레마코스도 돼지치기의 오두막으로 오면서 부자 상봉이 이루어졌지만 텔레마코스는 어릴 때 떠난 아버지를 당연히 알아보지 못했다. 오디세우스는 에우마이오스가 페넬로페에게 아들의 도착을 알리러 궁으로 떠나자 텔레마코스에게 자신이 아버지 임을 밝혔다. 그런 뒤 오디세우스는 다시 거지로 변장하고 아들과 함께 아내 페넬로페와 구혼자들이 있는 궁으로 갔다.

자유인이 된 에우마이오스

구혼자들과 결정적인 전투를 벌이기 직전에 오디세우스는 에우마이오스에게 자신의 정체를 밝혔고 에우마이오스는 끝까지 충성을 지키며 오디세우스와 텔레마코스를 도와 구혼자들과 싸웠다.

『플루타르코스 영웅전』에서 아리스토텔레스가 전하는 말에 따르면 아버지에 이어 이타카의 주인이 된 텔레마코스는 에우마이오스에게 자유인의 신분을 선사하였고 그 후 에우마이오스는 이타카의 귀족 가문 중 하나인 콜리아스 일족의 시조가 되었다고 한다.

페넬로페의 구혼자들과 싸우는 오디세우스, 텔레마코스, 에우마이오스
캄파니아에서 출토된 적색상 도기, 기원전 330년, 루브르 박물관

에우몰포스 Eumolpus

요약

그리스 신화에 나오는 트라키아의 왕이다.

아테네와 엘레우시스 사이에 전쟁이 벌어졌을 때 엘레우시스를 도
와 참전했다가 패해 목숨을 잃었다. 그는 대지의 신 데메테르를 숭배
하는 엘레우시스 비교(秘敎)의 창설에도 기여했다고 한다.

기본정보

구분	트라키아의 왕
외국어 표기	그리스어: Εὔμολπος
어원	아름답게 노래하는 자
관련 신화	아테네 건국, 엘레우시스 비교
가족관계	포세이돈의 아들, 키오네의 아들, 케릭스의 아버지

인물관계

에우몰포스는 포세이돈이 북풍의 신 보레아스와 오레이티이아의 딸
인 키오네와의 사이에서 낳은 아들이다. 에우몰포스는 자신을 길러준
양모(養母) 벤테시키메가 에티오피아의 왕과 결혼하여 낳은 딸들 중
한 명과 결혼하여 아들 이스마로스(혹은 임마라도스)를 낳았다.

일설에 따르면 엘레우시스 비교의 사제 가문인 케리케스 일족의 시
조 케릭스도 그의 아들이라고 한다.

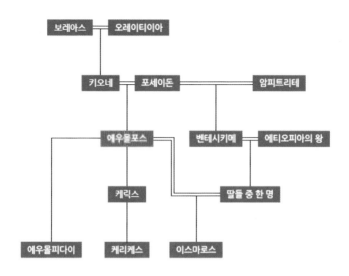

신화이야기

따로 없음

트라키아의 왕이 된 에우몰포스

포세이돈과 몰래 관계하여 임신한 키오네는 아버지 보레아스의 노여움을 살까봐 두려워 몰래 아이를 낳은 다음 바다에 던져버렸다. 하지만 포세이돈은 아이를 구해서 에티오피아로 데려가 벤테시키메에게 아이의 양육을 맡겼다. 벤테시키메는 포세이돈과 그의 아내 암피트리테가 낳은 딸이다.

에우몰포스가 성장하자 벤테시키메의 남편인 에티오피아의 왕은 자기 딸들 중 한 명을 그와 결혼시켰다. 에우몰포스와 에티오피아의 공주 사이에서는 아들 이스마로스가 태어났다. 나중에 에우몰포스는 아내의 자매를 범하려다가 아들 이스마로스와 함께 에티오피아에서 추방되었다.

에우몰포스는 트라키아의 왕 테기리오스를 찾아가 몸을 의탁했다. 테기리오스 왕은 에우몰포스를 극진히 환대했을 뿐만 아니라 그의 아들 이스마로스에게 자신의 딸을 아내로 내주었다. 하지만 에우몰포스는 테기리오스 왕에 반대하는 음모에 가담했다가 발각되는 바람에 다시 트라키아를 떠나야 했다. 에우몰포스는 엘레우시스로 도망쳤다. 그는 그곳에서 주민들에게 큰 호감을 얻을 수 있었다.

나중에 에우몰포스는 테기리오스와 화해하였고, 연로한 데다 아들이 없었던 테기리오스 왕은 에우몰포스에게 트라키아의 왕위를 물려주었다. 그 무렵 아테네와 엘레우시스 사이에 국경 문제를 놓고 전쟁이 벌어지자 엘레우시스인들과 친분이 두터웠던 에우몰포스는 트라키아 군대를 이끌고 엘레우시스를 도우러 갔다.

딸을 희생시켜 전쟁에 승리한 에레크테우스

에우몰포스의 공격으로 수세에 몰린 아테네 왕 에레크테우스는 어떻게 해야 전쟁에 이길 수 있는지를 신탁에 물었고, 딸 하나를 제물로 바쳐야 한다는 답이 내렸다. 에레크테우스는 고민 끝에 딸 한 명을 희생시키기로 결정했는데 그러자 에레크테우스의 딸들은 자신들 중 누구 하나가 희생되면 모두 따라 죽기로 맹세하였다. 결국 크토니아가 제물로 뽑혀 죽음을 맞이하자 다른 딸들도 모두 스스로 목숨을 끊었다.

이렇게 해서 전쟁의 승리는 딸들을 모두 희생시킨 에레크테우스의 차지가 되었다. 엘레우시스는 아테네의 영토가 되었고 엘레우시스를 도와 전쟁에 참가한 에우몰포스는 전투 중에 에레크테우스에게 목숨을 잃었다. 하지만 아들을 잃은 포세이돈은 에레크테우스를 그대로 놔두지 않았다. 에레크테우스는 분노한 포세이돈의 창에 찔려 죽었다고도 하고, 포세이돈의 부탁을 받은 제우스의 번개에 맞아 죽었다고도 한다.

엘레우시스 비교(秘敎)

에우몰포스는 엘레우시스의 왕 켈레오스와 함께 엘레우시스 비교의 창설에 기여한 것으로 알려져 있다.

엘레우시스 부조
기원전 440~430년경. 아테네 국립고고학박물관
: 왼쪽이 데메테르, 가운데가 트리프톨레모스, 오른
쪽이 페르세포네이다

에우몰포스는 켈레오스의 딸들과 함께 데메테르를 모시는 엘레우시스 비교의 사제가 되었고 헤라클레스가 켄타우로스들을 죽였을 때 그 죄를 씻어주어 그를 비교의 무리에 합류하게 했다.

엘레우시스 비교의 사제 가문인 에우몰피다이는 그의 후손들이다. 그리고 엘레우시스 비교의 또 다른 사제 가문인 케리케스의 시조로 알려진 케릭스는 에우몰포스의 아들이라고 한다.

에우테르페 Euterpe

요약

음악 혹은 서정시를 담당하는 무사 여신이다.

예술가들에게 영감을 주는 아름다운 여인을 영어로 '뮤즈(Muse)'라고 하는데 그리스어로 뮤즈에 해당하는 단어가 '무사'이고 복수형이 '무사이'이다. 무사이 여신들은 대개 함께 등장하기 때문에 복수형 무사이로 불리어진다. 무사이 여신들은 예술과 문학, 학문 등을 관장하며, 시인과 예술가들에게 재능을 부여하고 영감을 주었다.

기본정보

구분	무사이
상징	플루트, 음악, 서정시
외국어 표기	그리스어: Εὐτέρπη
어원	기쁨을 주는
관련 신화	무사이 여신들, 레소스
가족관계	제우스의 딸, 므네모시네의 딸, 레소스의 어머니

인물관계

에우테르페를 비롯한 무사이 여신들은 제우스와 기억의 여신 므네모시네 사이에서 태어났다. 에우테르페는 강의 신 스트리몬과의 사이에 레소스를 낳았다.

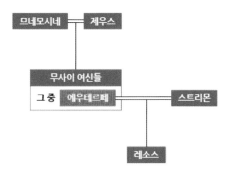

신화이야기

무사이 여신들

무사이의 출생에 대해서 전하는 내용은 원전에 따라 차이가 나는데, 『신들의 계보』에 의하면 무사이는 제우스와 기억의 여신 므네모시네 사이에서 태어난 딸들이다.

제우스는 거인들, 즉 기간테스에 맞서 싸운 힘든 전쟁에서 승리한 후 승리의 축가를 지어 그 기쁨을 영원히 기억하고자 했다. 그렇게 하기 위해서는 전쟁에 대해 모든 것을 기억하고 있는 기억의 여신 므네모시네가 필요했다. 이에 제우스는 므네모시네와 아흐레 동안 동침했고 바로 여기에서 에우테르페를 비롯한 아홉 명의 무사이 여신들이 태어난 것이다.

무사이는 예술의 여신들이며 동시에 모든 것을 기억하여 간직하는 학문의 여신들이기도 하다. 올림포스 산에서 신들의 연회가 열리면 무사이 여신들은 아폴론이 연주하는 리라 소리에 맞춰 노래를 불러 신들에게 즐거움을 주었다.

신들에게 즐거움을 주는 무사이 여신들은 사람들에게는 예술적 재능과 영감을 주었다. 문자가 없던 고대 그리스 시대에는 노래를 통해 이야기를 전해주는 음유시인들의 작업이 기억력과 밀접한 관계가 있었는데 무사이 여신들이 바로 예술가의 기억력을 일깨워주는 역할을 했다. 그렇기 때문에 고대 그리스 예술가들은 예술적 영감과 재능을 무사이 여신들로부터 받았다고 생각했다.

무사이의 수도 원전에 따라 차이가 나는데 처음에는 세 명이었다가 점차적으로 아홉 명까지 늘어나게 되었다. 『신들의 계보』는 아홉 명의 무사이를 하나하나 이름까지 거명하고 있다. 학문과 예술을 관장하던 무사이는 처음에는 그 역할이 개별적으로 정해지지 않았고 로마 시대에 들어와서야 무사이 하나하나에게 특정한 역할이 지정되었는데 개별적인 역할 또한 원전에 따라 약간씩 차이가 난다.

아래 사진의 석관은 로마 시대에 만들어졌는데 아홉 명의 무사이가 자신이 주관하는 분야를 상징하는 물건과 함께 조각되어 있다.

뮤즈들의 석관

150년경, 루브르 박물관 소장

왼쪽부터 설명하면, 대개는 나팔과 물시계를 들고 다니는데 여기서는 책을 들고 있는 역사 담당의 클리오, 웃는 가면을 들고 있는 희극 담당의 탈리아, 연가를 담당하는 에라토, 플루트를 들고 있는 서정시의 여신 에우테르페, 골똘히 생각에 잠겨있는 찬가와 무언극의 여신 폴리힘니아, 월계관과 책을 들고 있는 서사시의 여신 칼리오페, 리라를 들고 있는 가무의 여신 테르프시코레, 지구의 빛 나침반과 함께 있는 천문의 여신 우라니아 그리고 슬픈 가면을 쓰고 있는 비극의 무사 멜포메네이다.

음악의 무사 여신 에우테르페

에우테르페는 음악과 서정시를 맡고 있는 무사 여신으로 이름의 의미는 '기쁨을 주는' 여신을 의미한다. 무사이 여신들의 이름은 관장하고 있는 분야와 관련하여 각 여신들의 재능과 적성을 고려하여 지어 졌는데 디오도로스 시쿨루스가 쓴 『역사총서』에 의하면 음악의 여신 은 자신의 노래를 듣는 사람들에게 기쁨을 주기 때문에 에우테르페 라는 이름을 갖게 되었다고 한다.

에우테르페를 상징하는 물건은 플루트로 대개의 경우 여신은 예술 작품 속에서 플루트를 들고 있는 모습으로 나타난다.

에우테르페는 강의 신 스트리몬과의 사이에 트라키아의 왕 레소스 를 낳았다고 한다. 에우리피데스에 의하면 레소스의 어머니는 무사이 여신들 중의 한 사람으로 음악을 담당하는 여신이라고 하는데 구체적 인 이름은 언급되지 않는다. 그러나 일반적인 설에 의하면 레소스의 어머니는 에우테르페라고 한다.

클리오, 에우테르페, 탈리아
유스타쉬 르 쉬외르(Eustache Le Sueur), 1640~1645년경, 루브르 박물관

에우리피데스가 쓴 『레소스』는 레소스의 출생에 대해 무사이 여신 중의 한 명인 그의 어머니의 말을 통해 상세하게 전하고 있다. 여기에서 레소스의 출생이야기는 트라케의 전설적 가수이자 시인인 타미리스와 연관되어 전해진다.

자신의 음악적 재능에 오만해진 타미리스는 무사이 여신들에게 노래 시합을 하자고 도전을 하였다. 이에 무사이 여신들이 악기를 나르기 위해 강물을 건너다가 그 중 한 명이 그만 강물에 빠져 강의 신 스트리몬의 침대에 들게 되어 임신을 하였고 그 결과 레소스가 태어난 것이다.

레소스는 트로이 전쟁에서 트로이를 돕기 위해 왔으나 오디세우스와 디오메데스의 습격을 받아 목숨을 잃고 명마와 전차를 빼앗겼다.

에우포리온 Euphorion

요약

그리스 신화에 등장하는 아킬레우스와 헬레네의 아들이다.

등에 날개가 달린 아름답고 총명한 소년으로 제우스의 사랑을 받았으나 이를 거절하다 신의 분노를 사게 되어 벼락을 맞고 죽었다.

기본정보

구분	신화 속 인물
외국어 표기	그리스어: Εὐφορίων
어원	풍요로운
관련 신화	아킬레우스와 헬레네, 엘리시온

인물관계

에우포리온은 이 세상에서의 생을 마친 뒤 복된 자들의 섬에 들어간 아킬레우스와 헬레네가 그곳에서 결혼하여 낳은 아들이다.

신화이야기

부부가 된 아킬레우스와 헬레네

일부 전승에 따르면 그리스 최고의 영웅 아킬레우스는 죽은 뒤 그리스 최고의 미녀 헬레네와 '복된 자들의 섬'에 가서 영원한 행복을 누리며 살고 있다고 한다. 아킬레우스와 헬레네가 함께 산다는 곳은 도나우 강이 흑해로 흘러드는 하구에 위치한 '레우케'라고 불리는 흰 섬이라고도 하고, 신들의 총애를 받는 인간들만이 들어간다는 오케아노스 강변에 있는 '행복의 들판' 엘리시온이라고도 한다.

그곳에서 두 사람은 올림포스 신들의 축복을 받으며 결혼식을 올리고 에우포리온이라는 아들도 얻었다.

에우포리온의 죽음

에우포리온은 등에 날개가 달린 아름답고 총명한 소년으로 제우스의 사랑을 받았다. 하지만 제우스의 사랑은 보답을 받지 못했다.

에우포리온은 제우스가 다가오면 재빨리 날아올라 도망치기에 바빴다. 제우스의 사랑은 점점 분노로 바뀌었고, 또 다시 자신을 피해 도망치는 에우포리온을 향해 벼락을 던져 에우포리온이 멜로스 섬에 떨어져 죽게 만들었다. 제우스는 그러고도 분이 풀리지 않아 에우포리온의 시신을 묻어준 섬의 님페들을 모두 개구리로 만들어버렸다.

괴테의 『파우스트』

독일의 대문호 괴테는 필생의 역작 『파우스트』 2부에서 에우포리온(독일식으로 오이포리온)을 등장시킨다. 여기서 파우스트 박사는 북방을 대표하는 낭만적인 중세의 기사로 등장하여 고전적 고대가 형상화된 미녀 헬레네와 결합하여 오이포리온이라는 아들을 낳는다.

헬레네와 파우스트 그리고 오이포리온
빌헬름 폰 카울바흐(Wilhelm von Kaulbach)
1800년경

괴테의 작품에서 오이포리온은 낭만주의 문학에 대한 알레고리이자 영국의 요절한 천재 시인 바이런을 암시하는 존재이다.

오이포리온은 한없이 높이 날아오르기를 원하다 이카로스처럼 추락하여 파우스트와 헬레네의 발치에서 죽음을 맞았다.

에일레이티이아 Ilithyia, Eileithyia

요약

그리스 신화에 나오는 출산의 여신이다.

임신한 여자들이 안전하게 아기를 낳을 수 있도록 도와주는 여신이지만 어머니 헤라 여신의 명령으로 오히려 분만을 방해하고 지연시키기도 한다. 알크메네가 헤라클레스를 낳을 때 이를 방해한 것이 대표적인 예이다.

기본정보

구분	개념이 의인화된 신, 출산의 신
상징	출산, 분만
외국어 표기	그리스어: Εἰλείθυια
어원	도와주러 오는 자
로마 신화	루시나
별칭	일리시아, 혹은 일리티이아 (Ilithyia)
가족관계	제우스의 딸, 헤라의 딸, 아레스의 남매

인물관계

제우스와 헤라 사이에서 난 딸로 헤베, 아레스, 헤파이스토스 등과 형제이다. 그녀는 크레타 섬 암니소스의 동굴에서 태어났다고 한다.

신화이야기

기원

임신한 여성의 분만을 돕는 출산의 여신으로서 에일레이티이아에 대한 숭배는 크레타 섬에서 시작된 것으로 보인다.

크레타 섬의 크노소스 유적지에서 발견된 점토판에 새겨진 에레우티아라는 이름이 출산의 여신 에일레이티이아에 대한 최초의 언급이라고 한다. 에일레이티이아에 대한 크레타인들의 숭배는 미노스 문명을 지나 헬레니즘과 로마 시대까지 이어진다.

호메로스는 그녀를 복수형으로 에일레이티이아이라고 부르기도 했는데 이 경우에는 결혼의 여신 헤라와 처녀들의 수호신 아르테미스도 포함되기도 한다. 그러나 일반적으로 에일레이티이아는 헤라와 제우스

아테나의 탄생
아티카 도기 그림, 기원전 6세기, 루브르 박물관
: 왼쪽은 제우스, 오른쪽은 출산을 돕는 에일레이티이아

사이에서 태어난 딸로 간주되며 출산을 돕기만 하는 것이 아니라 헤라의 명령에 따라 출산을 방해하는 역할로도 신화에 등장한다.

레토의 출산

제우스는 아내 헤라 몰래 레토와 사랑을 나누었는데 이로 인해 레토는 쌍둥이를 임신하였다. 이 사실을 알게 된 헤라는 질투심에 불같이 화를 내며 이 세상에 해가 비치는 곳에서는 절대로 아이를 낳을 수 없다는 저주를 내렸다.

만삭의 몸으로 몸을 풀 장소를 찾아 헤매던 레토는 지상에서는 더

이상 아이를 낳을 수 없다는 걸 깨닫고 제우스의 형제인 해신 포세이돈에게 도움을 청하였다. 이에 포세이돈은 바다 속에 가라앉아 있던 섬을 솟아오르게 하여 레토를 그곳으로 데려갔다.

이 섬은 이제껏 바닷속에 있었으므로 헤라의 저주가 미치지 않는 장소였던 것이다. 그러자 헤라는 자신의 딸인 출산의 여신 에일레이티이아에게 명령하여 레토의 출산을 방해하게 하였다. 에일레이티이아의 도움을 얻지 못한 레토는 진통만 계속될 뿐 아이를 낳을 수가 없었다. 보다 못한 제우스가 전령의 여신 이리스를 보내 에일레이티이아에게 레토의 출산을 도우라고 명했고 그녀의 도움을 받은 레토는 곧 아폴론과 아르테미스를 낳을 수 있었다.

레토가 아폴론과 아르테미스를 낳은 섬이 바로 델로스 섬이다.

알크메네의 출산

알크메네가 헤라클레스를 낳을 때도 헤라는 에일레이티이아를 시켜 출산을 방해하였다. 알크메네도 제우스와 관계하여 임신을 했기 때문이었다.

헤라의 명령을 받은 에일레이티이아는 알크메네의 산실 문턱에서 두 팔로 무릎을 감싸고 양손을 깍지 낀 자세로 주술을 써서 알크메네의 출산을 막았고 그 바람에 산모와 아기는 모두 목숨을 잃을 위험에 처했다.

이때 알크메네의 유모 갈린

헤라클레스의 탄생
장 자크 프랑수아 르 바르비에(Jean Jacques Francois Le Barbier), 1807년에 파리에서 출간된 오비디우스의 「변신이야기」에 수록된 삽화

티아스가 기지를 발휘하여 산실을 뛰쳐나가며 알크메네가 제우스의 도움으로 이미 아기를 출산했다고 소리쳤다. 밖에 있던 에일레이티이아는 이 소리를 듣고 화를 내며 벌떡 일어섰다. 출산과 생사를 관장하는 자신들의 권한이 무시되었다고 여겼던 것이다. 하지만 그 바람에 출산을 가로막고 있던 주술이 풀리면서 알크메네는 무사히 헤라클레스를 낳을 수 있었다.

사실을 알게 된 에일레이티이아는 분노하여 갈린티아스를 족제비로 만들고는 그녀가 입으로 자신을 속였으므로 새끼를 입으로 낳게 하였다.(고대인들은 족제비가 귀로 임신하여 입으로 새끼를 낳는다고 여겼다)

에코 Echo

요약

그리스 신화에 나오는 헬리콘 산의 님페이다.

에코가 자꾸 말을 거는 바람에 남편 제우스가 바람 피우는 현장을 놓친 헤라에 의해 남이 한 말만 따라해야 하는 벌을 받았다. 나르키소스에 대한 안타까운 사랑으로 유명하다.

기본정보

구분	님페
상징	응답 없는 사랑
외국어 표기	그리스어: Ἠχώ
어원	소리, 음향
관련 자연현상	메아리
관련 상징	수선화
가족관계	가이아의 딸

인물관계

숲의 님페 에코는 대지의 여신 가이아의 딸이라고만 알려져 있다.

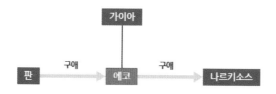

신화이야기

헤라 여신에게서 벌을 받은 에코

　에코는 헬리콘 산 속에 사는 님페인데 수다 떠는 걸 너무 좋아해서 한 번 말을 시작하면 멈출 줄을 몰랐다. 어느 날 남편 제우스가 헬리콘 산으로 가는 것을 본 헤라는 혹시 숲의 님페들과 바람을 피우지 않을까 싶어 몰래 따라갔는데 에코가 다가와서 너무 말을 거는 바람에 그만 남편을 놓치고 말았다. 그 덕에 제우스는 아내에게 들키지 않고 숲의 님페들과 즐거운 시간을 가질 수 있었다. 에코의 수다 때문에 남편의 부정 현장을 놓친 헤라는 화가 나서 에코에게 벌을 내렸다. 앞으로는 남이 말하기 전에는 절대로 먼저 입을 열 수 없으며 말을 하더라도 남이 한 말의 끝부분만을 반복해야 하는 벌이었다.

에코
알렉상드르 카바넬(Alexandre Cabanel)
1887년, 메트로폴리탄 미술관

　일설에는 에코가 아내를 따돌리려는 제우스의 지시로 일부러 헤라에게 말을 걸었다고 한다. 그렇다면 에코가 받은 벌은 너무 가혹해 보인다.

나르키소스와 에코

　강의 신 케피소스와 님페 리리오페 사이에서 태어난 나르키소스는 매우 아름다운 청년으로 많은 젊은이들과 소녀들의 흠모를 받았으나 그 누구의 마음도 받아주지 않았다. 하루는 숲으로 사슴 사냥을 나갔던 나르키소스가 일행과 떨어져 숲을 헤매게 되었는데 그를 본 에코가 첫눈에 반하고 말았다. 에코는 달콤한 사랑의 말을 건네고 싶었지만 헤라 여신의 벌로 그럴 수가 없었다. 에코는 애타는 가슴을 안은 채 나르키소스의 뒤를 따라다니기만 했다. 그러다 나르키소스가 뭐라고

에코와 나르키소스
존 윌리엄 워터하우스(J.W.Waterhouse), 1903년
리버풀 워커 아트갤러리

한 마디 하면 그 말의 끝부분을 따라할 뿐이었다. 나르키소스는 에코의 그런 기이한 행동을 보고는 더 이상 상대하지 않고 떠나버렸다. 에코는 너무나 부끄러워 깊은 동굴 속에 숨어서 나날이 여위어가다가 결국 뼈만 남은 몸은 바위로 변하고 목소리만 남게 되었다.

그 후 무정한 나르키소스는 신들의 벌을 받아 물에 비친 자신의 모습에 반하고 말았다. 나르키소스는 물 속의 얼굴에 키스하려 했지만 입술을 대면 곧 얼굴이 사라지고 말았다. 손을 뻗어 쓰다듬으려 해도 마찬가지였다. 나르키소스는 물가에 앉아 애만 태우다가 결국 죽고 말았고 그가 죽은 자리에서는 노란 수선화(나르키소스)가 피어났다. 나르키소스는 저승에 가서도 물에 비친 자신의 얼굴만 쳐다보고 있다고 한다.

판과 에코

다른 이야기에 따르면 에코가 남의 말만 반복하게 된 것은 헤라가 아니라 목신(牧神) 판의 저주 때문이라고 한다. 판은 숲의 님페 에코를 무척 사랑하였는데 에코는 그를 거들떠보지 않았다. 무시당한 판은 화가 나서 들판의 목자들을 미치광이로 만들어 에코를 갈가리 찢어 죽이게 했다. 대지의 여신 가이아는 사방에 흩뿌려진 딸 에코의 사지를 거두어들인 뒤 목소리만 남겨두었다고 한다.

에키드나 Echidna

요약

그리스 신화에 등장하는 상반신은 아름다운 여인이고 하반신은 징그러운 뱀인 괴물이다. 제우스와 대결했던 반인반수의 거대한 괴물 티폰과 사이에서 수많은 괴물들을 낳아 '모든 괴물의 어머니'라고 불렸다. 헤라클레스와 사이에서 기마 민족 스키타이족의 시조인 스키테스를 낳았다.

기본정보

구분	괴물
상징	모든 괴물의 모태
외국어 표기	그리스어: Ἔχιδνα
어원	뱀, 살모사
관련 동물	뱀
가족관계	포르키스의 딸, 케토의 딸, 고르고네스의 자매, 그라이아이의 자매

인물관계

에키드나는 포르키스와 케토 사이에서 태어난 딸인데 포르키스와 케토는 둘 다 바다의 신 폰토스와 대지의 여신 가이아의 자식들이다. 마녀 자매인 고르고네스와 그라이아이도 포르키스와 케토 사이에서 태어난 딸들이다. 하지만 또 다른 이야기에 의하면 에키드나는 메두사의 피에서 태어난 크리사오르가 바다의 님페 칼리로에와 결혼하여 낳은 딸이라고도 한다. 이 경우 에키드나는 몸과 머리가 각각 세 개씩인 삼두삼신(三頭三身)의 괴물 게리온과 남매가 된다.

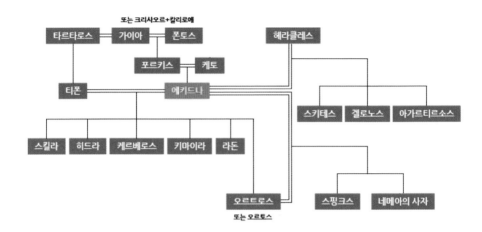

신화이야기

개요

에키드나는 상반신은 아름다운 여인이고 하반신은 징그러운 뱀인 끔찍한 괴물이다. 헤시오도스는 『신들의 계보』에서 에키드나를 다음과 같이 묘사하였다.

> "반쪽은 속눈썹을 깜빡이는 볼이 예쁜 소녀고
> 다른 반쪽은 신성한 대지의 깊숙한 곳에서 반짝이며
> 게걸스레 먹어치우는 무섭고 거대한 뱀이다."

에키드나는 가이아가 자신의 아들 크로노스를 왕좌에서 내쫓은 제우스에게 복수하기 위해 타르타로스와 관계하여 낳은 아들인 강력한 괴물 티폰과 결합하여 수많은 괴물들을 낳았다. 그리스 신화에 등장하는 대부분의 유명한 괴물들과 어머니로 연결되어 있기 때문에 "모든 괴물의 어머니"로도 통한다.

에키드나는 펠로폰네소스의 지하 동굴에 살면서 밤이면 가축이나 나그네를 덮쳐 지하로 끌고 가서 잡아먹곤 했는데 가축을 실컷 잡아먹은 뒤 포만감에 잠들었다가 백 개의 눈을 가진 아르고스에게 죽임을 당했다. 하지만 그녀가 신들과 마찬가지로 불사의 존재라는 이야기도 있다. 나중에 기독교에서는 에키드나를 음란한 매춘부의 상징으로 삼았다.

에키드나
©Yellow.Cat@wikimedia(CC BY-SA 2.0)

에키드나의 자손들

『신들의 계보』에 따르면 에키드나는 남편 티폰과 사이에서 머리가 둘 달린 개의 형상을 한 괴물 오르토스(혹은 오르트로스), 청동 목소리에 세 개 혹은 쉰 개의 머리와 뱀의 꼬리를 가진 하데스의 개 케르베로스, 여러 개의 머리를 지닌 레르나의 물뱀 히드라, 눈을 부라리는 사자의 머리와 암염소의 머리와 강력한 용의 머리가 차례로 달려 있는 삼두 괴물 키마이라 등을 낳았다.

에키드나는 또 티폰과 사이에서 낳은 자신의 아들인 마견(魔犬) 오르토스와도 관계하여 여자의 얼굴과 사자의 몸통과 날개를 가진 괴물 스핑크스와 그 어떤 무기로도 뚫거나 상처를 입힐 수 없는 강력한 가죽을 지닌 네메아의 사자도 낳았다고 한다.

그밖에도 암퇘지의 형상을 한 괴물 파이라와 콜키스의 황금 양털을 지키는 잠들지 않는 용, 헤스페리데스의 사과를 지키는 용 라돈, 프로메테우스의 간을 쪼아 먹는 카우카소스의 독수리, 상체는 처녀이지만 하체는 여섯 마리의 사나운 개가 삼중의 이빨을 드러내고 굶주림에 짖어대는 모습을 한 바다괴물 스킬라 등도 모두 에키드나와 티폰의 자식들로 여겨진다.

티폰
그리스 흑색상도기, 기원전 550년
뮌헨 국립고대미술박물관

헤라클레스와 에키드나

흑해 북쪽 스키티아 지방의 전설에 등장하는 '스키티아의 괴물'도 에키드나와 동일 인물이라고 한다. 전설에 따르면 헤라클레스는 게리온의 소를 훔쳐 돌아가는 길에 흑해 연안의 숲에서 잠이 들었는데 일어나 보니 소들이 사라지고 없었다. 소들을 훔쳐간 것은 그 지역을 지배하는 상체는 여성이고 하체는 뱀인 '스키티아의 괴물' 에키드나였다. 에키드나는 헤라클레스에게 자신과 동침하면 소들을 돌려주겠다고 했고 헤라클레스는 그녀의 제안을 받아들였다. 헤라클레스는 에키드나가 세 아들 스키테스, 겔로노스, 아가르티르소스를 낳을 때까지 그녀와 함께 지냈다.

헤라클레스는 떠나면서 에키드나에게 활을 하나 주고 그것을 당길 수 있는 아들을 후계자로 삼으라고 말했다. 세 아들은 자라서 모두 그 활을 당기려 하였지만 오직 스키테스만 성공하였다. 그래서 스키테스는 그 지역의 지배자가 되었고 겔로노스와 아가르티르소스는 떠났다. 나중에 그 지역은 스키테스의 이름을 따서 스키티아라고 불리게 되었고 러시아 남부 지방에 강력한 나라를 세웠던 기마 민족 스키타이족이 스키테스의 후손이라고 한다.

에키온 Echion

요약

　그리스 신화에 나오는 테바이의 귀족이다.

　카드모스가 용을 죽이고 그 이빨을 뿌리자 땅에서 솟아난 용사들(스파르토이) 중 한 명이다. 그와 카드모스의 딸 아가우에 사이에서 태어난 아들 펜테우스는 외조부 카드모스에 이어 테바이의 2대 왕이 되었다.

기본정보

구분	신화 속 인물
상징	용맹한 무사, 귀족 가문
외국어 표기	그리스어: Ἐχίων
어원	뱀
별칭	스파르토이(씨 뿌려 나온 남자들)
관련 상징	용의 이빨
관련 신화	카드모스, 테바이 건국, 펜테우스

인물관계

　에키온은 용의 이빨에서 생겨난 다섯 명의 스파르토이 중 한 사람으로 카드모스의 딸 아가우에와 결혼하여 아들 펜테우스를 낳았다.

```
                              용 퇴치
        용의 이빨  ◄━━━━━━━━━━━━━━━  카드모스 ─ 하르모니아
   ┌──────┬──────┬──────┬──────┐        ┌──────┬──────┐
우다이오스 크토니오스 히페레노르 펠로로스 에키온 ═ 아가우에 아우토노에 폴리도로스
                                        │                        │
                                     펜테우스                   (...)
                                        │                        │
                                      (...)                      │
                                        │                        │
                                     이오카스테                오이디푸스
```

신화이야기

스파르토이

페니키아의 왕 아게노르는 딸 에우로페가 황소로 변신한 제우스에게 유괴되어 종적을 감추자 세 아들에게 누이의 행방을 찾아보라고 명령하고는 찾지 못하면 아예 돌아오지도 말라고 하였다. 아게노르의 세 아들 중 하나인 카드모스는 누이를 찾을 길이 막막하자 델포이에 가서 신탁을 구했다. 그러자 카드모스에게 누이 찾는 일을 그만두고 도시를 건설하라는 신탁이 내렸다. 배에 달무늬가 있는 황소를 찾아 그 뒤를 따라가다가 소가 멈추는 곳에 도시를 세우라는 것이었다.

카드모스는 포키스 왕

카드모스와 스파르토이
비르길 졸리스(Virgil Solis), 16세기
오비디우스의 『변신이야기』에 실린 삽화

펠라곤의 소떼 중 배에 그와 같은 무늬가 있는 소를 발견하고는 쫓아가서 아소포스 강가의 한 지점에 멈추는 것을 확인하였다. 카드모스는 그곳에서 소를 희생 제물로 바치기로 하고 부하들에게 근처의 샘에 가서 제사에 쓸 물을 길어오게 하였다. 그런데 아레스의 샘이라고 불리는 근처의 샘에는 용이 지키고 있어 물을 길러 온 카드모스의 부하들을 모두 잡아먹었다. 이 소식을 들은 카드모스는 가서 용을 죽였다. 그러자 아테나 여신이 나타나 용의 이빨을 땅에 뿌리라고 하였다. 카드모스가 그대로 하니 땅에서 무장한 용사들이 잔뜩 솟아나왔다.

용의 이빨을 뿌리는 카드모스
맥스필드 패리시(Maxfield Parrish), 1908년
나다니엘 호손 『원더북』(1910년 출간)의 삽화

카드모스가 그들에게 돌을 던지자 그들은 서로 상대방이 돌을 던졌다고 의심하면서 싸우기 시작하여 결국 다 죽고 다섯 명만이 남았다. 카드모스는 이 다섯 용사를 새로 건설할 도시의 시민으로 삼았는데 이들이 바로 테바이 귀족 가문의 시조인 스파르토이(씨 뿌려 나온 남자들)이다. 다섯 스파르토이의 이름은 에키온(뱀), 우다이오스(지면), 크토니오스(대지), 히페레노르(초인), 펠로로스(거인)이다.

에키온의 아들 펜테우스의 죽음

에키온은 스파르토이 중에서도 가장 용맹한 장수로서 카드모스의 신임을 받아 그의 딸 아가우에와 결혼하여 사위가 되었다. 에키온과 아가우에 사이에서는 펜테우스가 태어났는데 카드모스는 외손자를 각별히 총애하여 맏아들 폴리도로스를 제치고 그에게 테바이의 왕위를 물려주었다. 하지만 테바이의 2대 왕이 된 펜테우스는 그 즈음 테바이 여인들 사이에 만연하던 디오니소스에 대한 숭배를 근절하려다 신의 노여움을 사 디오니소스를 신봉하는 여신도들인 마이나데스에 의해 사지가 갈가리 찢겨져 죽고 말았다. 그를 살해한 마이나데스 중에는 그의 어머니 아가우에와 이모인 아우토노에도 있었다.

펜테우스가 죽고 난 뒤 테바이의 왕위는 카드모스의 맏아들이자 펜테우스의 숙부인 폴리도로스에게로 넘어갔다. 폴리도로스는 나중에 자기 아버지를 죽이고 어머니와 결혼하게 되는 비극의 인물 오이디푸스 왕의 직계 조상이고, 오이디푸스의 어머니이자 아내인 이오카스테는 펜테우스의 후손이다.

오비디우스의 『변신이야기』에 따르면 에키온은 카드모스가 테바이를 건설하자 그를 도와 도시에 키벨레 여신의 신전을 세웠다고 한다.

에테오클레스 Eteocles

요약

그리스 신화에 등장하는 테바이의 왕이다.

아버지 오이디푸스가 죽은 뒤 테바이의 왕권을 놓고 쌍둥이 형제 폴리네이케스와 싸움이 벌어져 아르고스 왕이 이끄는 7장군의 공격을 받았다. 그는 7장군의 테바이 공략을 성공적으로 막아냈지만 폴리네이케스와 마지막 결투를 벌이다 둘 다 죽고 말았다. 안티고네는 오라비 폴리네이케스의 장례 문제를 놓고 테바이의 섭정 크레온과 대립하다 사형 선고를 받고 지하 감옥에서 자결하였다.

기본정보

구분	테바이의 왕
상징	형제간의 다툼
외국어 표기	그리스어: Ἐτεοκλῆς
어원	참된 영광
관련 신화	오이디푸스의 비극, 테바이 공략 7장군
가족관계	오이디푸스의 아들, 이오카스테의 아들, 폴리네이케스의 형제, 라오다마스의 아버지

인물관계

에테오클레스는 테바이의 왕 오이디푸스가 자기 생모인 이오카스테와 근친상간을 통해 낳은 네 명의 자식 중 하나이다. 나머지는 그의 쌍둥이 형제 폴리네이케스와 두 누이동생 안티고네와 이스메네이다. 에테오클레스에게는 나중에 다시 테바이의 왕위에 오르는 라오다마스라는 아들이 있다.

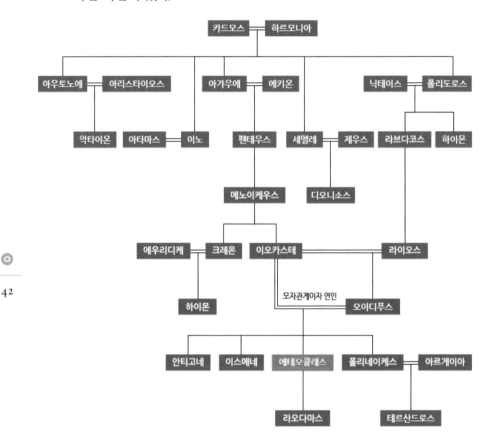

신화이야기

장님이 된 오이디푸스

테바이의 왕 오이디푸스는 생부(生父) 라이오스 왕을 미처 알아보지 못하고 살해한 뒤 역시 자기 생모(生母)인줄 모르고 선왕의 왕비였던 이오카스테와 결혼하여 자식까지 낳았다. 오이디푸스는 예언자 테이레시아스의 신탁으로 뒤늦게 이 사실을 알고 자기 눈을 스스로 도려 냈고 이오카스테는 목을 매어 자살하였다.

오이디푸스는 라이오스 왕의 살인범을 추방해야 한다는 신탁의 지 시에 따라 테바이에서 추방되기 전 자신의 두 아들 폴리네이케스와 에테오클레스에게 세 번에 걸쳐 저주를 퍼부었는데 이로 인해 두 형 제는 나중에 죽음의 결투를 벌이게 된다.

오이디푸스의 저주

첫 번째 저주는 그가 자신의 죄를 알고 스스로 눈을 도려냈을 때 두 아들이 자신의 명령을 어기고 카드모스의 은식탁과 금잔으로 음 식을 올렸기 때문에 내려졌다. 이것은 원래 선친 라이오스 왕이 쓰던 것으로 오이디푸스에게 생부 살해를 떠올리게 하는 부정한 물건이었 던 것이다. 오이디푸스는 두 아들에게 이승에서도 저승에서도 편히 살 수 없을 것이라고 저주하였다.

두 번째는 두 아들이 제사를 올린 뒤 그에게 희생 제물의 가장 좋 은 부위인 어깨 고기가 아니라 엉덩이 고기를 주었을 때로, 그는 두 아들이 서로를 죽이게 되리라고 저주했다.

마지막 저주는 두 아들이 제 생모와 결혼한 아버지를 치욕스럽게 여겨 감옥에 가두었을 때 나왔다. 오이디푸스는 두 아들에게 손에 칼 을 들고서야 자신의 유산을 나누게 되리라고 저주하였다.

하지만 소포클레스에 따르면 오이디푸스가 자식들을 저주한 이유는 그에 뒤이어 섭정에 오른 크레온이 자신을 테바이에서 추방시키려 할 때 두 아들이 이를 저지하지 않았기 때문이라고 한다.

테바이의 왕권을 둘러싼 다툼

오이디푸스가 테바이에서 추방된 뒤 두 아들은 테바이의 왕권을 1년씩 번갈아가며 차지하기로 하였다. 먼저 에테오클레스가 왕위에 올랐지만 그는 1년이 지난 뒤 왕권을 넘겨주지 않고 오히려 폴리네이 케스를 추방하였다.(혹은 폴리네이케스가 먼저 테바이를 다스렸지만 1년이 지난 뒤에 왕권을 약속대로 에테오클레스에게 넘겨주려 하지 않다가 테바이에서 추방되었다고도 한다) 테바이에서 추방된 폴리네이케스는 아르고스의 아드라스토스 왕을 찾아갔고 아드라스토스 왕은 그를 자신의 딸 아르게이아와 결혼시키고 왕국을 되찾는 일도 도와주기로 하였다.

7장군의 테바이 공략

아드라스토스 왕은 약속대로 폴리네이케스를 도와 테바이를 공격하기 위해 군대를 소집하였다. 테바이는 암피온과 제토스 형제가 쌓은 굳건한 성벽의 보호를 받고 있었는데 폴리네이케스는 테바이 성의 일곱 성문을 격파할 일곱 명의 장수를 앞세워 원정길에 올랐다. 예언자이자 7장군의 한 명인 암피아라오스는 원정이 비참한 실패로 끝날 것을 내다보고 참전을 피하려 했지만 폴리네이케스는 유명한 '하르모니아의 목걸이'로 그의 아내 에리필레를 매수하여 기어코 원정을 성사시켰다.('에리필레' 참조)

에테오클레스와 폴리네이케스
조반니 바티스타 티에폴로(Giovanni Battista Tiepolo), 1725년경, 빈 미술사 박물관

형제의 죽음과 장례

7장군의 테바이 공략은 암피아라오스의 예언대로 실패로 돌아갔다. 한편 에테오클레스는 여섯 개의 성문을 성공적으로

결투에서 죽은 에테오클레스와 폴리네이케스
알프레드 처치(Alfred Church)의 『Stories from the Greek Tragedians(그리스 비극
인들의 이야기)』에 실린 삽화, 19세기

지켜내고 일곱 번째 성문에서 폴리네이케스와 일대일 결투를 벌이다 서로를 찔러 죽임으로써 아버지 오이디푸스의 저주를 실현시켰다.

에테오클레스에게는 아들 라오다마스가 있었지만 아직 나이가 어렸기 때문에 외숙부 크레온이 다시 테바이의 섭정이 되었다. 크레온은 에테오클레스를 위해서는 성대한 장례식을 치러주었지만 폴리네이케스는 외국의 군대를 이끌고 조국을 공격한 반역자로 규정하여 매장을 불허하였다. 하지만 오라비 폴리네이케스의 시체가 장례도 받지 못하고 들판에 버려진 채 그대로 썩어가는 것을 지켜보고만 있을 수 없었던 누이동생 안티고네는 죽은 가족의 매장은 신들이 부과한 신성한 의무라고 주장하며 크레온의 명령을 어기고 폴리네이케스의 시체에 모래를 뿌려 장례를 치러주었다.

분노한 크레온은 안티고네를 붙잡아 국법을 어긴 죄로 사형을 선고하고 가문의 무덤에 산 채로 가두어 죽게 하였다. 그러자 안티고네의 약혼자이자 크레온의 아들인 하이몬이 아버지를 비난하며 약혼녀의 시신 앞에서 스스로 목숨을 끊었고 이미 전쟁에서 두 아들을 잃은 크레온의 아내 에우리디케도 막내아들 하이몬의 죽음에 절망하여 목을 매고 죽었다.

에파포스 Epaphus, Epaphos

요약

그리스 신화에 등장하는 이집트의 왕이다.

에파포스의 어머니 이오는 제우스와 사이에서 에파포스를 임신한 뒤 질투하는 헤라의 추격을 피해 이집트로 가서 아기를 낳았다. 에파포스는 의붓아버지인 이집트 왕 텔레고노스의 슬하에서 성장하여 나중에 이집트의 왕이 되었다.

기본정보

구분	이집트의 왕
외국어 표기	그리스어: Ἔπᾰφος
어원	손길, 제우스의 손길이 닿아 태어난 자
별칭	아피스(이집트 신화의 신성한 황소)
관련 상징	황소
가족관계	제우스의 아들, 이오의 아들, 멤피스의 남편

인물관계

에파포스는 검은 구름으로 변신한 제우스가 강의 신 이나코스의 딸 이오와 사랑을 나누어 낳은 아들이다. 의붓아버지 텔레고노스에 이어 이집트의 왕이 된 에파포스는 나일 강의 신 네일로스의 딸 멤피스와 결혼하여 두 딸 리비에와 리시아나사를 낳았다.

리비에의 두 아들 벨로스와 아게노르는 훗날 그리스를 비롯하여 페르시아와 아프리카 여러 왕조의 시조가 되었다.

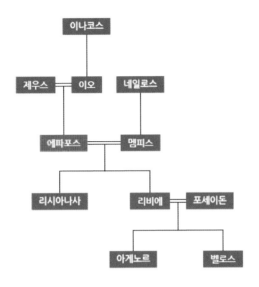

신화이야기

이오와 제우스

　제우스는 강의 신 이나코스의 아름다운 딸 이오에게 반해 검은 구름으로 변신하여 정을 통한 뒤 아내 헤라에게 들키지 않으려고 그녀를 암소로 변신시켰다. 헤라는 남편의 속임수를 눈치챘지만 모른 체하며 암소를 달라고 하였다. 제우스는 아내의 의심을 사지 않기 위해 하는 수 없이 이오가 변신한 암소를 헤라에게 주었고 헤라는 눈이 백 개 달린 거인 아르고스에게 암소를 지키게 하였다.

　하지만 얼마 뒤 제우스는 헤르메스를 보내 아르고스를 죽이고 이오를 구해냈다. 그 후 이오는 암소의 모습을 하고서 헤라가 보낸 쇠파리들에게 쫓기며 지상의 이곳저곳을 떠돌아야 했는데 이때 이오가 건넌 바다는 그녀의 이름을 따서 이오니아 해라고 불리게 되었다.

　이오는 이집트 나일 강변의 피신처에서 제우스를 다시 만나 사람의 모습으로 변한 뒤 아들 에파포스를 낳았다.

이집트의 왕이 된 에파포스

헤라의 질투와 분노는 에파포스에게도 미쳤다. 헤라는 반신반인의 족속인 쿠레테스를 사주하여 어린 에파포스를 훔쳐서 감추어두게 하였다. 이오는 갑자기 없어진 아이를 애타게 찾았지만 쿠레테스가 숨겨놓은 아들을 찾을 수가 없었다. 이를 지켜보던 제우스가 분노하여 쿠레테스들을 벼락으로 내리쳐 죽였고 이오는 시리아에서 비블로스의 여왕이 맡아 기르고 있는 어린 에파포스를 발견하여 다시 이집트로 데려왔다.

이집트에서 에파포스는 의붓아버지 텔레고노스 왕의 슬하에서 어른으로 성장하여 그가 죽은 뒤 이집트의 왕이 되었다. 에파포스는 나일 강의 신 네일로스의 딸 멤피스와 결혼하여 두 딸 리비에와 리시아나사를 낳았고 리비에는 훗날 페니키아와 이집트의 왕이 된 두 아들 벨로스와 아게노르를 낳았다.

에파포스는 자신이 태어난 나일 강변에 아내의 이름을 딴 멤피스라는 도시를 건설하였으며 이집트의 이웃나라 리비아는 그의 딸 리비에의 이름에서 유래하였다.

이오는 죽은 뒤 이집트 최고의 여신 이시스와 동일시되었고 에파포스는 신성한 황소 아피스와 동일시되었다.

태양신 헬리오스의 아들 파에톤

에파포스는 헬리오스의 아들 파에톤의 신화에도 등장한다. 아버지 없이 홀어머니 밑에서 자란 파에톤은 어느 날 어머니로부터 자신의 아버지가 태양신 헬리오스라는 말을 듣고 이를 친구 에파포스에게 말하였으나 에파포스는 파에톤의 말을 믿지 않고 그를 조롱하였다. 그러자 파에톤은 머나먼 동방에 있는 헬리오스의 궁을 찾아가 직접 부자관계를 확인하였다. 그리고 아들의 소원을 묻는 아버지 헬리오스에게 그의 태양 전차를 몰아보고 싶다고 하였다.

거듭된 만류에도 불구하고 고집을 꺾지 않은 파에톤은 헬리오스의 태양마차를 몰다가 거친 신마들을 제대로 다루지 못해 사고를 치고 말았다. 불타는 태양마차가 궤도에서 벗어나자 온 세상이 불바다가 될 것을 우려한 제우스가 벼락을 내리쳤고 파에톤은 지상으로 추락하여 죽었다.

파에톤의 추락
조셉 하인츠 더 엘더(Joseph Heintz the Elder:), 1596년, 라이프치히 조형예술 박물관

에포페우스 Epopeus

요약

　그리스 신화에 등장하는 시키온과 코린토스의 왕이다.
　테바이의 섭정 닉테우스의 아름다운 딸 안티오페를 납치하여 자기 나라로 데려갔다가(혹은 그녀의 피신을 받아주었다가) 이 일을 빌미로 벌어진 테바이와 전쟁에서 죽고 말았다.

기본정보

구분	코린토스의 왕
외국어 표기	그리스어: Ἐπωπεύς
가족관계	포세이돈의 아들, 카나케의 아들, 암피온의 아버지, 제토스의 아버지

인물관계

　에포페우스는 태양신 헬리오스의 후손 알로에우스의 아들로 간주되었지만 실제는 포세이돈과 아이올로스의 딸 카나케 사이에서 낳은 아들이었다.
　안티오페가 에포페우스에게 납치되어 낳은 쌍둥이 아들 암피온과 제토스는 에포페우스의 자식이라고도 하고 제우스의 자식이라고도 한다.

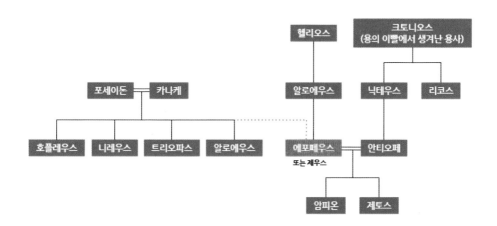

신화이야기

시키온과 코린토스의 왕

 에포페우스는 태양신 헬리오스의 아들인 알로에우스(포세이돈의 아들 알로에우스와는 다른 인물이다)의 아들로 부왕이 다스리던 아소피아(훗날의 시키온)를 물려받아 왕이 되었다. 하지만 그의 실제 아버지는 알로에우스가 아니라 포세이돈이라고 한다.

 헬리오스는 자신이 다스리던 나라를 둘로 나누어 아소피아는 알로에우스에게 주고 에피라이아(훗날의 코린토스)는 또 다른 아들 아이에테스에게 주었다. 아이에테스는 나중에 이 나라를 헤르메스의 아들 보우노스에게 넘기고 콜키스로 가서 그곳의 왕이 되었고 보우노스는 죽을 때 코린토스를 다시 에포페우스에게 물려주었다. 이렇게 해서 에포페우스는 시키온과 코린토스를 모두 다스리는 왕이 되었다.

안티오페와 에포페우스

 에포페우스는 고대 그리스의 비극작가 에우리피데스가 쓴 동명의 작품으로 유명한 안티오페의 전설에도 등장한다.

제우스와 안티오페
앙투안 와토(Antoine Watteau), 1716년, 루브르 박물관

    테바이의 섭정 닉테우스의 아름다운 딸 안티오페는 사티로스로 변신한 제우스에 의해 처녀의 몸으로 임신을 하게 되자 아버지의 진노가 두려워 시키온의 에포페우스에게로 도망쳤다. 하지만 다른 이야기에 따르면 안티오페를 임신시킨 것은 제우스가 아니라 에포페우스라고 한다. 에포페우스는 안티오페가 자신의 아이를 임신하자 닉테우스의 허락도 없이 그녀를 납치하듯 시키온으로 데려갔다는 것이다.

    딸을 빼앗긴 닉테우스는 군대를 이끌고 시키온으로 쳐들어가 에포페우스와 일대일 결투를 벌였다. 결투는 두 사람 모두 중상을 입은 채로 끝이 났다. 성과 없이 테바이로 돌아온 닉테우스는 결투에서 입은 부상으로 숨을 거두면서 동생 리코스에게 복수를 당부하였다. 하지만 다른 이야기에 따르면 닉테우스는 분을 참지 못하고 스스로 목숨을 끊었다고 한다.

    닉테우스에 이어 테바이의 섭정이 된 리코스는 형의 유지를 받들어 시키온으로 쳐들어가서 에포페우스를 죽이고 안티오페를 붙잡아 테바이로 데려왔다. 하지만 또 다른 전승에 따르면 에포페우스는 닉테우스와의 결투에서 입은 부상으로 리코스가 시키온으로 쳐들어가기 전에 이미 사망하였고 에포페우스에 뒤이어 시키온의 왕이 된 라메돈이 자발적으로 안티오페를 리코스에게 넘겨주었기 때문에 두 번째 전쟁은 일어나지 않았다고 한다.

테바이로 돌아오는 길에 안티오페는 쌍둥이 아들 암피온과 제토스를 낳았는데 전승에 따라 두 아이는 에포페우스의 자식으로 간주되기도 하고 제우스의 자식으로 간주되기도 한다. 리코스는 아버지를 배신한 질녀 안티오페를 아내 디르케의 노예로 삼아 학대하였다.

에포페우스에게는 마라톤이라는 이름의 또 다른 아들도 있었는데 이 아이는 폭력적인 아버지의 학대를 피해 아티카로 도망갔다가 그가 죽고 난 뒤에야 다시 돌아왔다고 한다. 에포페우스의 무덤은 그가 생전에 건설한 웅장하고 화려한 아테나 신전의 정문 앞에 있었다고 한다.

에피고노이 **Epigoni**

요약

그리스 신화에 나오는 테바이 공략 7장군의 후손들이다.

에피고노이는 아버지들에 뒤이어 2차 테바이 전쟁을 일으켜 결국 승리를 거두었다. 그 뒤 에피고노이는 폴리네이케스의 아들 테르산드로스를 테바이의 왕위에 앉히고 고국 아르고스로 돌아갔다.

그밖에도 '에피고노이'는 학문과 예술 분야에서 대가의 반열에 오른 인물을 정신적으로 계승하는 후계자나 또는 대가의 작품을 단순히 모방하는 아류 작가를 뜻하는 개념으로도 쓰인다.

기본정보

구분	영웅
상징	후손, 모방자, 아류
외국어 표기	그리스어: Ἐπίγονοι
어원	나중에 태어난 자들
관련 신화	에피고노이의 2차 테바이 원정

인물관계

2차 테바이 원정에 참여한 에피고노이는 암피아라오스의 두 아들 알크마이온과 암필로코스, 아드라스토스의 아들 아이기알레우스, 티데우스의 아들 디오메데스, 파르테노파이오스의 아들 프로마코스, 카파네우스의 아들 스테넬로스, 메키스테우스의 아들 에우리알로스, 폴

리네이케스의 아들 테르산드로스 등이다

신화이야기

2차 테바이 원정

에피고노이의 2차 테바이 원정은 7장군의 1차 테바이 원정이 실패로 끝나고 10년 뒤에 이루어졌다. 1차 테바이 원정은 오이디푸스의 아들 폴리네이케스가 쌍둥이 형제 에테오클레스에 의해 테바이에서 추방된 뒤 아르고스로 가서 아드라스토스 왕의 지원을 받아 다시 테바이로 쳐들어간 사건을 말한다.('테바이 공략 7장군' 참조) 이 전쟁을 이끌었던 아르고스의 7장군은 아드라스토스 한 명만을 제외하고 모두 목숨을 잃었다. 그리고 10년이 지난 뒤 7장군의 아들들이 1차 원정에서 죽은 아버지들의 원수를 갚기로 결정하고 다시 전쟁을 일으키는데 이들을 '에피고노이'(나중에 태어난 자들)라고 부르고, 이 전쟁을 '에피고노이 전쟁' 또는 '2차 테바이 전쟁'이라고 부른다.

에리필레와 하르모니아의 결혼 예복

2차 테바이 원정을 준비하면서 에피고노이는 신탁에 전쟁의 승리 여부를 물었다. 델포이의 무녀는 암피아라오스의 아들 알크마이온을 전쟁에 끌어들이면 승리할 수 있다는 답을 주었다. 알크마이온은 다시 전쟁을 일으키는 것을 썩 내켜하지 않았다. 이에 폴리네이케스의 아들 테르산드로스가 1차 원정 때 아버지가 했던 것처럼 다시 알크마이온의 어머니 에리필레를 뇌물로 매수하여 아들의 참전을 종용케 하였다. 에리필레는 1차 테바이 원정 때 폴리네이케스로부터 하르모니아의 목걸이를 뇌물로 받고 남편 암피아라오스를 사지로 내몰아 전쟁터에서 죽게 만든 바 있다.('에리필레' 참조) 테르산드로스가 이번에 에리필레에게 건넨 뇌물은 하르모니아의 결혼 예복이었다. 알크마이온은 어머니의 끈질긴 청을 물리치지 못하고 결국 2차 테바이 원정에 합류하였다.

한 명만 빼고 모두 전쟁에서 살아남은 에피고노이

2차 테바이 원정에 참여한 에피고노이는 암피아라오스의 두 아들 알크마이온과 암필로코스, 아드라스토스의 아들 아이기알레우스, 티데우스의 아들 디오메데스, 파르테노파이오스의 아들 프로마코스, 카파네우스의 아들 스테넬로스, 메키스테우스의 아들 에우리알로스, 폴리네이케스의 아들 테르산드로스이다.

전쟁은 에피고노이의 승리로 끝났고 에피고노이는 1차 원정 때 단한 명만 살아남고 모두 전사한 7장군과 달리 단 한 명만 죽고 모두 전쟁에서 살아남았다. 유일하게 죽은 자는 아이기알레우스인데 그는 1차 원정에서 유일하게 살아남은 아드라스토스의 아들이다. 아이기알레우스는 에테오클레스의 아들인 테바이의 왕 라오다마스의 칼에 죽었다. 2차 원정에 동행한 아드라스토스는 아들의 죽음을 슬퍼하다 결국 귀향길에서 사망하였다.

테바이 함락

테바이 왕 라오다마스는 원정대를 맞아 잘 싸웠지만 결국 신탁이 일찌감치 전쟁의 승자로 지목했던 암피아라오스의 아들 알크마이온의 손에 죽임을 당하고 말았다. 라오다마스가 죽자 전의를 상실한 테바이 사람들은 예언자 테이레시아스의 권고에 따라 밤을 틈타 테바이 성을 버리고 모두 도망쳤다. 하지만 또 다른 전승에 따르면 라오다마스는 전투에서 거듭 패하자 예언자 테이레시아스의 권고에 따라 에피고노이와 평화협정을 맺고 테바이 성을 넘겨 준 다음 주민들을 이끌고 일리리온으로 가서 그곳에 헤스티아이아라는 도시를 건설하였다고 한다.

테바이의 왕위에 오른 폴리네이케스의 아들 테르산드로스

전쟁에서 승리한 에피고노이는 폴리네이케스의 아들 테르산드로스를 테바이의 왕위에 앉히고 전리품의 대부분을 델포이의 아폴론에게 제물로 바친 다음 고향 아르고스로 돌아갔다. 하지만 테바이는 두 차례에 걸친 전쟁으로 거의 황폐해지고 말았다. 테르산드로스는 아주 가난한 왕국을 계승하게 되었던 것이다.

왕이 된 테르산드로스는 도망친 테바이 주민들을 다시 불러 모으고 도시의 중심부를 재건하는 등 약해진 왕국을 다시 일으켜 세우기 위해 노력하였다.

에피메테우스 Epimetheus

요약

그리스 신화에 나오는 티탄 신족이다.

프로메테우스의 동생이고 판도라의 남편이다. 형 프로메테우스와 함께 만물의 창조에 관여하여 인간과 동물에게 각각의 재능을 부여하는 일을 담당했으나 특유의 어리석음으로 인해 인류에게 재앙을 가져온다.

기본정보

구분	티탄 신족
상징	어리석음
외국어 표기	그리스어: Ἐπιμηθεύς
어원	뒤늦게 생각하는 자
관련 신화	만물의 창조, 판도라의 상자
별자리	토성의 제11위성
가족관계	판도라의 남편, 프로메테우스의 형제, 이아페토스의 아들

인물관계

에피메테우스는 티탄 신족 이아페토스와 아시아(혹은 클리메네) 사이에서 태어난 아들로 프로메테우스와 형제지간이다. 판도라와 결혼하여 새 인류의 조상이 되는 딸 피라를 낳았다.

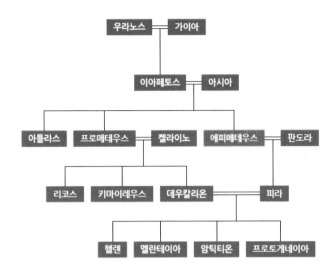

신화이야기

인류의 탄생

만물이 창조될 때 에피메테우스는 형 프로메테우스와 함께 모든 짐승과 인간에게 각각 능력과 재주를 부여하는 일을 담당했다. 하지만 '뒤늦게 생각하는 자'인 에피메테우스는 미리 앞뒤를 충분히 고려하지 않고 짐승들에게 좋은 재능을 다 써버린 나머지 가장 늦게 만들어진 인간에게 줄 것이 남지 않게 되었다. 이에 프로메테우스는 제우스가 금지한 명령을 어기고 인간에게 몰래 불과 지혜를 선사하였다. 프로메테우스는 이로 인해 코카서스의 바위산에 쇠사슬로 묶인 채 독수리에게 날마다 간을 쪼아 먹히는 벌을 받았다. 프로메테우스는 밤새 간이 온전히 회복되어 계속해서 새롭게 고통을 받아야 했다.

판도라의 상자

제우스는 프로메테우스의 도움을 받은 인간을 벌하기 위해 에피메테우스에게 한 가지 선물을 주었는데, 그것은 다름 아닌 헤파이스토

에피메테우스에게 상자를 건네는 판도라
파올로 파리나티(Paolo Farinati)
16세기

스에게 진흙을 빚어서 만들게 한 최초의 여성인 아리따운 판도라였다. 제우스의 의도를 미리 짐작했던 프로메테우스는 동생 에피메테우스에게 절대로 제우스가 주는 선물을 받지 말라고 신신당부했지만 판도라의 아름다움에 반한 에피메테우스는 덜컥 선물을 받아들여 판도라를 아내로 삼았다.(판도라는 '모든 선물'이라는 뜻이다)

제우스는 헤르메스를 시켜 판도라에게 상자를 하나 전달했는데 그 안에는 인간에게 불행을 가져오는 온갖 나쁜 재앙과 악덕이 다 들어있었다. 헤르메스가 상자를 건네주며 판도라에게 호기심을 불어넣어 그것을 열어 보게 하였고 그 결과 인간 세상에는 온갖 불행이 퍼지게 되었다. 하지만 상자 안에는 희망도 들어 있어 인간이 온갖 불행에도 불구하고 계속 살아갈 수 있게 하였다.

일설에 따르면 판도라의 상자는 헤르메스가 선물로 준 것이 아니라 에피메테우스의 집에 있던 것이라고 한다. 에피메테우스가 형 프로메테우스와 함께 인간과 동물을 만들었을 때 그들에게 온갖 좋은 재능을 다 부여하고 남은 나쁜 것들을 죄다 담아놓은 상자였는데 판도라가 그만 그것을 열어버렸다는 것이다.

판도라
단테 가브리엘 로세티(Dante Gabriel Rossetti), 1869년

피라와 데우칼리온

에피메테우스와 판도라 사이에는 딸 피라가 태어났는데 그녀는 나중에 프로메테우스의 아들 데우칼리온과 결혼했다. 피라와 데우칼리온은 제우스가 인간들을 벌하기 위해 대홍수를 내렸을 때 프로메테우스의 귀띔으로 미리 방주를 만들어 둔 덕에 유일하게 살아남아 새인류의 조상이 되었다.

물이 빠지고 난 뒤 두 사람이 신들께 제사를 올리자 어머니의 뼈를 등 뒤로 던지라는 말이 들려왔다. 데우칼리온과 피라는 이를 대지의 뼈인 돌을 뒤로 던지라는 뜻으로 이해하고 그대로 하였더니 돌이 사람의 형상으로 변하였다. 그리하여 데우칼리온이 던진 돌은 남자가 되고 피라가 던진 돌은 여자가 되어 새 인류가 생겨난 것이다. 두 사람 사이에서는 또 그리스인의 시조인 헬렌이 태어났다.

신화해설

그리스 신화에서 '먼저 생각하는 자'란 뜻의 이름을 가진 현명한 프로메테우스가 인간에게 불과 지혜를 전해주었다면, '뒤늦게 생각하는 자'인 어리석은 에피메테우스는 인간에게 재앙을 가져다주었다고 한다. 하지만 에피메테우스 때문에 인류가 억센 이빨, 빠른 다리, 하늘을 나는 날개, 철갑을 두른 몸통 같은 것들 대신 빛과 지혜를 얻을 수 있었다면 이는 오히려 감사해야 하는 일이 아닐까? 판도라의 상자가 인류에게 온갖 고통을 가져다주었지만 그로 인해 모든 나쁜 것들에 대적하며 계속 살아갈 '희망'도 얻을 수 있었다면 이것은 과연 좋은 일일까 나쁜 일일까? 성서에서 인식의 나무 열매를 따먹은 것(지혜의 획득)이 낙원에서의 추방을 가져왔지만 어리석음의 대가로 얻은 불과 지혜는 인류에게 축복일 수도 있다.

엔디미온 Endymion

요약

그리스 신화에 등장하는 엘리스의 왕이다. 달의 여신 셀레네가 그의 아름다운 용모에 반해 더 이상 늙지 않도록 영원히 잠재운 다음 밤마다 잠자리를 가져 50명의 딸을 낳았다고 한다.

기본정보

구분	엘리스의 왕
상징	영원한 젊음, 잠
외국어 표기	그리스어: Ἐνδυμίων
관련 상징	달
관련 신화	올림픽 경기
가족관계	아이틀리오스의 아들, 제우스의 아들, 셀레네의 남편, 파이온의 아버지

인물관계

엔디미온은 제우스의 아들 아이틀리오스와 아이올로스의 딸 칼리케 사이에서 태어난 아들로 통하는데 전승에 따라 제우스의 아들이라고도 한다. 그는 달의 여신 셀레네와 사이에서 50명의 딸을 낳았고 아르카스의 딸 히페리테 혹은 이토노스의 딸 크로미아와 결혼하여 파이온, 에페이오스, 아이톨로스 세 아들과 딸 에우리키데를 얻었다. 그에게는 또 피사라는 이름의 딸도 있었다고 전해지는데 엘레이아 지방의 고대 도시 피사는 그녀의 이름에서 유래하였다.

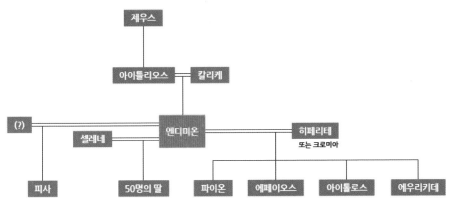

신화이야기

셀레네와 엔디미온

엔디미온과 관련된 가장 유명한 신화는 달의 여신 셀레네와의 사랑 이야기이다. 여기서 엔디미온은 엘리스의 왕이라기보다는 젊고 아름다운 목동으로 등장한다. 셀레네는 엔디미온에게 첫눈에 반해 그와 사랑을 나누었다. 하지만 셀레네는 엔디미온이 언젠가 늙어 죽으리란 것이 두려워 그를 영원히 잠들어 있게 하였다. 셀레네는 엔디미온을 카리아의 라트모스산에 있는 동굴 속에 잠재운 다음 밤마다 그와 잠자리를 가져 50명의 딸을 낳았다.

셀레네와 엔디미온
세바스티아노 리치(Sebastiano Ricci),
1713년, 치즈윅 하우스

잠든 엔디미온
니콜라스 가이 브레넷(Nicolas Guy Brenet),
1756년, 우스터 미술관

잠든 엔디미온
지로데 드 로시 트로오종(Anne Louis Girodet
de Roussy Trioson), 1791년, 루브르 박물관

다른 이야기에 따르면 영원히 잠들어 있게 된 것은 엔디미온 자신의 소원이었다고 한다. 셀레네의 소원으로 제우스가 그에게 소원을 한 가지 들어주겠다고 하자 엔디미온이 영원한 잠을 원했다는 것이다.

엔디미온이 달의 신 셀레네와 관계하여 낳은 50명의 딸은 올림피아드 기간이 50개월인 데서 생겨난 이야기로 여겨진다. 또한 달의 여신 셀레네와의 신화에 의거해서 엔디미온을 인류 최초로 달의 움직임을 관찰한 천문학자로 보는 견해도 있다.

셀레네와 엔디미온
니콜라 푸생(Nicolas Poussin), 1628~1630년경, 디트로이트 미술관

엔디미온의 세 아들

　하지만 엔디미온의 세 아들에 관한 이야기는 셀레네와 엔디미온의 신화와 일치하지 않는다. 여기서 엔디미온은 라트모스 산의 동굴 속에 영원히 잠들어 있는 젊은 목동이 아니라 어느덧 노년에 이른 엘리

잠든 엔디미온
피에르토 리베리(Pietro Liberi), 1660년, 예르미타시 미술관

스의 왕으로 등장한다. 세 아들 중 누구에게 왕위를 물려줄 것인지를 고민하던 엔디미온은 올림피아에서 달리기 경주를 벌여서 승리한 사람을 후계자로 정하기로 했다. 그 결과 에페이오스가 아이톨로스와 파이온을 제치고 경주에 이겨 나라를 차지하였다. 그 뒤 아이톨로스는 그냥 고향에 남았지만 파이온은 패배의 분함을 견디지 못하고 고향에서 가능한 한 멀리 떨어진 곳을 찾아 떠났다. 그는 악시오스 강 너머에 자리 잡았는데 나중에 이 지방에는 파이오니아란 이름이 붙여졌다.

엔디미온
프랑스 상메다르에서 출토된 3세기 석관 부조,
루브르 박물관
©Marie-Lan Nguyen(2010)@wikimedia
(CC BY-SA 3.0)

엔디미온
조지 프레데릭 와츠(George Frederic Watts),
1872년, 개인 소장

엔디미온의 무덤

엔디미온은 죽은 뒤 엘리스의 올림피아 들판에 묻혔다고 한다. 하지만 카리아의 헤라클레이아인들은 엔디미온이 라트모스 산 동굴 속에 영원히 잠들어 있다고 믿었기 때문에 올림피아에 있는 엔디미온의 무덤을 인정하지 않았다. 헤라클레이아인들은 라트모스 산에 엔디미온을 기리는 신전을 세웠다.

엔디미온
한스 토마(Hans Thoma), 1886년

키츠의 장편시 〈엔디미온〉

영국의 낭만파 시인 존 키츠(John Keats)는 엔디미온과 셀레네의 신화를 주제로 장편시를 발표하였다. 길이가 총 4050행에 이르는 이 시는 엔디미온이라는 이름의 청년이 꿈 속에서 본 아름다운 달의 여신에게 반하여 그녀를 찾아 온 세상을 떠돌다 마침내 한 인도 처녀에게서 달의 여신의 모습을 발견하게 된다는 이야기를 담고 있다.

키츠가 23세의 젊은 나이에 쓴 이 작품은 낭만주의 특유의 꿈과 동경, 고뇌, 신화적 이상 등이 잘 표현된 작품으로 평가받고 있다.

그밖에 헨리 워즈워드 롱펠로우, 오스카 와일드 등도 같은 제목의 시를 썼다.

엘렉트라 Electra

요약

미케네의 왕 아가멤논과 클리타임네스
트라 사이에서 태어난 딸이다.

동생 오레스테스와 함께 어머니를 죽여
아버지의 원수를 갚았다.

슬픔에 잠긴 엘렉트라
요한 하인리히 티슈바인(Johann
Heinrich Tischbein), 1784년
베를린 독일역사박물관

기본정보

구분	공주
상징	모친 증오
외국어 표기	그리스어: Ἠλέκτρα
관련 신화	탄탈로스 가문의 저주, 오레스테스의 모친 살해

인물관계

엘렉트라는 미케네의 왕 아가멤논과 클리타임네스트라 사이에서 태
어난 딸로 오레스테스, 이피게네이아 등과 형제지간이며 저주받은 탄
탈로스 가문의 후손이다. 포키스의 왕 필라데스와 결혼하여 스트로
피오스와 메돈을 낳았다.

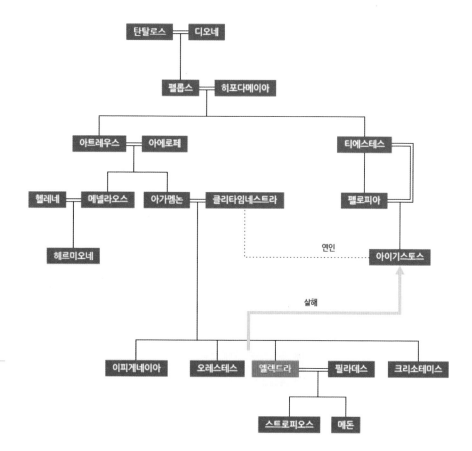

신화이야기

개요

그리스 신화에는 엘렉트라라는 이름을 가진 여러 인물이 있다. 가장 유명한 이는 아가멤논과 클리타임네스트라의 딸 엘렉트라로 그리스 고전 비극에 단골로 등장하는 인물이다.

트로이 전쟁을 끝마치고 돌아온 아가멤논을 클리타임네스트라가 정 부 아이기스토스와 모의하여 살해하자 엘렉트라는 동생 오레스테스 와 함께 어머니와 정부를 죽여 아버지의 원수를 갚았다. 호메로스의 작품에서 그녀는 이름이 '라오디케'로 소개되고 있는데 '엘렉트라'라는 이름은 후대의 비극 작가들에 의해 붙여진 것으로 보인다. 정신분석학의 '엘렉트라 콤플렉스'는 이 신화에서 유래하였다.

아가멤논과 클리타임네스트라의 딸 엘렉트라

아가멤논은 미케네의 왕이자 그리스군 총사령관으로서 트로이 전쟁을 승리로 이끈 영웅이다. 하지만 10년간의 전쟁을 끝마치고 돌아오자마자 아내 클리타임네스트라와 그녀의 정부 아이기스토스의 손에 무참하게 살해당하였다. 여기에는 여러 가지 원인이 거론되고 있지만 무엇보다도 만딸 이피게네이아를 트로이 출정을 위한 희생 제물로 바친 남편 아가멤논에 대한 클리타임네스트라의 원한이 크게 작용했을 것으로 보인다. 고대 그리스의 비극 작가들은 주로 이 점에 주목한다. 하지만 여기에는 아가멤논의 조상 때부터 이어지는 가문의 저주도 한 몫을 하고 있다. 클리타임네스트라의 정부로 함께 아가멤논을 살해한 아이기스토스는 아가멤논과 같은 조상의 후손으로 철천지원수 사이다.

호메로스는 엘렉트라(라오디케)를 간단히 아가멤논의 딸들 중 하나로만 언급하고 말지만 고전 비극에서 엘렉트라는 매우 중요한 인물이다. 고대 그리스의 3대 비극 작가가 모두 그녀를 주요 인물로 다루고 있다. 이들이 비극에서 구성하는 엘렉트라의 신화는 내용이 조금씩 다르지만 대강의 줄거리는 다음과 같다.

아버지 아가멤논이 살해당할 당시 엘렉트라는 미케네에 있지 않고 아테네에 있었다고도 하고, 미케네에서 동생 오

아가멤논 무덤 앞의 엘렉트라
프레데릭 레이턴(Frederic Leighton), 1868년, 페렌스 미술관, 영국

레스테스의 목숨을 구해 스트로피오스 왕에게 맡겼다고도 한다. 아무튼 아버지가 살해당한 뒤 가까스로 살아남은 엘렉트라는 노예 취급을 당하며 살아가고 있었다. 아이기스토스는 엘렉트라의 후손이 아가멤논의 죽음을 복수하는 일이 없도록 그녀를 미케네에서 멀리 떨어진 시골의 농부와 결혼시켰다. 하지만 남편이 된 농부는 엘렉트라가 왕가의 혈통이며 이 결혼이 강제에 의한 것임을 알고 그녀의 처녀성을 지켜주었다.

아가멤논 무덤 앞의 엘렉트라, 오레스테스, 헤르메스
적색상 도기, 기원전 380년
루브르 박물관

한편 스트로피오스 왕에게 몸을 의탁하고 있던 오레스테스는 스무 살이 되자 아버지의 원수를 갚기 위해 스트로피오스 왕의 아들이자 절친한 친구인 필라데스와 함께 미케네로 돌아왔고 엘렉트라와 오레스테스는 아버지의 무덤 앞에서 감격의 재회를 했다. 오누이는 함께 아버지의 복수를 준비했는데 엘렉트라는 어머니와 아이기스토스에 대한 증오심을 불태우며 동생의 결심이 흔들리지 않게 용기를 북돋워주었다.

엘렉트라와 오레스테스는 마침내 아버지의 복수에 성공했지만 그 뒤에 오레스테스는 죽어가는 어머니 클리타임네스트라의 저주로 복수의 여신 에리니에스에게 쫓기는 신세가 되었다.(고대의 비극 작가 에우리피데스는 이미 이를 죄책감에 의한 오레스테스의 망상이라고 해석했다) 엘렉트라는 미치광이가 되어 복수의 여신들에게 쫓기는 동생 오레스테스를 끝까지 돌보며 그들을 모친 살해범이라고 돌로 쳐죽이려는 미케네 시민들에 맞서 함께 싸웠다. 결국 아폴론 신의 중재로 오레스테스의 저주가 풀렸고 엘렉트라는 친구 오레스테스의 곁을 한결같이 지킨 필라데스와 결혼했다. 두 사람 사이에서는 메돈과 스트로피오스 형제가 태어났다.

그밖의 다른 엘렉트라

1) 오케아노스와 테티스 사이에서 태어난 3000명의 딸들인 오케아니데스 중 하나인 엘렉트라는 가이아와 폰토스 사이에서 난 아들인 티탄 신 타우마스와 결혼하여 무지개의 여신 이리스와 나중에 끔찍한 괴조로 변하는 하르피아이 자매를 낳았다.

엘렉트라
크리스티안 프리드리히 티크(Christian Friedrich Tieck), 1824년
베를린 프리드리히베르더 교회
©Manfred Bruckels@Wikimedia
(CC BY-SA 3.0)

2) 아틀라스와 플레이오네 사이에서 태어난 7명의 딸 플레이아데스 중 하나인 엘렉트라는 제우스와의 사이에서 나중에 트로이 왕국을 건설하는 다르다노스를 낳았다. 또 테바이 왕 카드모스의 아내 하르모니아도 엘렉트라와 제우스의 딸이라고 하는데 신화에 따라 하르모니아는 군신 아레스와 아프로디테 사이에서 난 딸로 묘사된다. 엘렉트라는 다른 자매들과 함께 거인 오리온을 피해 도망치다가 하늘에 올라 플레이아데스 성단의 별이 되었다.

신화해설

엘렉트라 콤플렉스

'엘렉트라 콤플렉스'는 '오이디푸스 콤플렉스'에 대비되는 개념으로 남근기(男根期)인 3~5세의 여자아이가 어머니를 배척하고 아버지에게 애정을 품게 된다는 것이다. 이것은 정신분석학자 칼 구스타프 융의 개념인데 융은 그리스 신화에서 아가멤논의 딸 엘렉트라가 보여준 아버지에 대한 (복수의) 집념과 어머니에 대한 증오가 프로이트의 '오이디푸스 콤플렉스'의 배경 신화에 등장하는 오이디푸스의 부친 살해, 근친상간과 정확히 대칭을 이루고 있는 점에 착안해서 이 개념을 만들었다. 그러므로 엘렉트라 콤플렉스는 비록 융이 만든 용어이지만 학문적으로는 프로이트의 이론에 기초하고 있다고 하겠다. 이에 따르면 여자아이는 이전까지는 어머니에게 애정이 집중되다가 이 시기에 이르면 아버지가 가지고 있는 남근(phallus)에 대한 선망이 일어나 자신과 마찬가지로 이것이 없는 어머니를 미워하면서 애정을 아버지에게로 돌린다. 이 과정에서 콤플렉스가 생겨나지만 아이는 어머니의 확고한 위치 때문에 자신이 아버지의 애정을 받을 수 없음을 깨닫고 점차 어머니에 동일시되어간다.

관련 작품

문학

아이스킬로스: 『오레스테이아 3부작』, 비극

소포클레스: 『엘렉트라』, 비극

에우리피데스: 『엘렉트라』『이피게네이아』『오레스테스』, 비극

후고 폰 호프만슈탈: 『엘렉트라』, 운문극

장 폴 사르트르: 『파리 떼』: 희곡

유진 오닐: 『상복이 어울리는 엘렉트라』, 희곡

음악

리하르트 슈트라우스: 〈엘렉트라〉, 오페라

엘리시온 Elysion

요약

신들의 총애를 받는 영웅들이 불사의 존재가 되어 혹은 지상의 삶을 마친 뒤에 들어간다는 복 받은 땅이다. 프랑스의 유명한 거리 샹젤리제는 엘리시온의 들판이라는 뜻이다.

기본정보

구분	지명(地名)
상징	행복의 땅, 극락세계
외국어 표기	그리스어: Ἠλύσιον, 라틴어: Elisium(엘리시움)
어원	복 받은 곳, 낙원

신화이야기

축복의 땅

대지를 감싸고 흐르는 오케아노스의 서쪽 끝에는 엘리시온이라 불리는 축복받은 땅이 있었다. 추위도 폭풍우도 없이 봄날만 계속되는, 일 년 내내 제피로스(서풍)만 산들산들 부는 장미꽃 만발한 낙원이다. 이곳은 신들로부터 특별히 총애를 받은 인간들이 죽음의 고통을 맛보지 않고 가는 천국 같은 곳으로 영원한 행복을 누릴 수 있었다. 그래서 사람들은 이 행복한 땅을 '행복의 들판'이나 '축복 받은 사람들의 섬'이라고 불렀다.

엘리시온의 거주자들

이곳에서는 메넬라오스와 헬레네, 테바이의 건설자 카드모스, 트로이 전쟁의 영웅 아킬레우스와 그의 아버지 펠레우스, 오디세우스의 아내 페넬로페 등이 유향나무 그늘 아래에서 음악을 연주하거나 주사위 놀이, 말타기를 즐기며 살아가고 있다.

엘리시온
레온 박스트(Leon Bakst), 1906년

이 지상 낙원을 다스리는 통치자는 호메로스에 따르면 현명하고 공정한 왕으로 알려진 제우스와 에우로페의 아들 라다만티스라고 하고 오르페우스 교의 창조 신화에 따르면 참나무에 흐르는 꿀에 유혹되어 아들 제우스에게 결박당해 이곳으로 유배된 크로노스라고도 한다.

타르타로스와 엘리시온

로마의 시인 베르길리우스는 엘리시온을 타르타로스와 마찬가지로 하데스가 다스리는 나라에 있는 낙원으로 묘사하였다. 그에 따르면 망자들이 가는 명부의 입구에서 길이 두 갈래로 갈라지는데, 하나는 엘리시온(극락)으로 통하고 다른 하나는 타르타로스(지옥)로 통하는 길이다.

명부에 있는 엘리시온의 들판은 행복한 사람들이 사는 숲이다. 오르페우스가 리라를 타며 매혹적인 노래를 부르는

엘리시온 들판
카를로스 슈바베(Carlos Schwabe),
1903년

엘리시온에 도착한 괴테
프란츠 나도르프(Franz Nadorp)

이 숲에는 '조국을 위해 싸우다 부상을 당하고 쓰러진 용사', '순결을 지킨 사제', '신을 찬양한 시인들', '유익한 기술이나 도구를 발명한 자들'이 살고 있다. 들판 앞에 펼쳐진 골짜기 아래로는 레테 강이 흐르는데 강가에는 곧 육체를 가지게 될 영혼들이 그 강물을 마시며 전생의 기억을 지우고 있다.

신화해설

75

그리스 신화에서 엘리시온은 대지를 감싸고 흐르는 거대한 대양강(大洋江) 오케아노스의 서쪽 끝에 있는 섬으로 묘사되거나 하데스가 다스리는 하계의 낙원으로 생각되었다. 엘리시온은 고대의 종교와 철학에서 오랫동안 유지되었던 사후 세계의 관념에 바탕을 둔 장소이다.

호메로스와 헤시오도스에 따르면 엘리시온은 죽어서 그림자와 같은 존재가 되어가는 하계의 영역이 아니라 영웅들이 불사의 존재가 되어 영원히 복된 삶을 누리는 행복의 섬으로 생각되었다. 하지만 후대로

그리스 역사가 헤카타이오스의 지도
기원전 6세기경의 지도로 고대 그리스의 세계관을 보여준다. 원형의 대지(가이아)가 대양강(오케아노스)으로 둘러싸여 있다.

가면서 엘리시온은 타르타로스와 마찬가지로 망자들이 가는 하계의 영역에 속하지만 축복받은 이들을 위해 마련된 낙원으로 묘사되었다. 타르타로스와 엘리시온의 이원적 구분은 죽은 자들이 이승에서의 행적에 따라 저승에서 지옥으로 떨어지거나 낙원에서 살게 된다는 기독교적 사후 상벌의 관념으로 발전한다.

관련 작품

프리드리히 실러: 〈환희의 송가(An die Freude)〉, 장시.
베토벤이 교향곡 9번 〈합창〉으로 작곡해서 더욱 유명해진 이 시에서 시인은 인류의 화합과 우애를 찬양하면서 엘리시온의 거주자들을 향한 벅찬 환희를 노래하였다.

엠푸사 Empusa

요약

 그리스 신화에 등장하는 여성 괴물로, 헤카테의 시종, 혹은 딸이다. 하계에 속하는 존재로 밤의 공포를 일으키는 대상이었다. 젊은 남자들을 유혹하여 정을 통한 뒤 피를 빨고 잡아먹는 이야기는 후대의 뱀파이어 전설과 유사하다.

기본정보

구분	괴물
상징	밤의 공포, 악귀, 흡혈귀
외국어 표기	그리스어: Ἔμπουσα
어원	외발이, 외발 달린 괴물
가족관계	헤카테의 딸

인물관계

 여성 괴물 엠푸사는 헤카테의 시종, 혹은 딸이다.

신화이야기

밤의 공포

엠푸사는 하계의 여신 헤카테의 명령에 따라 밤길을 가는 나그네를 공포에 사로잡히게 만드는 악귀이다. 자유자재로 모습을 바꾸는 변신 능력으로 남자를 유혹하여 정을 통한 뒤 피를 빨고 잡아먹었다. 이런 점에서 엠푸사는 라미아, 모르모 등과 닮은꼴이며 간혹 헤카테와 동일시되기도 하였다.

엠푸사가 사람의 피를 빨아먹는 흡혈귀로 등장하는 신화는 후대의 뱀파이어 전설과도 유사하다.

아리스토파네스의 희극에 등장한 엠푸사

엠푸사는 무시무시한 괴물이지만 또 한편으로는 한쪽 다리는 청동으로 되어 있고 다른 다리는 노새 다리인 기괴하고 우스꽝스러운 모습으로 묘사되었다. 고대 그리스의 작가 아리스토파네스의 희극 『개구리』에서 엠푸사는 처음으로 이런 모습으로 등장하였다. 여기서 엠푸사는 디오니소스가 몸종 크산티아스와 함께 하계로 내려갈 때 이들 앞에 여러 가지 동물의 모습(소, 노새, 개 등)으로 변신하며 나타나다가 나중에는 아리따운 여인으로도 등장한다.

현자 아폴로니오스와 엠푸사

렘노스 출신의 소피스트 철학자 플라비우스 필로스트라토스(3세기경)는 저서 『아폴로니오스의 생애』에서 엠푸사를 밤의 악귀로 묘사하면서 그녀를 현자 아폴로니오스와 대면시켰다.

아폴로니오스는 자신의 제자 메니포스가 어느 날 갑자기 젊고 아름다운 과부와 결혼한다는 소식을 듣고 결혼식에 참석하였다. 그런데 알고 보니 그녀는 젊은 남자와 정을 통한 뒤 피를 빨아먹고 고기를 먹어치우는 악귀인 엠푸사였다. 이에 아폴로니오스는 큰소리로 고함을 쳐서 그녀를 물리치고 제자를 구해내었다. 그 뒤로 사람들은 아주 신 랄한 욕설을 퍼부으면 이 괴물을 퇴치할 수 있다고 믿게 되었다.

엠푸사가 사람의 피를 빨아먹는 흡혈귀로 등장하는 신화는 발칸 반 도의 뱀파이어 전설과도 유사하다.

근현대 문학과 영화에 등장하는 엠푸사

엠푸사는 괴테의 『파우스트』 제2부 '고전 발푸르기스의 밤' 장면에 서 라미아와 함께 등장하여 악마 메피스토펠레스와 희롱하였다. 또 엠푸사는 닐 게이머의 동명 원작소설을 영화화한 매튜 본 감독의 미 국 영화 〈스타더스트〉에서 라미아, 모르모와 함께 세 명의 마녀로 등 장하였고, 릭 라이어던의 소설 『퍼시 잭슨과 올림포스의 신』 시리즈에 서는 마녀 헤카테의 지시에 따르는 악귀의 무리로 등장한다. 『퍼시 잭 슨』 시리즈도 영화로 만들어져 큰 인기를 끌었다.

오네이로이 Oneiroi

요약

  그리스 신화에 나오는 꿈이 의인화된 신이다.

  밤의 여신 닉스의 자식이라고도 하고 꿈의 신 힙노스의 자식이라고
도 한다. 오비디우스는 오네이로이의 수가 천 명이나 된다고 하면서
그 중 가장 강력한 존재는 모르페우스, 포베토르(이켈로스), 판타소스
세 명이라고 하였다.

기본정보

구분	개념이 의인화된 신
상징	꿈, 거짓
외국어 표기	그리스어: Ὄνειροι, 단수형 Ὄνειρος(오네이로스)
어원	꿈
관련 신화	힙노스, 모르페우스
가족관계	닉스의 자식, 에레보스의 자식, 가이아의 자식

인물관계

  『신들의 계보』에 따르면 오네이로이는 밤의 여신 닉스가 남성의 도
움 없이 홀로 낳은 자식으로 힙노스(잠), 케레스(죽음, 파멸), 모로스(숙
명), 타나토스(죽음), 모이라이(운명), 네메시스(복수), 아파테(기만), 필로
테스(우정), 게라스(노화), 에리스(불화), 헤스페리데스(석양) 등 개념이
의인화된 다른 여러 신들과 형제이다.

그러나 키케로와 히기누스는 이들을 닉스와 어둠의 신 에레보스의 결합으로 생겨난 자식들로 보았고, 오비디우스는 오네이로이를 힙노스(로마 신화의 솜누스)의 자식으로, 에우리피테스는 대지의 여신 가이아의 자식으로 여겼다.

오비디우스는 오네이로이의 수가 천 명에 이르며 그 중 모르페우스, 포베토르, 판타소스 삼형제가 가장 강력하다고 하였다.

닉스 또는 닉스+에레보스 또는 힙노스 또는 가이아

오네이로이

모르페우스
포베토르
판타소스
...

신화이야기

거짓 꿈과 참된 꿈

『오디세이아』에 따르면 오네이로이는 저승에서 멀지 않은 오케아노스의 흐름 저편 헬리오스의 문 근처에 산다고 한다. 그들은 두 개의 문을 통해 인간들에게 꿈을 보내는데, 진실된 꿈은 뿔로 장식된 문을 통해서 내보내고 거짓 꿈은 상아로 만든 문을 통해서 내보낸다고 한다.

아가멤논에게 거짓 꿈을 보낸 제우스

『일리아스』에서 제우스는 그리스군을 트로이군에 패하게 만들기 위해 아가멤논에게 오네이로이를 보내 이제 트로이 성을 함락시킬 때가 되었으니 어서 공격에 나서라는 거짓 소식을 보냈다. 제우스의 지시를 받은 오네이로이는 아가멤논의 충직한 노장 네스토르의 모습으로 변신하여 그의 베갯머리에 나타나 아가멤논에게 어서 전투를 준비하라고 독려하였다.

힙노스의 천 명의 자식들

『변신이야기』에는 오네이로이가 힙노스(솜누스)의 아들들로 저승에 있는 그의 동굴에서 함께 살고 있는데 그 수가 천 명이나 된다고 하였다. 그들 중 가장 뛰어난 자식은 모르페우스, 포베토르(이켈로스), 판타소스 세 명인데 모르페우스는 인간의 모습으로, 포베토르는 짐승의 모습으로, 판타소스는 나무나 바위 같은 무생물로 변신하여 나타난다고 하였다.

모르페우스와 이리스
피에르 나르시스 게랭(Pierre
Narcisse Guerin), 1811년
예르미타시 미술관

알키오네에게 남편의 죽음을 전한 모르페우스

잠의 신 힙노스는 알키오네에게 남편 케익스의 익사 소식을 전하라는 헤라 여신의 명령을 받았을 때 아들 모르페우스를 보냈다. 모르페우스는 소리 없는 커다란 날개로 눈 깜짝할 사이에 알키오네가 있는 곳으로 가서 케익스의 죽은 모습으로 변신했다. 익사한 시체의 창백한 얼굴에서 물방울이 뚝뚝 떨어지는 모습으로 변한 모르페우스는 알키오네의 꿈 속으로 들어가 자신은 이미 죽었으니 이제 그만 헛된 희망을 버리고 죽은 지아비를 애도해달라고 말했다. 잠에서 깨어난 알키오네는 남편의 죽음을 알고 가슴을 치고 옷과 머리를 쥐어뜯으며 애도의 눈물을 흘렸다.('모르페우스' 참조)

알키오네의 꿈에 나타난 모르페우스
비르길 졸리스(Virgil Solis), 16세기, 오비디우스의
『변신이야기』에 실린 삽화

오디세우스 Odysseus

요약

그리스 신화에 나오는 영웅이자 이타카의 왕이다.

트로이 전쟁에서 그리스군 최고의 지략가로 이름을 날렸으며, 전쟁을 끝내고 귀향하는 길에 수많은 바다를 떠돌며 온갖 기이한 일들을 겪은 것으로 유명하다. 호메로스의 서사시 『오디세이아』는 오디세우스가 귀향길에 겪은 모험을 노래하고 있다.

기본정보

구분	영웅
상징	지략, 교활, 모험, 불굴의 의지
외국어 표기	그리스어: Ὀδυσσεύς
어원	미움 받는 자, 노여워하는 자
별칭	율리시즈(Ulysses)
로마 신화	울릭세스(Ulyxes)
관련 신화	트로이 전쟁

인물관계

오디세우스는 라에르테스와 안티클레이아 사이에서 태어난 아들로 이카리오스의 딸 페넬로페와 결혼하여 아들 텔레마코스를 낳았다. 하지만 오디세우스의 실제 아버지가 시시포스라는 이야기가 있다.

오디세우스는 또한 마녀 키르케와 사이에서 아들 텔레고노스를 낳았다고도 하고, 테스프로토이족의 여왕 칼리디케와 사이에서 아들 폴리포이테스를 낳았다고도 하고, 페넬로페와 사이에서 둘째 아들 폴리포르테스를 낳았다고도 하며, 말년에 아이톨리아 왕 토아스의 딸과 결혼하여 아들 레온토포노스를 낳았다고도 한다.

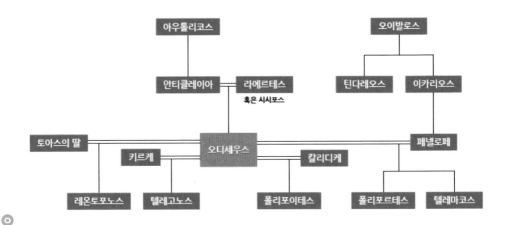

신화이야기

출생

오디세우스는 이타카의 왕 라에르테스와 안티클레이아 사이의 아들이다. 하지만 안티클레이아는 라에르테스와 결혼하기 전에 이미 시시포스와 관계하여 오디세우스를 임신하고 있었다는 이야기가 있다. 그에 따르면 도둑질의 명수로 유명했던 안티클레이아의 아버지 아우톨리코스는 영리하고 교활한 시시포스의 소떼를 훔쳤다가 덜미를 잡혀 하는 수 없이 딸 안티클레이아에게 시시포스의 잠자리 시중을 들게 하였다고 한다.('아우톨리코스' 참조) 이와 같은 외가와 친가의 혈통은 오디세우스의 지략과 교활함을 설명해주고 있다.

안티클레이아가 해산할 무렵 때마침 이타카에 들른 아우톨리코스는 자신이 사람들에게 많은 노여움을 느끼고 있으므로 외손자의 이름을 '노여워하는 자'라는 뜻의 오디세우스라고 지어주었다.(하지만 일부 학자들은 오디세우스라는 이름을 '신들에게 미움 받는 자'라는 뜻으로 해석한다)

청년 시절

소년 시절 오디세우스는 외할아버지 아우톨리코스의 집을 방문했다가 파르나소스 산에서 열리는 멧돼지 사냥에 따라나선 적이 있는데 이때 멧돼지의 어금니에 찔려 다리에 큰 흉터가 생겼다. 이 흉터는 오디세우스가 트로이 전쟁에 참전했다가 20년 만에 고향으로 돌아왔을 때 그의 정체를 확인시켜주는 인식표가 되었다.

오디세우스
로마 시대 대리석상, 1세기
스페르롱가 국립고고학박물관

오디세우스는 또 이타카에서 도둑맞은 양떼를 찾기 위해 메세네로 갔을 때 에우리토스의 아들 이피토스와 만나 우정을 나누고 그로부터 명궁 에우리토스의 활을 선물받았다. 이 활은 훗날 오디세우스의 아내 페넬로페가 무례한 구혼자들을 시험할 때 사용되었다.

페넬로페와의 결혼과 구혼자의 서약

오디세우스는 원래 미녀 헬레네의 구혼자 중 한 명이었다. 그리스 최고의 미녀로 손꼽히는 헬레네가 결혼할 나이가 되자 그리스 전역에서 구혼자들이 엄청난 결혼 선물을 싸들고 구름 같이 몰려들었다. 하지만 가난한 이타카 출신의 오디세우스는 자신에게 기회가 없음을 일찌감치 간파하고 헬레네에 대한 구혼을 포기하였다.

그 대신 오디세우스는 헬레네의 사촌인 이카리오스의 딸 페넬로페를 신붓감으로 점찍고 그녀를 얻기 위해 헬레네의 아버지 틴다레오스에게 접근했다. 그 무렵 틴다레오스는 헬레네의 구혼자들 때문에 골치를 썩고 있었다. 수많은 구혼자들 중 한 명만을 사위로 선택해야 하는데 선택 받지 못한 구혼자들이 모욕을 당했다고 느껴 전쟁이라도 걸어올까 두려웠던 것이다. 구혼자들은 대부분 불세출의 영웅이거나 왕들이었기 때문이다

오디세우스는 틴다레오스를 찾아가 자신이 문제를 해결해줄 테니 그 대신 이카리오스의 딸 페넬로페와 결혼할 수 있도록 도와달라고 했다. 이카리오스는 틴다레오스 왕의 동생이니 페넬로페는 그의 질녀가 된다. 틴다레오스는 기뻐하며 그러마고 했고 오디세우스는 해결방법을 알려주었다. 결정에 앞서 모든 구혼자들에게 누가 남편으로 선택받든 그 권리를 인정하고 부부를 지켜주겠다는 서약을 먼저 받아내라는 것이었다.

오디세우스의 묘책은 성공을 거두었고 틴다레오스는 약속대로 오디세우스가 페넬로페와 결혼할 수 있도록 도와주었다. 헬레네의 남편이 되는 영광은 틴다레오스의 총애를 받고 있던 메넬라오스에게로 돌아갔다.('틴다레오스' 참조) 하지만 '구혼자의 서약'은 나중에 트로이 전쟁을 일으키는 단초가 되었다.

트로이 전쟁의 발발과 참전

오디세우스가 페넬로페와 사이에서 아들 텔레마코스를 낳고 행복하게 살아가고 있을 때 스파르타에서 불행한 소식이 들려왔다. 메넬라오스의 아내 헬레네가 트로이 왕자 파리스에게 납치되었는데 트로이에서 헬레네를 남편에게 되돌려주려 하지 않는다는 것이었다. 메넬라오스와 그의 형 아가멤논은 트로이에 전쟁을 선포하고 오디세우스를 비롯하여 헬레네에게 구혼했던 수많은 영웅과 왕들에게 '구혼자의 서약'을 상기시키며 참전을 요구했다.

아내와 새로 태어난 아들과의 단란한 삶을 포기하고 싶지 않았던

오디세우스는 광기를 가장하여 의무를 회피하려 했다. 사람들이 참전을 요구하기 위해 찾아왔을 때 그는 당나귀와 황소를 한데 묶어 쟁기질을 하고 밭에 씨앗 대신 소금을 뿌리면서 미친 척했다. 하지만 오디세우스의 술수를 간파한 팔라메데스가 어린 아들 텔레마코스를 오디세우스의 쟁기 앞에 데려다놓았다. 오디세우스는 아이를 피해 쟁기질을 할 수밖에 없었고 이로써 그의 거짓 광기는 탄로나고 말았다.

참전이 결정된 이후 오디세우스는 그리스 연합군의 총사령관이 된 아가멤논을 충실하게 도왔다. 전쟁에 나가면 반드시 죽는다는 예언 때문에 여자로 변장하여 리코메데스 왕의 시녀들 틈에 숨어 있던 아킬레우스를 찾아내어 참전시켰고, 헬레네의 반환을 요구하는 사절단의 대표가 되어 메넬라오스와 함께 목숨을 걸고 트로이에 다녀왔으며, 아울리스 항에 집결한 그리스 연합군이 아르테미스 여신의 노여움을 사서 트로이로 출항하지 못하고 지체할 때 아가멤논의 딸 이피게네이아를 여신께 희생 제물로 바치고 출정할 수 있도록 하였다.

뛰어난 지략과 언변

트로이 전쟁에서 오디세우스는 그리스군 최고의 지략가이자 달변가로서, 또 용맹한 무장으로서 많은 중요한 역할을 하였다. 그는 아가멤논과 아킬레우스가 불화를 빚을 때 둘 사이를 화해시키는 역할을 하고, 트로이의 왕자이자 예언자인 헬레노스를 설득하여 그리스군이 전쟁에서 이기기 위한 조건들을 알아내고, 거지로 변장하여 트로이 성에 들어가 적진의 동태를 살피고, 목마 건조의 아이디어를 내서 그리스군이 전쟁에 승리하는 데 결정적으로 기여하였다.

그러나 오디세우스의 지략과 교활함은 종종 적이 아닌 아군을 향하기도 했다. 그는 자신의 거짓 연기를 탄로나게 하여 어쩔 수 없이 원정길에 오르게 만든 팔라메데스에게 앙심을 품고 거짓 편지로 그가 적과 내통한다고 모함하여 그를 그리스 병사들이 던진 돌에 맞아죽게 하였다. 또 아킬레우스가 죽은 뒤 장례식에서 대장장이 신 헤파이스토스가 만든 그의 갑옷과 투구의 소유권을 놓고 텔라몬의 아들 아이아스와 경쟁이 벌어졌을 때는 교묘한 언변과 지략으로 그것을 차지하여 그리스군에서 아킬레우스에 이어 두 번째로 뛰어난 장수로 손꼽히던 아이아스를 죽음에 이르게 만들었다. 아이아스는 아킬레우스의 주검을 둘러싼 전투에서 자신이 더 큰 공을 세웠으므로 관례에 따라 그의 무구도 당연히 자신의 차지가 되어야 한다고 여겼다가 오디세우스에게 빼앗기자 분을 참지 못하고 광기를 부리다 수치심에 스스로 목숨을 끊고 말았다.

하지만 그리스 신화에서 오디세우스를 유명하게 만든 사건은 전쟁이 끝난 뒤 이타카로 귀향하면서 그가 겪은 모험들이었다.

험난한 귀향길

트로이 전쟁에서 승리한 뒤 다시 고향으로 돌아가는 그리스군의 귀향길은 순조롭지 않았다. 그것은 무엇보다도 오일레우스의 아들 아이아스의 소행 때문이었다. 그가 약탈자들을 피해 아테나 여신의 신전에 피신해 있던 프리아모스 왕의 딸 카산드라를 끌어내어 강제로 욕을 보였던 것이다. 카산드라는 아테나 여신의 신상을 붙잡은 채 저항하였는데 그 바람에 신상이 쓰러져 손상되고 말았다. 아이아스의 소행을 알게 된 오디세우스는 아테나 여신의 진노를 피하기 위해 그를 돌로 쳐 죽이자고 했지만 뜻을 이

카산드라를 욕보이는 아이아스
아티카 지방의 적색상 도기, 기원전 440~430년. 루브르 박물관

루지 못했다. 이번에는 아이아스가 아테나 여신의 신전으로 피신해 신상을 부여잡고 목숨을 구했기 때문이다.

마론의 선물

트로이를 출발한 오디세우스 일행은 트라키아의 해안도시 이스마로스를 약탈하였다. 트라키아는 전쟁 때 트로이 편에서 싸웠으므로 그리스군의 일원인 오디세우스 일행에게는 적이었다. 하지만 오디세우스는 이스마로스의 숲에 살고 있던 아폴론의 사제 마론과 그의 처자식을 공격하지 않고 보호해주었다. 아폴론 신에 대한 외경심 때문이었다. 마론은 이에 대한 감사로 아주 독하고 달콤한 값비싼 포도주를 선물하였는데 마론의 이 선물 덕택에 나중에 오디세우스 일행은 목숨을 구하게 된다.

로토스를 먹는 자들의 섬

이스마로스를 떠난 오디세우스 일행은 펠로폰네소스 반도 남단 말레아 곶을 지나다 무시무시한 북풍을 만나 로토파고이족이 사는 섬에 표착하였다. 로토파고이족은 오디세우스 일행을 환대하며 자신들이 먹는 로토스를 대접했는데 그것을 먹은 오디세우스의 부하들은 고향으로 돌아가려는 생각을 잊고 그 섬에서 로토스를 먹으며 안주하려고 했다. 오디세우스는 결국 이들을 억지로 끌고 가서 배에 묶은 다음 출발해야 했다.

폴리페모스의 동굴

그 다음으로 오디세우스 일행은 폴리페모스가 사는 섬에 정박했다가 그의 동굴에 갇히는 신세가 되었다.('폴리페모스' 참조) 눈이 하나 뿐인 키클로페스족인 폴리페모스는 사람을 잡아먹는 식인 괴물이었다. 동굴 입구를 거대한 바위로 막아놓고 자신의 부하들을 하나둘씩 잡아먹는 폴리페모스를 오디세우스는 칼로 찔러 죽일 수도 없었다. 그가 죽어버리면 거대한 바위로 막힌 동굴에서 영영 나갈 수가 없기 때문이었다.

그래서 오디세우스는 다른 꾀를 내었다. 그는 폴리페모스에게 마론이 선물한 독하고 달콤한 포도주를 권하여 술에 취해 곯아떨어지게 한 다음 끝을 뾰족하게 깎은

폴리페모스의 눈을 찌르는 오디세우스 일행
아티카, 항아리 그림, 기원전 660년 경
엘레우시스 고고학박물관

말뚝으로 눈을 찔러 장님을 만들었다. 그러고는 폴리페모스가 동굴에서 기르는 가축들에게 풀을 뜯기 위해 바위를 치우고 밖으로 데리고 나갈 때 가축들 틈에 섞여서 간신히 사지를 벗어날 수 있었다. 하지만 이 일로 오디세우스는 폴리페모스의 아버지인 해신 포세이돈의 미움을 사 더욱 험난한 귀향길을 맞아야 했다.

바람 신 아이올로스의 섬

오디세우스 일행이 그 다음으로 도착한 곳은 물 위에 떠 있는 섬 아이올리아였다. 주위에 부술 수 없는 청동 성벽이 둘러져 있는 이 섬에는 바람의 신 아이올로스가 열두 자녀와 함께 살고 있었다. 아이올로스는 오디세우스 일행을 환대하며 한 달 동안 편히 머물게 한 뒤 다시 떠날 때는 친절하게도 오디세우스의 배를 고향 이타카로 데려다줄 순풍을 제

바람의 동굴 속 아이올로스와 오디세우스
스트라다누스(Stradanus), 1605년
보이만스 판뵈닝언 미술관

외한 다른 모든 나쁜 바람들을 가죽 부대에 넣어 마개로 꽁꽁 묶어서 주기까지 했다. 하지만 오디세우스가 잠든 사이에 그의 부하들이 가죽 부대 안에 귀한 물건이 감추어져 있는 줄 알고 마개를 열어버렸고, 그러자 안에 가두어 둔 거센 바람들이 모두 쏟아져 나오면서 배는 다시 아이올리아 섬으로 밀려갔다. 오디세우스 일행을 다시 맞게 된 아이올로스는 이들이 신의 분노를 사고 있다고 여겨 더 이상의 도움을 거절하고 섬에서 쫓아냈다.

키르케의 섬

다시 항해를 시작한 오디세우스는 식인족 라이스트리고네스인들의 나라에 정박했다가 그가 탄 배 한 척만 제외하고 배와 병사들을 모두 잃고 말았다. 그런 다음 도착한 곳은 마녀 키르케의 섬이었다.

오디세우스에게 잔을 건네는 키르케
존 윌리엄 워터하우스(John William Waterhouse), 1891년, 올덤 미술관

오디세우스는 병사들 일부를 섬 안으로 보내 정찰하게 하였는데 키르케는 이들을 마법의 약초를 넣은 음식을 먹여 돼지로 변신시켜 우리에 가두어버렸다. 부하들을 구하러 간 오디세우스는 헤르메스 신의 도움으로 키르케의 마법을 물리치고 부하들을 본래 모습으로 돌려놓은 다음 키르케와 연인이 되어 1년 동안 그녀의 섬에 머물렀다.

오디세우스가 다시 고향으로 돌아갈 뜻을 밝히자 키르케는 더 이상 만류할 수 없음을 깨닫고 그에게 고향 이타카로 돌아갈 수 있는 방법을 알려주었다. 키르케는 먼저 하계로 내려가 예언자 테이레시아스에게 조언을 구하게 하였다. 망자가 되어서도 여전히 예언 능력을 지니고 있던 테이레시아스는 오디세우스가 혈혈단신으로 남의 배를 얻어 타고 고향에 돌아가게 될 것이라고 말해주었다. 오디세우스가 테이레시아스를 만나고 돌아오자 키르케는 바다에서 그에게 닥칠 위험들(세이렌의 노래, 스킬라와 카립디스 등)을 피할 수 있는 방법도 자세히 가르쳐주었다.

세이레네스, 스킬라, 카립디스

키르케의 섬을 출발한 오디세우스 일행은 키르케가 미리 일러준 대로 세이레네스의 섬을 지나게 되었다. 세이레네스가 부르는 노래의 치명적인 위험에 대해 이미 경고 받은 오디세우스는 부하들에게 밀랍으로 귀를 막고 노를 젓게 한 다음 자신은 그녀들의 노래를 들어보기 위해 돛대에 몸을 묶고 귀를 막지 않은 채로 섬에 접근하였다. 세이레네스는 오디세우스가 자신들의 노래

오디세우스와 세이레네스
아티카 적색상 도기, 기원전 480년경, 영국 박물관

에 유혹되지 않고 무사히 지나가자 치욕감을 이기지 못하고 바다로 뛰어들어 스스로 목숨을 끊었다.

그 다음으로 일행은 바다 괴물 스킬라와 카립디스가 양편에 도사리고 있는 좁은 해협을 지나야 했다. 스킬라는 상체는 처녀이지만 하체에는 기다란 목이 뱀처럼 구불거리는 개의 형상을 한 머리가 여섯 개나 솟아나 삼중의 이빨을 드러내고 짖어대고 있었고, 카립디스는 영원히 채워지지 않는 허기를 바닷물로 달래기 위해 하루에 세 번 엄청난 양의 바닷물을 들이마시고 다시 토해내며 무서운 소용돌이를 일으키고 있었다.

오디세우스는 신중하게 고민한 끝에 스킬라 쪽으로 붙어서 지나기

로 결정했다. 카립디스 쪽으로 갔다가는 배가 송두리째 삼켜져 산산 조각이 나거나 소용돌이에 휘말려 바닷물 속으로 가라앉고 말 것이기 때문이었다. 오디세우스 일행은 스킬라의 괴물 주둥이 여섯 개가 각각 선원을 한 명씩 낚아채서 물어뜯는 동안 재빨리 그곳을 통과하였다.

헬리오스의 소

키르케가 오디세우스에게 일러준 위험은 한 가지가 더 있었다. 태양신 헬리오스의 섬을 반드시 피하라는 것이었다. 하지만 오랜 항해에 지친 오디세우스 일행은 수풀이 우거진 헬리오스의 섬을 보자 쉬었다 가고 싶은 마음이 간절해져 섬에 잠시 머물기로 하였다. 그런데 항해에 필요한 순풍이 불지 않는 바람에 일행은 한 달이 넘도록 섬에 갇혀 있어야 했고 그 동안 먹을 것이 다 떨어져버렸다. 키르케의 경고를 떠올린 오디세우스는 헬리오스의 신성한 소들에게 절대로 손을 대서는 안 된다고 신신당부하였지만 병사들은 그가 잠든 사이에 헬리오스의 소들을 잡아먹고야 말았다. 이 일로 제우스의 노여움을 산 일행은 바다에서 거센 돌풍을 만나 오디세우스 한 사람만 빼고 모두 물에 빠져죽고 말았다.

칼립소의 섬

오디세우스가 부서진 배의 용골을 붙잡고 홀로 살아남아 도착한 곳은 칼립소의 섬이었다. 칼립소는 오디세우스를 너무나 사랑하게 되어 그를 7년이나 붙잡고 놓아주지 않았다. 그녀는 오디세우스에게 불사신으로 만들어줄 테니 영원히 자신과 살자고 했다. 하지만 오디세우스는 고향에 있는 아내 페넬로페와 아들 텔레마코스를 그리워할 뿐이었다. 이에 감동한 신들은 헤르메스를 칼립소에게 보내 오디세우스를 그만 고향으로 돌려보내게 하였다. 칼립소에게서 신들의 뜻을 전해 받

오디세우스와 칼립소
아르놀트 뵈클린(Arnold Bocklin), 1882년, 스위스 바젤 미술관

은 오디세우스가 뗏목을 만들어 다시 바다로 나갔지만 포세이돈은
다시 풍랑을 일으켜 그의 뗏목을 산산이 부숴버렸다. 오디세우스는
사흘 동안 필사적으로 헤엄친 끝에 파이아케스인들이 사는 스케리아
섬에 도착하였다.

파이아케스인들의 섬

탈진하여 수풀 속에서 잠든 오디세우스는 그곳을 다스리는 알키노
오스 왕과 아레테 왕비의 딸인 나우시카 공주에게 발견되어 궁으로
가게 되었다.

궁에서 오디세우스로부터 그동안 겪은 고초와 기이한 모험을 들은
알키노오스 왕과 아레테 왕비는 그를 고향 이타카로 데려다주겠다고
하였다. 알키노오스 왕에게서 이타카로 돌아갈 배와 선원들을 제공받
고 많은 진귀한 선물까지 얻은 오디세우스는 20년 만에 마침내 꿈에
그리던 고향에 발을 디딜 수 있었다. 하지만 여전히 오디세우스를 미
워하는 포세이돈은 파이아케스인들의 이와 같은 처사에 분노하여 오

디세우스를 이타카에 데려다주고 돌아오는 그들의 배를 섬의 항구 앞에서 돌로 바꾸어버렸다.

페넬로페와 무례한 구혼자들

한편 이타카에서는 오디세우스가 전쟁이 끝나고 여러 해가 흘렀는데도 돌아올 기미가 없자 인근의 귀족들이 오디세우스의 재산과 지위를 탐하여 페넬로페에게 결혼을 요구하기 시작했다. 구혼자들의 수는 곧 백여 명에 이르렀다. 이들은 오디세우스의 궁에 죽치고서 허구한 날 축제를 벌이면서 그의 재산을 탕진하였다.

구혼자들의 집요한 결혼 요구에 시달리던 페넬로페는 한 가지 꾀를 내었다. 연로하여 죽을 때가 멀지 않은 시아버지 라에르테스를 위해 수의를 짜는 중인데 그 일이 끝나면 구혼자들 중 한 사람을 남편으로 맞이하겠다는 것이었다. 하지만 페넬로페는 낮에 짠 천을 밤에 몰래 다시 풀어버리기를 계속하면서 시간을 끌었다. 그렇게 3년이 지날 무렵 그 사이 구혼자 중 한 명과 눈이 맞은 시녀 멜란토의 고자질로 거짓이 들통났고 페넬로페는 더욱 곤란한 처지에 빠지고 말았다.

오디세우스의 도착

이타카로 돌아온 오디세우스는 충성스러운 돼지치기 에우마이오스와 그 사이 어엿한 청년으로 자란 아들 텔레마코스를 만나 그간의 소식과 이타카의 상황을 모두 전해들었다. 오디세우스는 일단 자신의 정체를 감추고 거지 행색으로 궁으로 들어갔다. 오디세우스를 가장 먼저 알아본 것은 늙은 사냥개 아르고스였다. 아르고스는 20년 전에 떠나간 주인을 금세 알아보았지만 너무 노쇠하여 일어서지도 못하고 꼬리만 흔들다 죽고 말았다. 그 다음으로 오디세우스를 알아본 것은 유모 에우리클레이아였다. 에우리클레이아는 페넬로페의 지시로 거지로 변신한 오디세우스의 발을 씻겨주다가 다리의 흉터를 보고 주인을 알아보았다. 하지만 오디세우스는 급히 유모의 입을 막아 아직 페넬로페에게 자신의 도착을 알리지 못하게 하였다.('에우리클레이아' 참조)

구혼자들의 처단

궁으로 돌아온 오디세우스는 텔레마코스를 시켜 궁전 안에 있는 모든 무기를 창고로 옮기게 한 뒤 구혼자들과의 결전을 준비하였다. 이런 사실을 모르는 페넬로페는 거짓으로 수의를 짜던 일이 탄로난 뒤 더 이상 구혼자들의 요구를 물리칠 수 없다고 여겨 그들에게 마지막

구혼자들을 죽이는 오디세우스
구스타프 슈바브(Gustav Schwab), 1882년

제안을 하였다. 페넬로페는 남편 오디세우스가 남겨두고 간 활을 꺼내서 구혼자들에게 보여주며 활에 시위를 걸어 화살로 열두 개의 도끼 자루 구멍을 모두 꿰뚫는 사람을 새 남편으로 맞이하겠다고 선언하였다. 하지만 구혼자들 중 아무도 오디세우스의 활에 시위를 걸지 못했다. 활에 시위를 걸어 도끼를 꿰뚫은 사람은 초라한 행색의 거지로 변장하고 구혼자들 틈에 섞여 있던 오디세우스 자신이었다. 그는 페넬로페가 시녀들과 함께 거처로 들어가자 텔레마코스와 에우마이오스에게 궁궐의 문을 모두 잠그게 한 뒤 그 자리에 모여 있던 구혼자들을 모두 도륙하였다. 또 그 동안 주인을 배신하고 적의 편을 든 종복들도 가차없이 처단하였다.

부부의 해후

페넬로페는 오디세우스가 구혼자들을 물리치는 동안 깊은 잠에 빠져 있었기 때문에 아직 남편이 돌아온 줄 모르고 있었다. 유모 에우리클레이아가 기뻐하며 오디세우스의 귀환과 구혼자들의 처단을 알

렸지만 페넬로페는 쉽사리 믿으려 하지 않았다. 그녀는 결혼 당시 남편이 살아 있는 올리브나무로 직접 만든 부부침상의 비밀을 오디세우스에게 확인하고 나서야 비로소 그를 받아들였다. 그동안 줄곧 오디세우스를 도와주었던 아테나 여신은 그날 밤을 특별히 길게 만들어 부부가 그 사이

페넬로페와 오디세우스
프란체스코 프리마티초(Francesco Primaticcio)
1563년, 뉴욕 윌덴슈타인 컬렉션

겪은 일들을 서로 나눌 시간을 충분히 마련해주었다.

다음날 오디세우스는 아들이 떠난 뒤 시골로 가서 은둔생활을 하고 있던 아버지 라에르테스를 찾아가 자신의 귀향을 알렸다. 얼마 뒤 살해당한 구혼자들의 가족들이 복수를 하기 위해 공격해왔지만 아테나와 제우스의 개입으로 싸움이 끝나고 이타카에는 마침내 평화가 찾아왔다.

오디세우스의 최후

오디세우스의 최후에 대해서는 여러 가지 이야기들이 전해진다.

일설에 따르면 오디세우스는 저승에서 만난 테이레시아스의 망령이 예언한 것처럼 어깨에 노를 짊어지고 들판을 걷다가 바다를 한 번도 본 적이 없는 젊은이를 만나자 그 자리에 노를 꽂고 포세이돈에게 제물을 바쳤다. 이로써 포세이돈과 마침내 화해한 오디세우스는 이타카로 다시 돌아와 아내 페넬로페와 늙도록 해로하다가 평온한 죽음을 맞았다고 한다.

그런가 하면 오디세우스가 포세이돈에게 속죄의 제물을 바친 뒤 고

향으로 돌아가지 않고 테스프로토이족의 나라로 가서 그곳의 여왕 칼리디케와 결혼하고 아들 폴리포이테스를 낳았다는 설도 있다. 칼리디케가 죽은 뒤 오디세우스는 왕국을 폴리포이테스에게 물려주고 이타카로 돌아가 그 사이 페넬로페가 낳은 둘째 아들 폴리포르테스와 상봉하였다고 한다.

다른 전승에 따르면 오디세우스는 마녀 키르케와 사이에서 낳은 아들 텔레고노스에 의해 죽음을 맞는다. 오디세우스가 키르케의 섬을 떠난 뒤 태어난 텔레고노스는 어른이 되어 아버지를 찾아나섰다. 텔레고노스는 이타카 섬으로 가던 중 폭풍을 만나 어느 해안에 도착하였는데, 그가 케르키라 섬이라고 잘못 생각한 그곳이 바로 이타카 섬이었다. 굶주린 텔레노고스는 그곳의 가축이며 곡식을 약탈했고, 늙은 오디세우스와 맏아들 텔레마코스는 재산을 지키려 침략자에 맞서 싸웠다. 이 싸움에서 텔레고노스는 미처 아버지인 줄 모르고 오디세우스를 가오리의 독가시가 박힌 창으로 찔러 죽였다고 한다.

또 다른 전승에 따르면 오디세우스는 구혼자들의 친족들에 의해 법정에 세워졌다. 심판관을 맡은 네오프톨레모스는 케팔레니아를 차지할 욕심에 추방령을 내렸고 오디세우스는 아이톨리아로 가서 토아스 왕의 보호를 받으며 그의 딸과 결혼하여 아들 레온토포노스를 낳았다.

또 오디세우스는 말년에 이탈리아로 추방되어 여행 중에 아이네이아스와 만나 화해를 하고 에트루리아 땅인 티레니아에 정착하여 수많은 도시들을 건설했다고도 한다. 그곳에서 그는 나노스라는 이름으로 불렸는데 나노스는 에트루리아 말로 '방랑하는 자'라는 뜻이다.

오레스테스 Orestes

요약

    그리스 신화에 나오는 미케네, 아르고스, 스파르타의 왕이다.
    아가멤논과 클리타임네스트라의 아들로 저주받은 탄탈로스 가문의
후손이다. 아버지 아가멤논의 원수를 갚기 위해 어머니 클리타임네스
트라를 살해하였다.

기본정보

구분	미케네의 왕
상징	친족 살해, 복수, 저주받은 가문의 후손
외국어 표기	그리스어: Ὀρέστης
관련 신화	탄탈로스 가문의 저주, 아가멤논의 살해
가족관계	아가멤논의 아들, 클리타임네스트라의 아들, 헤르미오네의 남편, 엘렉트라와 남매

인물관계

    오레스테스는 미케네의 왕 아가멤논과 클리타임네스트라 사이에서
난 아들로, 저주받은 탄탈로스 가문의 후손이다. 이피게네이아, 엘렉
트라(라오디케), 크리소테미스와 남매지간이다. 메넬라오스와 헬레네의
딸 헤르미오네와 결혼하여 아들 니사노메스를 낳았다.

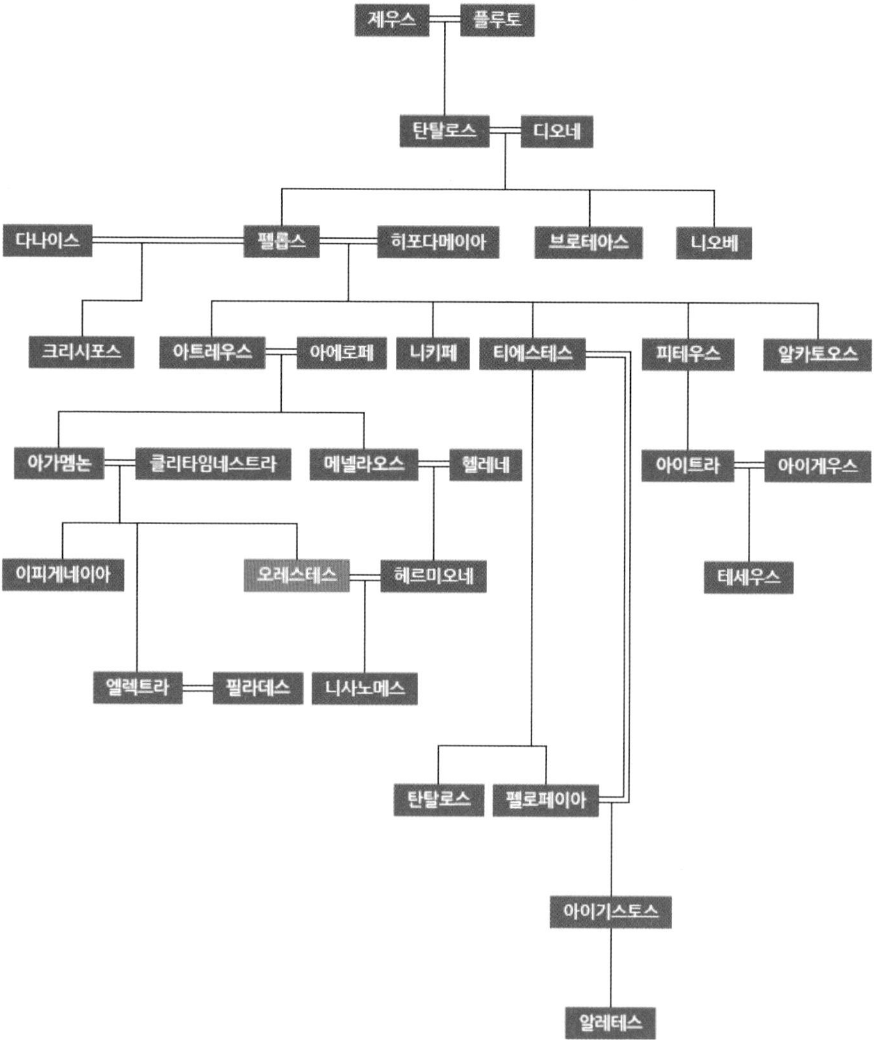

제우스 — 플루토

탄탈로스 — 디오네

다나이스 — 펠롭스 — 히포다메이아   브로테아스   니오베

크리시포스   아트레우스 — 아에로페   니키페   티에스테스   피테우스   알카토오스

아가멤논 — 클리타임네스트라   메넬라오스 — 헬레네   아이트라 — 아이게우스

이피게네이아   오레스테스 — 헤르미오네   테세우스

엘렉트라 — 필라데스   니사노메스

탄탈로스   펠로페이아

아이기스토스

알레테스

신화이야기

아버지의 죽음과 도피

　미케네의 왕 아가멤논은 그리스 연합군의 총사령관으로 트로이 원정에 나섰다가 10년 만에 귀향하였지만 아내 클리타임네스트라는 정부(情夫) 아이기스토스와 모의하여 전쟁터에서 돌아온 남편을 살해하

였다. 10년 전 원정을 떠날 때 연합군 함대의 순조로운 출항을 위해 남편이 맏딸 이피게네이아를 아르테미스 여신에게 희생 제물로 바친 것에 대한 복수였다. 아이기스토스는 아들 오레스테스도 죽여 후환을 없애고자 했지만 오레스테스는 누이 엘렉트라와 유모의 도움으로 사지에서 벗어나 포키스의 왕 스트로피오스에게로 피신하였다. 유모는 오레스테스를 죽이러 온 아이기스토스에게 자기 아들을 내주어 대신 죽게 하고 오레스테스를 탈출시켰다고 한다. 스트로피오스 왕의 아내가 아가멤논의 누이 아낙시비아였으므로 오레스테스는 그의 조카였다. 그곳에서 오레스테스는 스트로피오스 왕의 아들 필라데스와 함께 자랐고 두 사람은 둘도 없는 친구가 되었다.

아버지의 복수

성인이 된 오레스테스는 델포이의 아폴론 신전을 찾아가 앞으로 해야 할 일을 물었고 신탁은 그에게 복수를 명했다. 이에 오레스테스는

아이기스토스와 클리타임네스트라를 죽이는 오레스테스
베르나르디노 메이(Bernardino Mei), 1654년

필라데스와 함께 미케네로 잠입하여 누이 엘렉트라와 재회하였다. 오레스테스가 아버지 아가멤논의 무덤 앞에 자기 머리카락을 잘라 바치는 것을 때마침 그곳을 찾은 엘렉트라가 보았던 것이다. 미케네에 있던 엘렉트라는 아이기스토스에 의해 강제로 시골 농부와 결혼해서 살고 있었다. 엘렉트라와 함께 복수 방법을 모의한 오레스테스는 스트로피오스 왕이 보낸 전령으로 가장하여 아이기스토스와 클리타임네스트라에게 오레스테스의 죽음을 알리고 유골을 전해주었다. 그리고 두 사람이 마음을 놓고 있는 사이에 칼을 빼들고 이들을 죽여 아버지의 원수를 갚았다. 하지만 이것은 그에게 모친 살해를 의미했다. 클리타임네스트라는 죽어가면서 아들을 저주하였다.

복수의 여신들과 죄의 정화

모친 살해자가 된 오레스테스는 광기에 사로잡힌 채 복수의 여신 에리니에스에게 쫓기는 신세가 되었다. 하지만 아무도 제 어미를 죽인 자식을 받아주려 하지 않았다. 오레스테스는 에리니에스를 피해 아폴론 신전으로 갔지만 아폴론은 그의 죄를 씻어 줄 권한이 없었다. 아폴론은 그에게 아테나 여신을 찾아가 보라고 했다.

아테네로 간 오레스테스는 아레오파고스에서 아테나 여신의 주재로 재판을 받게 되었다. 오레스테스의 변호는 그에게 아버지의 복수를 명했던 아폴론이 맡았고 복수의 여신 에리니에스

에리니에스에게 쫓기는 오레스테스
윌리앙 아돌프 부그로(William Adolphe Bouguereau),
1862년, 크라이슬러 예술 박물관

는 어머니를 죽인 오레스테스의 처벌을 주장했다. 배심원이 된 아테네 시민들의 찬반 표결이 동수로 나오자 아테나 여신은 재판장으로서 자신의 표를 오레스테스에게 유리하게 행사하여 그에게 무죄 판결을 내렸다.

하지만 복수의 여신들은 그래도 오레스테스를 놓아주려 하지 않았다. 다시 신탁에 물으니 저주에서 완전히 풀려나려면 야만족의 나라 타우리스로 가서 그곳에 있는 아르테미스 신전의 여신상을 훔쳐서 그리스로 가져와야 한다는 응답이 나왔다. 오레스테스는 친구 필라데스와 함께 타우리스로 향했다. 그곳에는 그의 누이 이피게네이아가 아르테미스 신전의 여사제로 있었지만 그들은 그 사실을 알지 못했다. 이피게네이아는 그리스 연합군의 출정식 때 아버지 아가멤논에 의해 아르테미스 여신에게 제물로 바쳐졌지만 여신이 불쌍히 여겨 그녀를 사슴과 맞바꾸어 이곳으로 데려와서 여사제로 삼았던 것이다. 이피게네이아는 신전에서 이곳의 풍습에 따라 이방인을 여신의 제물로 바치는 일을 하고 있었다.

타우리스에 도착한 오레스테스와 필라데스도 토착민들에게 붙잡혀 신전의 제물로 바쳐질 운명에 처하였다. 이피게네이아는 붙잡혀 온 자들이 그리스인임을 눈치채고 이들에게 한 가지 제안을 했다. 자신의 편지를 그리스에 있는 동생 오레스테스에게 전해주겠다고 약속하면 풀어주겠노라는 것이었다. 이로써 남매는 서로를 알아보게 되었고 함께 그리스로 돌아갈 계획을 세웠다.

이피게네이아는 타우리스의 왕 토아스에게 모친 살해자인 오레스테스 때문에 여신상이 더럽혀졌으므로 제사를 바치려면 제물과 여신상을 모두 바닷가로 데려가서 물로 정화해야 한다고 말했다. 왕의 허락이 떨어지자 바닷가로 나간 이피게네이아와 오레스테스 일행은 아르테미스 여신상과 함께 배를 타고 그리스로 도망쳤다.

이피게네이아 앞에 붙잡혀온 오레스테스와 필라데스
벤자민 웨스트(Benjamin West), 1766년, 테이트브리튼 갤러리

결혼과 죽음

그리스로 돌아온 오레스테스는 아르테미스 여신상을 아티카의 브라우론에 있는 여신의 신전에 바치고 죄와 저주에서 정화되었다. 그 후 필라데스는 엘렉트라와 결혼하고 이피게네이아는 다시 아르테미스 신전의 여사제가 되었다.

오레스테스는 아버지의 도시 미케네로 돌아가서 그사이 그곳을 다스리고 있던 아이기스토스의 아들 알레테스를 죽이고 왕권을 되찾았다. 그리고 어릴 때 약혼한 사이였던 메넬라오스와 헬레네의 딸 헤르미오네와 결혼하였다. 하지만 헤르미오네는 아킬레우스의 아들 네오프톨레모스와 이미 결혼한 상태였기 때문에 둘 사이에 싸움이 벌어졌고 오레스테스는 델포이에서 네오프톨레모스를 죽였다.

헤르미오네의 아버지 메넬라오스가 죽은 뒤 후처 소생인 니코스트라토스와 메가펜테스의 왕위 계승권이 인정되지 않아 스파르타의 왕권 역시 오레스테스에게로 돌아갔다. 헤르미오네와 오레스테스 사이에서는 아들 니사노메스가 태어났다.

노년에 오레스테스는 아르카디아로 가서 아흔 살이 넘도록 천수를 누리며 살다가 뱀에 물려 죽었다. 오레스테스의 시체는 테게아에 묻혔는데 나중에 리헤스라는 스파르타인이 그곳의 한 대장간 밑에서 유골을 찾아내어 스파르타로 가져왔다. 그 후로 스파르타인들은 아르카디아와 싸울 때마다 항상 승리를 거두었다고 한다.

신화해설

오레스테스는 저주 받은 탄탈로스 가문의 후손으로 그의 삶은 이루 말할 수 없는 고통과 시련의 연속이었다. 어린 시절 그는 아버지를 살인자들의 손에 잃고 목숨을 구해 외국으로 도망쳐야 했다. 고대인들에게 아비의 원수를 갚는 일은 피할 수 없는 의무이므로 성년이 된 오레스테스는 당연히 복수에 나섰지만 그 대상은 다름 아닌 친어머니였다. 복수에 성공했을 때 그는 아버지의 원수를 되갚은 아들이자 동시에 친어머니를 살해한 아들이 되어 있었다. 복수의 여신 에리니에스는 그를 모친 살해자로 뒤쫓지만 신탁을 통해 복수를 명한 아폴론 신은 그를 두둔하였다. 결국 정의롭고 공정하다는 아테네의 법정을 찾아갔지만 배심원들의 판결은 찬반이 동수로 나왔다. 오레스테스의 상황을 어떤 결말로 이끌 것인가를

오레스테스의 귀환
안톤 폰 마론(Anton von Maron), 1786년
휴스턴 미술관

놓고서는 고대의 비극 작가들도 의견이 분분했다.(하지만 호메로스는 아비의 복수를 긍정적으로 평가할 뿐 모친 살해에 대해서는 아예 언급도 하지 않았다)

앞 세대에 속하는 아이스킬로스와 소포클레스가 아비의 복수에 방점을 찍어 비극적인 상황이지만 정의가 실현된 것으로 기술하였다면, 에우리피데스의 작품에서는 인간의 나약함과 신들의 무책임함이 결합하여 한바탕 난장판이 벌어진다.

현대의 실존철학자 사르트르는 오레스테스가 처한 상황이 인간의 실존적 부조리를 단적으로 보여주고 있다고 여겨 직접 이 딜레마를 주제로 드라마 『파리 떼』를 쓰기도 했다.

관련 작품

문학

아이스킬로스: 『오레스테이아 3부작』

소포클레스: 『엘렉트라』

에우리피데스: 『엘렉트라』 『이피게네이아』

키케로: 『우정에 관하여』

괴테: 『타우리스의 이피게니에』

사르트르: 『파리 떼』

음악

헨델: 〈오레스테〉, 오페라

크리스토프 글루크: 〈타우리스의 이피게니에〉, 오페라

리하르트 슈트라우스: 〈엘렉트라〉

오레이티이아 Orithyia

요약

그리스 신화에 나오는 아테네 왕 에레크테우스의 딸들 중 한 명이다. 북풍 보레아스에게 납치되어 그와 사이에서 날개 달린 영웅 칼라이스와 제테스 형제 등을 낳았다.

기본정보

구분	공주
상징	바람의 신부
외국어 표기	그리스어: Ὠρείθυια
어원	산중에 휘몰아치는 바람
관련 자연현상	북풍
관련 신화	페르시아 전쟁

인물관계

오레이티이아는 아테네의 전설적인 왕 에레크테우스가 물의 님페 프락시테아와 결혼하여 낳은 딸로 프로토게네이아, 판도라, 프로크리스, 크레우사, 크노니아, 메로페 등의 자매이고 케크롭스 2세, 판도로스, 메티온 등과 남매이다.

오레이티이아는 북풍의 신 보레아스와 결혼하여 쌍둥이 형제 칼라이스와 제테스 그리고 딸 키오네와 클레오파트라를 낳았다.

판디온 1세 — 제욱시페

에레크테우스 — 프락시테아   부테스   필로멜라   프로크네

판도로스   케크롭스 2세 — 메티아두사   프로토게네이아   프로크리스   크노니아   메로페

메티온   판디온 2세 — 필리아   판도라   크레우사

아이게우스   보레아스 — 오레이티이아

태세우스   칼라이스   제테스   키오네   클레오파트라

신화이야기

오레이티이아의 납치

오레이티이아는 아테네 왕 에
레크테우스와 물의 님페 프락
시테아 사이에서 태어난 딸로
몹시 아름다운 처녀였다. 북풍
보레아스가 그녀에게 반해 구
애하였지만 에레크테우스 왕은
트라키아 출신인 보레아스에게
딸을 내줄 마음이 전혀 없었다.
그것은 트라키아 왕 테레우스
가 에레크테우스의 누이인 필

보레아스의 오레이티이아 납치
아풀리아 적색상 도기, BC 360년경.
루브르 박물관

로멜라를 능욕한 사건 때문이었는데 이 일로 아테네인들은 트라키아에 대해 뿌리 깊은 적대감을 갖고 있었다.('필로멜라' 참조)

그러자 보레아스는 오레이티이아가 아티카의 이리소스 강가에서 춤을 추고 있을 때 그녀를 납치하여 고향인 트라키아로 데려갔다. 그곳에서 오레이티이아는 억지로 보레아스의 아내가 되었다. 둘 사이에서는 아르고호 원정대의 일원으로 유명한 날개 달린 쌍둥이 형제 칼라이스와 제테스 그리고 딸 키오네와 클레오파트라가 태어났다.

오레이티이아의 납치
프란체스코 솔리메나(Francesco Solimena), 1729년, 아제르바이잔 국립미술관

아테네인들을 도운 보레아스

오레이티이아와 결혼함으로써 북풍의 신 보레아스는 아테네 왕 에레크테우스의 사위가 된 셈이지만 트라키아에 대한 아테네인들의 감정은 더욱 나빠질 수밖에 없었다. 그러나 나중에 페르시아 전쟁이 터졌을 때 보레아스는 아테네인들의 이런 반감을 결정적으로 되돌려놓게 된다.

페르시아인들이 막강한 군대를 이끌고 그리스로 쳐들어오자 아테네인들은 델포이의 신전에 가서 적을 물리칠 방도를 물었다. 델포이에서는 아테네의 사위에게 도움을 청하라는 신탁이 내려졌다. 신탁의 뜻을 이해한 아테네인들은 북풍의 신 보레아스에게 기도를 올렸고 보레아스는 이에 응답하여 거센 북풍으로 페르시아의 함대를 물리쳐주었다. 아테네인들은 감사의 뜻으로 이리소스 강가에 보레아스와 오레이티이아를 모시는 신전을 건립하였다. 이리소스 강가는 보레아스가 오레이티이아를 납치해간 장소이다.

또 다른 오레이티이아

그리스 신화에는 그밖에도 해신 네레우스와 도리스 사이의 딸들인 네레이데스 중에도 오레이티이아가 있고, 아테네의 전설적인 왕 케크롭스의 딸 중에도 오레이티이아가 있으며, 여전사 부족인 아마조네스 중에도 오레이티이아가 있다.

오르트로스 Orthrus

요약

그리스 신화에 나오는 머리가 둘 달린 괴물견이다. 게리온의 소떼를 지키다 헤라클레스의 곤봉에 맞아죽었다.

기본정보

구분	괴물
외국어 표기	그리스어: Ὄρθρος, 혹은 Ὄρθος
어원	빠른
별칭	오르토스(Orthus)
관련 동물	개
관련 신화	헤라클레스의 12과업
가족관계	티폰의 아들, 에키드나의 아들, 스핑크스의 아버지, 네메아의 사자의 아버지

인물관계

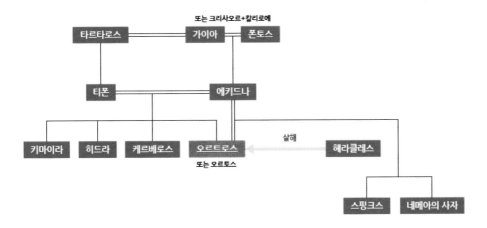

오르트로스는 뱀의 머리가 백 개나 달린 거대한 괴물 티폰과 상반신은 여인이고 하반신은 뱀인 에키드나 사이에서 태어난 그리스 신화의 수많은 괴물들 중 하나이다. 케르베로스, 키마이라, 히드라 등이 같은 부모 밑에서 태어난 형제들이고 오르트로스 자신이 어머니 에키드나와 결합하여 스핑크스와 네메아의 사자를 낳았다.

신화이야기

게리온의 소떼를 지키는 감시견

머리가 두 개 달린 괴물견 오르트로스는 저승의 출입구를 지키는 삼두견 케르베로스와 같은 부모 밑에서 태어난 형제이다. 오르트로스

게리오네우스의 소떼
흑색 도기, 기원전 540년, 프랑스 메달 박물관

는 세상을 감싸고 흐르는 대양강 오케아노스의 서쪽 끝에 있는 에리테이아 섬에서 거인 목동 에우리티온과 함께 게리온(게리오네우스)의 유명한 붉은 황소떼를 지키고 있었다. 게리온은 메두사의 피에서 태어난 크리사오르의 아들로 몸과 머리가 세 개씩 달린 거인이었다.

헤라클레스의 12과업

제우스의 아들 헤라클레스는 그를 미워하는 헤라 여신의 저주로 광기에 사로잡혀 자기 자식들을 모조리 죽인 뒤, 신탁의 명에 따라 죄를 씻기 위해 미케네 왕 에우리스테우스의 노예가 되어 그가 시키는 일들을 해야 했다. 헤라클레스와 사촌간이기도 한 에우리스테우스는 그

에게 열두 가지의 몹시 어려운
과업을 부과했는데 그 중 열 번
째 과업이 에리테이아 섬에 가
서 게리온의 소떼를 훔쳐오는
것이었다.

헤라클레스와 게리온의 발치에 쓰러져 죽은
오르트로스
아티카 적색상도기, 기원전 510년
뮌헨 국립고대미술박물관

게리온의 소떼를 훔치는 헤라클레스

게리온의 소떼를 훔쳐오기 위해
헤라클레스는 태양신 헬리오스에게 황금 사발을 빌려 타고 대양강 오
케아노스를 건너 에리테이아 섬으로 갔다. 헤라클레스는 헬리오스를
활로 위협하여 이 황금 사발을 얻어냈다고도 하고 대양신 오케아노스
를 활로 위협하여 얻어내게 했다고도 한다.

헤라클레스가 소떼를 훔쳐가려고 하자 소떼를 지키던 오르트로스
가 무시무시한 입을 벌리고 맹렬하게 달려들었다. 하지만 헤라클레스
는 곤봉으로 간단히 오르트로스를 때려죽였고 개를 구하러 온 목동
에우리티온마저도 똑같은 방식으로 죽였다.

부근의 초원에서 하데스의 가축을 돌보고 있던 목동 메노이테스는
이 광경을 보고 재빨리 게리온 왕에게 알렸다. 왕은 분노하여 소떼를
훔쳐가는 헤라클레스를 뒤
쫓았지만 결국 안테모스 강
가에서 헤라클레스의 독화
살에 맞아 목숨을 잃었다.

다른 전승에 따르면 오르
트로스는 이때 헤라클레스
의 곤봉에 죽지 않았다고 한
다. 헤라클레스는 몽둥이로
내려치고 독화살로 쏘아도

게리오네우스와 오르트로스
아티카 흑색도기, 기원전 540년, 프랑스 메달 박물관

오르트로스가 죽지 않자 발톱을 모두 뽑고 화살로 두 개의 머리를 꿰뚫어 바다에 던져버렸다. 하지만 오르트로스는 그래도 죽지 않고 살아남았으며 나중에 오이디푸스가 붙잡아다 길들였다고 한다.

　헤라클레스는 소떼와 함께 다시 헬리오스의 황금 사발을 타고 오케아노스를 건너 미케네로 돌아갔다. 귀향길에서도 헤라클레스는 숱한 모험을 겪으며 많은 신화들을 만들어냈다.

오르페우스 Orpheus

요약

그리스 신화에 나오는 음유시인이자 리라의 명수이다.

그의 노래와 리라 연주는 초목과 짐승들까지도 감동시켰다고 한다. 사랑하는 아내 에우리디케가 뱀에 물려 죽자 저승까지 내려가 음악으로 저승의 신들을 감동시켜 다시 지상으로 데려가도 좋다는 허락을 받아냈다. 그러나 지상의 빛을 보기까지 절대로 뒤를 돌아보지 말라는 경고를 지키지 못해 결국 아내를 데려오지 못하고 슬픔에 잠겨 지내다 비참한 죽음을 맞았다.

기본정보

구분	음유시인
상징	예술, 음악, 시, 지극한 사랑
외국어 표기	그리스어: Ὀρφεύς
어원	어둠, 고아
별자리	거문고자리
관련 상징	리라, 키타라
관련 신화	아르고호 원정대, 에우리디케

인물관계

오르페우스는 디오니소스의 조력자로 유명한 칼롭스의 아들인 트라키아 왕 오이아그로스(혹은 아폴론)와 무사이 여신 칼리오페 사이에서 태어난 아들로, 헤라클레스의 음악 선생이었던 음유시인 리노스와 쌍둥이 형제라고 한다.

오르페우스는 님페 에우리디케와 결혼하였지만 둘 사이에 자식은 없었던 것으로 전해진다.

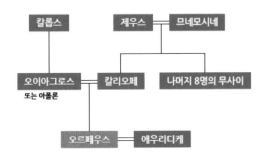

신화이야기

리라의 명수

오르페우스는 트라키아 왕 오이아그로스(혹은 아폴론)과 학예의 여신 무사이 자매 중 하나인 칼리오페 사이에서 태어났다고 한다. 태어난 곳은 올림포스 산 근처 핌플레이아이지만 자란 곳은 어머니와 여러 무사이 여신들이 사는 파르나소스 산이었다. 이곳에서 그는 어머니로부터 시와 노래를 배우고 또 음악의 신 아폴론으로부터 리라 연주를 배워 뛰어난 음악가가 되었다.

그가 아폴론으로부터 선물 받은 황금 리라를 연주하면 초목이 감동을 받

동물들에 둘러싸인 오르페우스
에기나 섬에서 출토된 로마 시대 조각,
4세기, 아테네 비잔틴 기독교 박물관

오르페우스의 노래를 듣는 님페들
샤를 잘라베르(Charles Francois Jalabert), 1853년, 월터스 미술관

고 사나운 맹수들도 얌전해졌다고 한다. 나중에 아르고호 원정대에 참여해서는 리라 연주로 바다의 폭풍을 잠재우고 괴조 세이레네스가 유혹하는 노래 소리를 제압하였다. 또 원정대가 목적지인 콜키스에 도착했을 때는 그가 리라 연주로 아레스의 숲을 지키는 용을 잠재운 덕분에 무사히 황금 양털을 손에 넣을 수 있었다고 한다.

하지만 오르페우스와 관련하여 가장 유명한 신화는 아내 에우리디케를 찾아 저승으로 내려간 이야기이다.

에우리디케의 죽음과 저승 여행

오르페우스의 아내 에우리디케는 아름다운 물의 님페(혹은 나무의 님페)였다. 에우리디케는 어느 날 트라키아의 초원을 산책하다가 아리스타이오스가 자신을 계속 따라오는 것을 보았다. 그녀는 그가 자신을 겁탈하려 한다고 여겨 황급히 도망치다가 그만 뱀에 물려서 죽고 말았다.

　오르페우스는 에우리디케의 갑작스런 죽음에 하염없이 슬퍼하다가 아내에 대한 그리움을 이기지 못하고 그녀를 찾아 저승으로 내려갔다. 그곳에서 오르페우스는 애절한 노래와 리라 연주로 저승의 신들을 감동시켜 마침내 사랑하는 아내 에우리디케를 다시 지상으로 데려가도 좋다는 허락을 받아내기에 이르렀다. 두 사람이 떠나기 전에 저승의 왕 하데스는 한 가지 주의를 주었다. 에우리디케는 이미 망자가 되었던 몸이기 때문에 반드시 오르페우스의 뒤에서 따라가야 하며 오르페우스가 지상에 도달하기 전까지는 절대로 아내 에우리디케를 향해 몸을 돌려서는 안 된다는 것이었다.

　하지만 하계에서 지상으로의 기나긴 여정이 거의 다 끝나고 저만치서 한 줄기 지상의 빛이 비춰오자 오르페우스는 사랑하는 아내를 보고 싶은 마음을 더 이상 억누르지 못하고 그만 뒤를 돌아보고 말았다. 그러자 에우리디케는 안개의 정령으로 변하여 다시 하데스의 나라로 사라져버렸다. 오르페우스는 또 다시 뒤따르고자 하였지만 저승으

오르페우스와 에우리디케
에드워드 포인터(Edward Poynter), 1862년

로 가는 길은 이미 막혀버린 뒤였고 이제는 그의 음악도 더 이상 효력을 발휘하지 못했다. 오르페우스는 가눌 길 없는 절망감 속에서 홀로 지상으로 돌아와야 했다.

오르페우스의 죽음

사랑하는 아내 에우리디케를 영영 잃은 오르페우스는 실의에 잠겨 아내의 기억에만 매달릴 뿐 어떤 여인과도 가까이 지내려하지 않았다. 그 전까지 오르페우스는 종종 디오니소스를 섬기는 트라키아의 여인들인 마이나데스를 초대하여 디오니소스의 주연을 벌이기도 했지만 이제는 젊은이들과만 어울릴 뿐 그녀들을 거들떠보지도 않았다.(이 때문에 오르페우스는 동성애의 시조로도 언급된다)

트라키아의 여인들은 오르페우스가 자신들을 무시한다고 여겨 분노했다. 그러던 중 숲을 거닐던 오르페우스가 디오니소스 의식을 통해 광기에 빠져 있던 트라키아 여인들의 눈에 띄었다. 여인들은 미친 듯이 달려가 오르페우스를 둘러싸고는 그의 몸을 갈가리 찢어 죽였다. 또 다른 이야기에 따르면 오르페우스의 죽음은 아프로디테의 저주 때문이었다고 한다. 아프로디테가 미소년 아도니스를 놓고 페르세포네와 다툴 때 오르페우스의 어머니 칼리오페가 중재에 나서 두 여신에게 1년에 절반씩 번갈아가며 아도니스를 차지하도록 했는데 아프로디테가 이 결정에 불만을 품고 대신 아들에게 복수하였다는 것이다. 아프로디테는 트라키아의 여인들 마음 속에 오르페우스에 대한

오르페우스의 머리를 든 트라키아 처녀
귀스타브 모로(Gustave Moreau)
1865년, 오르세 미술관

미칠 듯한 욕망을 불어넣어 그를 서로 차지하려고 다투다가 사지를 찢어 죽이게 하였다.

여인들은 오르페우스의 시체를 강물에 던져버렸다. 바다로 흘러나 간 오르페우스의 시체는 멀리 레스보스 섬에서 머리만 리라와 함께 발견되었다. 레스보스의 주민들은 오르페우스의 머리를 거두어 엄숙히 장례를 치르고 무덤을 만들어주었다. 그 이후 레스보스 섬에서는 뛰어난 서정시인들이 배출되었다고 한다. 아폴론이 선물한 오르페우스의 황금 리라는 신들에 의해 하늘의 별자리가 되었다.(거문고 자리)

종교가 된 오르페우스의 신화

음악의 힘을 빌려 저승까지 내려갔다 다시 지상으로 돌아온 오르페우스의 신화는 훗날 사람들에 의해 종교로 발전되었다. 사람들은 오르페우스가 저승에 다녀올 때 인간이 죽은 뒤 만나게 되는 모든 장애와 함정을 피해 천상에 이르는 비결을 알아내서 가져왔다고 믿었다. 그래서 오르페우스가 저승에서 돌아와 썼다는 시와 문헌들을 토대로 교리와 신비의식을 만들고 오르페우스를 창시자로 하는 종교집단을 이루었다. 오르페우스가 썼다는 80여 편의 『오르페우스 찬가』와 아르고호 원정대의 내용을 오르페우스를 중심으로 바꾼 『아르고나우티카 오르피카』는 오르페우스교의 경전으로 꼽힌다.

오리온 Orion

요약

그리스 신화의 거인 사냥꾼이다. 아르테미스(로마 신화의 디아나) 여신
이 쏜 화살에 맞아 죽은 뒤 하늘에 올라 별자리가 되었다.

기본정보

구분	거인
상징	사냥꾼, 거인
외국어 표기	그리스어: Ωρίων 또는 Ὠαρίων
어원	오줌을 뜻하는 그리스어 '오우리아'에서 유래
별자리	오리온자리
관련 동물	전갈
가족관계	히리에우스의 아들, 제우스의 아들, 포세이돈의 아들, 시데의 남편

인물관계

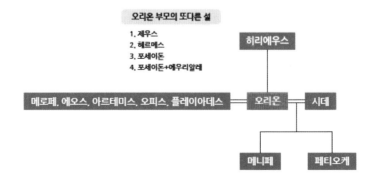

오리온은 히리아의 왕 히리에우스의 씨를 받고 대지에서 태어났다고도 하고, 제우스와 헤르메스와 포세이돈의 씨를 받고 대지에서 태어났다고도 하고, 포세이돈과 미노스의 딸 에우리알레 사이에서 태어났다고도 한다.

신화이야기

개요

오리온은 보이오티아와 크레타에 살던 거인 사냥꾼이다. 키가 너무나 커서 바다에 들어가도 머리와 어깨가 수면 위로 나왔다. 뛰어난 용모와 엄청난 괴력의 소유자로 많은 아내가 있었고 여신들에게도 사랑과 질투의 대상이었다.

오리온은 호메로스 시대에 이미 그의 이름을 딴 별자리가 있었으며 사냥을 나갈 때 항상 사냥개 시리우스와 프로키온을 데리고 갔는데 이 개들 역시 하늘에서 그의 별자리 주변을 지키는 별이 되었다.

오리온의 삶과 죽음에 관해서는 여러 가지 설들이 신화로 전해지고 있으며 그중에서도 특히 처녀 신 아르테미스와 관련된 신화가 많다.

오리온의 탄생

보이오티아의 히리아 시를 건설한 히리에우스는 아들이 없었는데 제우스와 헤르메스 그리고 포세이돈에게 성대한 제물을 바치며 아들을 낳게 해달라고 빌었다. 이에 세 신들이 히리에우스에게 황소 가죽에 오줌을 누게 한 뒤 이것을 땅에 묻도록 했고 9개월 뒤에 그 땅에서 사내아이가 태어났다. 히리에우스는 오줌에서 태어났다고 해서 아이에게 '오리온'이라는 이름을 붙였다.

다른 이야기에 따르면 세 신들이 각각 자신들의 정액을 황소 가죽에 담아 땅에 묻었다고도 한다. 그래서 오리온은 제우스로부터는 여색을 탐하는 성격을, 포세이돈으로부터는 물 위를 걷는 능력을 받았다는 것이다. 또 다른 이야기는 오리온을 포세이돈과 미노스의 딸 에우리알레 사이에서 태어난 아들로 묘사한다.

여성 편력과 죽음

처음에 오리온은 시데와 결혼하여 두 딸 메니페와 메티오케를 낳았는데 시데는 오만하게도 헤라 여신과 아름다움을 겨루다가 분노한 여신에 의해 하데스의 나라 타르타로스로 던져졌다.

아내를 잃은 오리온은 디오니소스의 아들 오이노피온 왕으로부터 자기 나라에 들끓는 야수를 없애달라는 부탁을 받고 키오스 섬으로 갔다가 그의 딸 메로페를 사랑하게 되었다. 하지만 오이노피온 왕이 딸을 주려 하지 않자 오리온은 술에 취해 메로페를

오리온의 시신 곁의 디아나(아르테미스)
다니엘 세이터(Daniel Seiter), 1685년, 루브르 박물관

겁탈하였다. 이에 오이노피온은 오리온이 물가에서 잠든 사이에 그를 장님으로 만들어 바다에 던져버렸다. 오리온은 동쪽으로 가서 태양신 헬리오스를 만나면 시력을 회복할 수 있다는 신탁에 따라 헤파이스토스의 대장간에서 만난 소년 케달리온을 어깨에 태우고 찾아 헤맨 끝에 다시 시력을 되찾을 수 있었다. 오리온은 키오스 섬으로 돌아가 오이노피온을 죽이려 했지만 왕은 헤파이스토스가 만들어 준 지하방에 숨어 죽음을 피했다.

그런 다음 오리온은 크레타 섬으로 가서 아르테미스 여신과 사냥을

오리온의 죽음
요한 칼 로스(Johann Carl Lothr), 17세기
빈 미술사 박물관

했는데 새벽의 여신 에오스가 그에게 연심을 품고 납치해서 델로스로 데려갔다. 이에 아르테미스는 여신이 인간을 연인으로 삼은 데 대한 분노와 질투심에서 오리온을 활로 쏘아 죽였다고 한다.

오리온의 죽음에 대해서는 이밖에도 여러 가지 이야기가 전해지는데 대부분 아르테미스 여신과 관련이 있다.

오리온은 사냥의 여신이기도 한 처녀 신 아르테미스와 서로 사랑하는 사이였는데 여신의 오빠인 아폴론은 이를 탐탁치 않게 여겼다. 오리온의 성격이 포악하고 바람둥이인데다 동생 아르테미스가 처녀의 맹세를 저버리려는 것도 마음에 들지 않았기 때문이다. 이에 아폴론은 오리온이 바다를 걷는 동안 몰래 전갈을 보내 그의 발꿈치를 찔러서 죽게 하였다. 이후 아폴론은 오리온과 전갈을 모두 하늘에 올려 별자리로 만들었다.

이 이야기에는 다른 결말도 있다. 그에 따르면 아폴론은 사냥 실력을 얕잡아보는 듯한 말로 동생 아르테미스 여신을 화나게 만든 다음 멀리 바다 위에 떠 있는 둥근 물체를 맞혀보라고 했다. 자존심이 상한 아르테미스는 주저하지 않고 화살을 날려 그 물체를 맞혔는데 그 둥근 물체는 바다를 걷고 있던 오리온의 머리가 수면 위로 올라온 것이었다. 사랑하는 오리온의 죽음으로 깊은 슬픔에 잠긴 아르테미스는 아버지 제우스에게 부탁하여 그를 하늘의 별자리로 만들었다.

그밖에도 오리온은 아르테미스의 손에 죽었다는 이야기가 있다. 오리온이 제 힘을 믿고 무모하게 여신과 원반던지기를 겨루다 여신의 분노를 사 목숨을 잃었다고도 하고, 아르테미스의 시녀인 오피스를 겁탈하려다가 여신의 화살에 죽었다고도 한다. 또 아르테미스 여신을 겁탈하려다 여신이 보낸 전갈에 물려 죽었다는 이야기도 있다.

신화해설

오리온자리

　오리온자리는 겨울이면 남쪽 하늘에 방패와 곤봉을 치켜든 우람한 청년의 모습으로 서 있다. 반면에 전갈자리는 여름철에 남쪽 하늘에서 볼 수 있는 대표적인 별자리로 겨울 하늘에 있던 오리온을 몰아내고 그 자리를 차지한 형국이다. 오리온이 전갈에게 물려 죽었다는 신화는 여름이 되면 밤하늘의 같은 위치에 있던 오리온자리가 사라지고 전갈자리가 나타나는 현상이 고대인들의 상상력을 자극한 결과로 보인다.

오리온자리
요한 바이어(Johann Bayer), 1661년
미 해군 기상관측소 도서관

　오리온자리와 관련된 신화는 또 있다. 오리온은 보이오티아에서 아틀라스의 딸인 플레이아스들(플레이아데스)을 보자 연정을 품고 7년 동안이나 쫓아다녔다고 한다. 플레이아스들은 오리온을 피해 도망을 다니다 지쳐 제우스에게 도움을 요청했고 이에 제우스는 그녀들을 모두 하늘로 올려 별자리가 되게 하였다. 지금도 밤하늘을 보면 오리온자리가 플레이아데스 성단을 뒤쫓는 광경을 목격할 수 있다.

오이네우스 Oeneus

요약

 칼리돈의 왕으로, 칼리돈 멧돼지 사냥의 영웅 멜레아그로스의 아버지이다. 디오니소스로부터 포도 재배법과 포도주 제조법을 배웠다.

 형제인 아그리오스의 아들들, 즉 조카들에게 왕위를 빼앗기지만 손자 디오메데스에 의해 왕위를 되찾았다. 그는 왕위를 사위 안드라이몬에게 넘겨주고 손자인 디오메데스를 따라갔다.

기본정보

구분	칼리돈의 왕
외국어 표기	그리스어: Οἰνεύς
어원	포도, 포도주
관련 신화	디오니소스, 알타이아, 데이아네이라, 멜레아그로스
가족관계	알타이아의 남편, 멜레아그로스의 아버지, 데이아네이라의 아버지

인물관계

 포르타온과 에우리테의 아들로 알카토오스, 멜라스, 아그리오스와 형제간이다.

 첫 번째 아내 알타이아와 사이에 멜레아그로스와 데이아네이라, 고르게 등을 낳았다. 페리보이아를 두 번째 아내로 삼아 티데우스 등을 낳았다. 티데우스는 디오메데스를 낳았다.

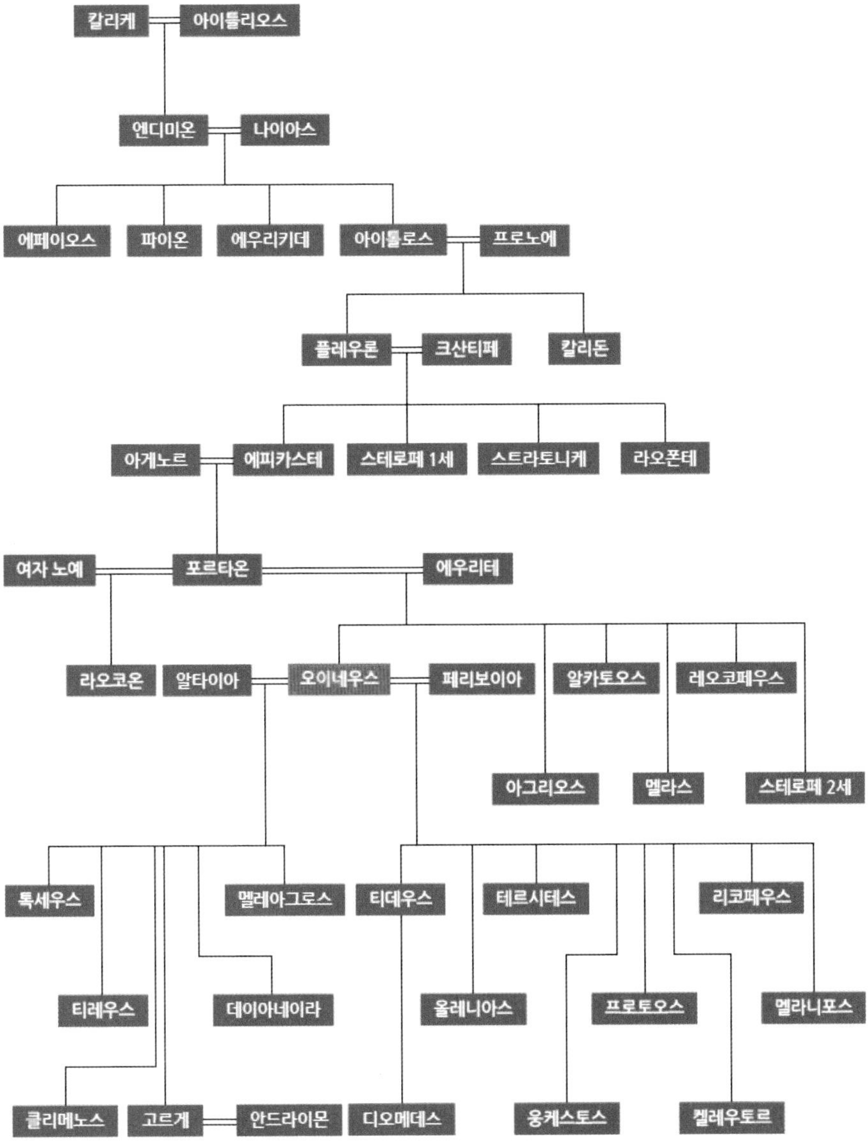

칼리케
아이틀리오스
엔디미온
나이아스
에페이오스
파이온
에우리키데
아이톨로스
프로노에
플레우론
크산티페
칼리돈
아게노르
에피카스테
스테로페 1세
스트라토니케
라오폰테
여자 노예
포르타온
에우리테
라오코온
알타이아
오이네우스
페리보이아
알카토오스
레오코페우스
아그리오스
멜라스
스테로페 2세
톡세우스
멜레아그로스
티데우스
테르시테스
리코페우스
티레우스
데이아네이라
올레니아스
프로토오스
멜라니포스
클리메노스
고르게
안드라이몬
디오메데스
옹케스토스
켈레우토르

신화이야기

오이네우스의 아들 멜레아그로스: 칼리돈 멧돼지 사냥의 영웅

해마다 첫 수확물을 신들에게 제물로 바치는 것이 관례인데 어느해 오이네우스는 실수로 사냥의 여신 아르테미스에게 제물을 바치는 것을 잊어버렸다. 분노한 아르테미스는 엄청나게 큰 멧돼지 한 마리를 보내 칼리돈을 온통 황폐하게 만들고 가축과 사람까지 해치게 하였다. 이에 오이네우스 왕의 아들 멜레아그로스를 비롯하여 그리스 전국 각지에서 영웅들이 모여 멧돼지 사냥에 나섰다.

멜레아그로스에게는 운명에 관한 비화가 있는데 『비블리오테케』는 이에 대해 다음과 같이 전하고 있다.

> "멜레아그로스가 일곱 살이 되자 운명의 여신들이 나타나 화덕에서 타고 있는 장작이 다 타면 그가 죽을 것이라고 말했다고 한다. 그 이야기를 듣고 알타이아는 불 속에서 장작을 꺼내어 상자에 보관했다."

어머니 때문에 살아난 멜레아그로스는 멧돼지를 퇴치하는 데 큰 공을 세워 '멧돼지 사냥의 영웅'으로 불렸다. 그러나 사냥의 공로 및 상과 관련하여 외삼촌들과 다툼이 생겨 결국 외삼촌들을 죽이게 되었고, 오라비들의 죽음을 슬퍼한 나머지 알타이아는 멜레아그로스를 죽음에 이르게 하였다. 『비블리오테케』는 이에 대해 다음과 같이 전하고 있다.

> "이에 알타이아는 오라비들의 죽음을 슬퍼하다가 상자 안에 보관했던 장작에 다시 불을 붙였고 멜레아그로스는 그 자리에서 목숨이 끊어졌다."

멜레아그로스가 죽은 후 어머니 알타이아와 아내 클레오파트라는 스스로 목을 매어 죽고, 그의 죽음을 슬퍼하던 다른 여인들은 새가 되었다고 한다. 이렇게 해서 오이네우스의 부주의에서 비롯된 칼리돈의 재앙은 아들 멜레아그로스와 아내 알타이아를 죽음에 이르게 하였다.

오이네우스의 딸 데이아네이라: 헤라클레스의 아내

『비블리오테케』에 의하면 오이네우스가 첫 번째 아내 알타이아 사이에서 낳은 딸 데이아네이라는 실제로는 오이네우스의 딸이 아니라 술의 신 디오니소스의 딸이라고 한다. 디오니소스가 칼리돈을 방문했을 때 오이네우스가 환대의 의미로 아내 알타이아와 동침을 하게 하였는데 여기서 태어난 딸이 데이아네이라라고 한다. 디오니소스는 동침을 허락한 것에 대한 보답으로 오이네우스에게 포도를 재배하는 법을 가르쳐주고 오이네우스의 이름을 따 포도주도 오이노스라고 부르게 하였다.

"전차를 타며 무술을 익히는" 데이아네이라에게 하신 아켈로오스와 영웅 헤라클레스가 동시에 구애를 하였는데, 그녀는 싸움에서 이긴 헤라클레스와 결혼하여 그의 두 번째 아내가 되었다. 데이아네이라는 질투심 때문에 "본의 아니게" 헤라클레스를 죽음에 이르게 하였고('데이아네이라' 참조) 이에 자신도 스스로 목숨을 끊었다.

오이네우스의 손자: 디오메데스

오이네우스는 첫 번째 아내 알타이아가 죽은 후 오레노스의 왕 힙노스의 딸 페리보이아와 결혼하여 티데우스라는 아들을 낳았는데, 티데우스가 살인을 저지르자 그를 추방하였다. 티데우스가 추방된 후 오이네우스는 형제인 아그리오스에게 왕위를 빼앗겼다.

한편 티데우스의 아들, 즉 오이네우스의 손자 디오메데스가 장성하여 칼리돈으로 돌아와 아그리오스와 그의 아들들을 축출하고 왕위를 되찾았다. 그러나 오이네우스는 이미 너무 연로하여 나라를 다스릴 수 없는 상황이라 딸 고르게와 결혼한 사위 안드라이몬이 왕위를 이어받았다. 『비블리오테케』에 의하면 연로한 오이네우스는 자신이 추방한 아들 티데우스의 아들인 손자 디오메데스를 따라가다가 도망친 아그리오스의 아들들에게 살해당했다. 디오메데스는 할아버지 오이네우스의 시신을 아르고스로 운구하여 그의 이름을 딴 오이노에라고 불리는 도시에 묻었다.

그러나 파우사니아스의 『그리스 이야기』에 의하면 오이네우스는 디오메데스와 함께 아르고스에서 살다가 수명을 다했다고 한다.

또 다른 오이네우스

『비블리오테케』에 의하면 아이깁토스의 아들 중 한 명의 이름이 오이네우스이다.

오이노네 Oenone

요약

　프리아모스와 헤카베의 아들 파리스와 결혼한 오이노네는 아들 코리토스를 낳고 행복하게 살았지만, 파리스가 헬레네를 데리고 스파르타로 가면서 파리스에게 버림받았다. 오이노네는 트로이 전쟁 막바지에 위중한 상처를 입고 치료를 원하는 파리스를 만나지만 파리스의 치료를 거부했다. 그로 인해 파리스는 숨을 거두었고 이 사실을 알게 되자 오이노네는 파리스를 따라 죽었다.

기본정보

구분	님페
외국어 표기	그리스어: Οἰνώνη
어원	포도주 여인
관련 지명	오이노네 섬
관련 신화	파리스
가족관계	케브렌의 딸, 파리스의 아내, 코리토스의 어머니

인물관계

　강의 신 케브렌의 딸인 오이노네는 프리아모스와 헤카베의 아들 파리스와 결혼하여 코리토스를 낳았다. 그녀의 자매로 아스테로페가 있다.

신화이야기

개요

  강의 신 케브렌의 딸이고 아스테로페의 자매인 오이노네는 트로이 프리아모스 왕의 아들 파리스의 첫 아내이다. 파리스의 어머니 헤카베는 불이 붙은 나무토막을 낳아 그것이 도시 전체를 불태우는 흉몽을 꾸었다. 이것이 트로이의 멸망을 암시하는 꿈이라는 해석이 나오자 아이는 태어나자마자 이다산에 버려졌다.

  이다산에서 성장한 파리스는 아름다운 님페 오이노네를 만나 사랑에 빠졌고, 그들은 이다산에서 아들 코리토스를 낳고 행복한 결혼 생활을 하였다.(아폴로도로스에 따르면 파리스는 부모인 프리아모스와 헤카베를 만난 후 오이노네와 결혼하였다) 그런데 어느 날 이들의 평온한 삶을 산산이 부숴버리는 사건이 일어난다. 헤르메스가 세 여신(헤라, 아프로디테, 아테나)을 대동하고 파리스에게 나타나 어려운 과제를 준 것이다. 그는 '최고의 미녀를 위하여'라고 쓰인 황금 사과를 건네며 세 여신 중에서 누가 가장 아름다운지 판결하라는 제우스의 명령을 전하였다.

파리스의 심판
대리석, 117~138년, 로마 국립박물관
: 왼쪽부터 아테나(헬멧), 헤르메스, 아프로디테, 오이노네(팬파이프), 파리스, 에로스이다

오이노네와 파리스
피터르 라스트만(Pieter Lastmann), 1610년, 애틀랜타 하이 미술관

파리스는 세 여신 중에서 지상 최고의 미인을 주겠다고 공언한 아프로디테를 가장 아름다운 여신으로 선택하였다. 이 결정으로 트로이에는 기나긴 전쟁의 광풍이 몰아치고 오이노네의 불행도 시작되었다.

파리스는 절세미인이자 스파르타 메넬라오스 왕의 아내인 헬레네를 데리러 갈 준비를 하였다. 레아에게서 예언술을 배운 오이노네는 헬레네가 얼마나 큰 재앙을 가져올 지를 파리스에게 경고하면서 그를 말렸다. 하지만 이미 헬레네에게 온 정신이 뺏긴 파리스를 말릴 수는 없었다. 여전히 파리스를 깊이 사랑하고 있는 오이노네는 파리스에게 닥칠 불행을 예감하고 그가 깊은 상처를 입으면 반드시 그녀를 찾아오라고 신신당부하였다. 왜냐하면 그녀만이 그를 살릴 수 있는 치료제를 가지고 있기 때문이었다.

다른 여자를 찾아 떠나는 남편의 앞날을 걱정할 정도로 아내 오이노네의 사랑은 깊었지만 파리스의 마음은 전혀 동요가 없었다. 남편 파리스가 무정하게 그녀를 떠나버리자 오이노네는 아버지에게로 돌아갔다.

한편 파리스는 스파르타로 가 제우스와 레다의 딸 헬레네를 데리고 트로이로 돌아왔다. 아내를 빼앗긴 메넬라오스는 헬레네의 옛 구혼자들을 모아 헬레네의 남편으로 선택된 사람의 생명과 권리를 존중하겠다는 그들의 서약을 지키라고 하였다. 이리하여 메넬라오스의 형 아가멤논을 중심으로 그리스군이 결성되었고, 이렇게 장장 10년 간의 그리스-트로이 전쟁이 시작되었다.

파리스는 트로이 전쟁의 막바지에 헤라클레스의 독화살을 가지고 있는 필록테테스의 화살을 맞고 치명적인 부상을 입었다. 그때 그는 자신이 버린 오이노네의 말을 떠올리고 이다산으로 오이노네를 찾아갔다.(혹은 전령을 보내 오이노네에게 도움을 청했다는 이야기도 있다) 하지만 오이노네는 자신을 차갑게 버린 파리스에 대한 서운함이 앞서 그를 치료하기를 거부하였다.(그녀의 아버지가 치료를 거부했다는 이야기도 있다) 결국 파리스는 트로이로 돌아오는 길에 목숨을 잃었다.(혹은 사신의 소식에 실망하여 죽었다는 이야기도 있다)

오이노네와 파리스
피터르 라스트만(Pieter Lastmann), 1619년

남편을 무정하게 돌려보내고 오이노네는 이내 후회를 하였다. 그녀가 치료제를 챙겨 파리스에게 서둘러 갔지만 파리스는 이미 숨을 거둔 후였다. 싸늘한 남편의 시신을 본 오이오네는 목을 매 자살하였다.(다른 이야기에 의하면 오이노네는 파리스를 화장하는 장작더미에 몸을 던져 함께 화장되었고 같이 묻혔다고 한다)

오이노네: 아이기나 섬의 옛 이름

펠로폰네소스 강의 신 아소포스는 하신 라돈의 딸 메토페와 결혼

파리스를 치료하기를 거부하는 오이노네
앙투안 장 밥티스트 토마스(Antoine Jean Baptiste Thomas), 1816년
파리 국립고등미술학교
©VladoubidoOo@wikimedia(CC BY-SA 3.0)

하여 두 명의 아들 이스메노스, 펠라곤과 스무 명의 딸을 낳았다. 그
중 아이기나를 제우스가 납치하였는데, 딸이 사라지자 아버지 아소
포스는 딸을 찾아 코린토스로 갔다. 여기서 그는 시시포스에게서 누
가 딸을 납치했는지 알게 된다. 제우스는 아소포스가 자신을 추적하
자 그에게 벼락을 던져 다시 강물로 던져 버렸다.(그 후 아소포스의 강에
서 숯이 난다고 한다) 제우스는 오이노네라는 섬으로 아이기나를 데리
고 가서 그녀와 동침을 하고 아이기나는 아이아코스를 낳았다. 이후
이 섬은 오이노네 섬에서 아이기나 섬으로 불리게 된다.

오이노마오스 Oenomaus

요약

　펠로폰네소스 반도의 엘리스의 왕 오이노마오스는 딸 히포다메이아를 결혼시키려고 하지 않았다. 그는 아름다운 딸에게 구혼하는 남자들과 마차 경주를 해 그들을 이기는 순간 모두 참수하고 그 목을 궁전 앞에 걸어두었다. 펠롭스 역시 히포다메이아에게 청혼을 하고 그녀의 아버지 오이노마오스와 마차 경주를 하였는데, 그에게 반한 히포다메이아의 도움으로 오이노마오스를 이겼다. 오이노마오스는 경기에 지고 고삐에 감겨 끌려가다 목숨을 잃었다.

기본정보

구분	엘리스의 왕
외국어 표기	그리스어: Οἰνόμαος
어원	포도주의 남자, 독수리의 갈망을 지닌 자
관련 신화	펠롭스, 히포다메이아
가족관계	아레스의 아들, 스테로페의 아들, 히포다메이아의 아버지

인물관계

　오이노마오스는 전쟁의 신 아레스의 아들로 펠로폰네소스 반도에 있는 엘리스의 왕이다.

　히기누스는 오이노마오스의 어머니로 아틀라스와 플레이오네의 딸인 스테로페(아스테로페라고도 불린다)를 언급하고 있다. 아폴로도로스는 스테로페가 오이노마오스의 아내가 아니
라 어머니라고도 한다. 또는 그의 어머니로
강의 신 아소포스의 딸 나이아드 하르피나가
거론되기도 한다. 파우사니아스는 『그리스인
이야기』에서 그의 아버지로 아레스가 아닌 알
시온(Alxion: 그리스어 Ἀλξίων)을 언급한다.
에두아르드 트래머는 옛날에 피사에서 아레스를 알시온이라고 불렀
을 것이라고 추측한다.

신화이야기

오이노마오스 이름의 의미

오이노마오스의 포도주의 남자, 즉 포도주를 추구하는 사람이라는
뜻이다. 그러나 그의 이름은 포도나무와 아무 연관이 없다. 그리스 고
대 시인 핀다르(Pindar)는 오이노마오스가 올림피아를 지배했을 때 크
로노스의 산등성이는 눈으로 덮여 있었다고 말한다. 이것은 오히려
그가 북쪽 출신임을 암시하고 그가 아레스의 자식임을 의미한다.

어떤 사람들은 그의 이름이 어두운 색채, 섬뜩함을 의미한다고 한
다. 대담하고 강력함을 추구하는 남자라는 뜻이다. 또 아레스와 하르
피나의 자손이라는 그의 혈통에서 그의 이름을 육식조 혹은 독수리
와 연관시키는 사람도 있다. 그의 이름은 독수리의 갈망을 가진 남자
라는 뜻이다. 이것은 재빨리 잔인하게 구혼자들을 죽이는 그의 본질
과 어느 정도 일치한다.

오이노마오스의 딸 히포다메이아

오이노마오스는 딸 히포다메이아의 구혼자들과의 전차 경주에 얽힌

오이노마오스 왕과 히포다메이아, 그리고 올림포스의 신들
컬러 석판화, 1808~1810년

일화로 유명하다. 아폴로도로스, 히기누스, 파우사니아스 등이 그의
이야기를 다루었다.

  고향을 떠난 펠롭스는 그리스 펠로폰네소스 반도 서쪽의 피사의 왕
오이노마오스에게 갔다. 그는 그곳에서 피사의 공주 히포다메이아에
게 구혼하였다. 하지만 오이노마오스 왕은 누구도 사위로 맞을 마음
이 없었다. 아마도 그 자신이 딸을 지극히 사랑한 탓일 수도 있고 사
위의 손에 죽으리라는 신탁 때문일 수도 있다. 어쨌든 누구도 히포다
메이아를 아내로 맞을 수가 없었다. 그는 딸의 구혼자들을 물리치기
위해 한 가지 계략을 생각해냈는데, 히포다메이아와 결혼하고 싶은 남
자는 먼저 자신과 피사에서 코린토스의 이스트모스까지 전차 경주를
해야 했다.

  오이노마오스는 자신의 전차에 오르기 전에 제우스 신에게 숫양을
제물로 바치는 제사를 지낸 후 출발하였다. 그 사이 구혼자들은 히포
다메이아를 태우고 결승점인 코린토스 근교의 이스트모스에 있는 포
세이돈의 제단을 향해 쏜살같이 달려갔다. 아레스의 아들 오이노마오
스는 완전무장을 한 후 추격에 나서 곧 구혼자를 따라잡았고 그 자

리에서 목을 베어버렸다. 아레스에게서 선물 받은 말들은 바람보다도 빨랐기 때문에 아무도 그를 이길 수가 없었다. 이렇게 그가 죽인 구혼자의 수는 12명이나 되었다고 한다.(한 신화학자는 목숨을 잃은 12명의 구혼자의 이름을 기록하고 있다. 멜름노스, 히포토오스, 에우릴로코스, 아우토메돈, 오푸스의 펠롭스, 아카르난, 에

오이노마오스와 미르틸로스
메트로폴리탄 박물관

우리마코스, 라시오스, 칼콘, 트리코로노스, 포르티온의 아들 알카토오스, 아리스토마코스, 크로탈로스 등이다) 오이노마오스 왕은 그들의 목을 자신의 궁궐 문 앞에 걸어두고 미래의 구혼자들에게 공포감을 주었다.

탄탈로스의 아들 펠롭스 역시 히포다메이아의 구혼자의 행렬에 끼어들었다. 히포다메이아는 지금까지와는 달리 매력 넘치는 펠롭스에게 반하고 말았고, 그와 결혼하고 싶어진 히포다메이아는 아버지의 마부인 미르틸로스를 매수해 펠롭스를 돕도록 하였다. 히포다메이아를 사랑하고 있었던 미르틸로스는 사랑하는 여자의 마음을 기쁘게 하고자 오이노마오스 마차 바퀴의 축을 풀어놓았다.(그리스 역사가 페레키데스에 따르면 미르틸로스는 청동으로 된 굴대 못 대신 밀랍 굴대 못을 끼웠다고 한다)

펠롭스와 히포다메이아
메트로폴리탄 박물관

고장난 마차를 타고 경주에 참석한 오이노마오스는 경기에서 지고 고삐에 감겨

끌려다니다가 목숨을 잃었다. 오이노마오스는 죽기 전에 미르틸로스의 음모를 알아차리고 그가 펠롭스의 손에 죽게 해달라고 저주하였다. 다른 이야기에 의하면 펠롭스는 미르틸로스에게 그를 도와주면 제국의 반을 주고 히포다메이아와 첫날밤을 보내게 해주겠다는 약속으로 그를 매수했다고 한다. 그러나 미르틸로스가 펠롭스의 약속대로 히포다메이아와 하룻밤을 보내려고 하자 펠롭스는 그를 바닷가 벼랑에서 밀어 죽여버렸다.

오이노피온 Oenopion

요약

　그리스 신화에 나오는 키오스의 왕으로 디오니소스의 아들이다.
　오이노피온의 약속 불이행에 화가 난 거인 사냥꾼 오리온이 그의 딸 메로페를 겁탈하자 오이노피온은 오리온에게 포도주를 먹여 취하게 만든 뒤 두 눈을 뽑아 바다에 던져버렸다.

기본정보

구분	키오스의 왕
외국어 표기	그리스어: Oἰνοπίων
어원	술 취한 자, 술 마시는 자
관련 신화	오리온
가족관계	디오니소스의 아들, 아리아드네의 아들, 탈로스의 아버지, 메로페의 아버지

인물관계

　오이노피온은 디오니소스가 테세우스에게 버림받고 낙소스 섬에 버려진 아리아드네와 결혼하여 낳은 아들이라고 한다. 하지만 아리아드네는 테세우스에게 버림받을 때 이미 오이노피온을 임신하고 있었다는 이야기도 있다. 아리아드네는 미노스 왕의 딸이므로 오이노피온에게 키오스 섬을 물려준 라다만티스는 외종조부가 된다.
　오이노피온은 님페 헬리케와 결혼하여 탈로스, 에우안테스, 멜라스,

살라고스, 아타마스 등의 아들과 딸 메로페를 낳았다.

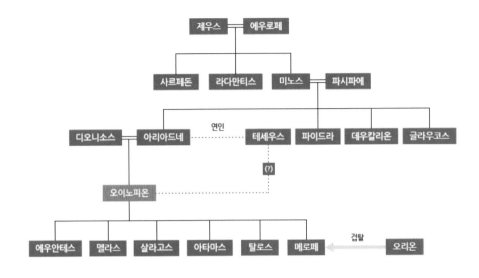

신화이야기

오이노피온과 거인 사냥꾼 오리온

오이노피온은 외종조부인 크레타의 왕 라다만티스로부터 키오스 섬을 물려받아 다스리면서 아버지 디오니소스에게서 배운 포도 재배법을 섬에 퍼뜨렸다. 그런데 키오스 섬에는 거대한 야수 한 마리가 살면서 사람들을 해치고 포도밭을 망치는 등 나라를 어지럽히고 있었다. 오이노피온은 때마침 아내를 잃은 오리온이 찾아와 딸 메로페와의 결혼을 청하자 먼저 야수를 없애주면 딸을 주겠다고 하였다.

디오니소스와 오이노피온
아티카 흑색상 도기, 기원전 540년
영국 박물관

거인 사냥꾼 오리온에게 야수 한 마리를 없애는 것은 그리 어려운 일이 아니었다. 하지만 오이노피온은 애당초 오리온에게 사랑하는 딸을 줄 생각이 없었다. 야수를 없애준 오리온은 오이노피온 왕이 약속을 지키지 않자 화가 나서 메로페를 강제로 겁탈하였다. 그러자 오이노피온은 오리온에게 그가 직접 만든 달콤한 포도주를 먹여 취하게 만든 다음 두 눈을 찔러 장님으로 만들어 바다에 던져버렸다.

장님이 된 오리온

장님이 된 오리온은 동쪽으로 가서 태양신 헬리오스를 만나면 시력을 회복할 수 있다는 신탁을 받았다. 그는 대장간에서 나는 소리에 의지해서 바다를 건너 렘노스 섬으로 헤파이스토스를 찾아갔다.(오리온은 엄청난 거인이어서 바다를 걸어서 건널 수 있었다고 한다) 헤파이스토스는 장님이 된 오리온을 불쌍히 여겨 소년 케달리온을 길잡이로 내주었고 오리온은 케달리온을 어깨에 태우고 헤맨 끝에 시력을 되찾을 수 있었다. 다시 볼 수 있게 된 오리온은 키오스 섬으로 돌아가 오이노피온을 죽이려 했지만 그는 헤파이스토스가 만들어준 지하 방에 숨어 죽음을 피할 수 있었다.

오이디푸스 Oedipus

요약

  그리스 신화에 나오는 테바이의 왕이다.

  왕의 아들로 태어났지만 아버지를 죽이고 어머니와 결혼하게 되리라는 신탁 때문에 세상에 나오자마자 산 속에 버려졌다. 하지만 목동에게 발견되어 요행히 살아남았고 이웃나라의 왕자로 성장하여 결국 신탁의 예언대로 아버지를 죽이고 테바이의 왕위에 올라 어머니와 결혼하게 된다.

기본정보

구분	테바이의 왕
상징	친부 살해, 근친상간, 모친성애, 오만, 콤플렉스
외국어 표기	그리스어: Οιδίπους
어원	부어오른 발
관련 신화	안티고네, 테바이 공략 7장군
가족관계	라이오스의 아들, 이오카스테의 아들, 이오카스테의 남편, 안티고네의 아버지

인물관계

  오이디푸스는 테바이 왕 라이오스와 메노이케우스의 딸 이오카스테 사이에서 태어났다.

오이디푸스는 카드모스 가계에 속한다. 오이디푸스의 증조부 폴리도로스는 카드모스의 아들 중 한 명으로 닉테이스와 결혼하여 오이디푸스의 조부 라브다코스를 낳았다. 닉테이스의 아버지 닉테우스는 용의 이빨을 땅에 뿌려 태어난 '스파르토이' 중 하나인 크토니오스의 후손이다. 오이디푸스의 어머니 이오카스테 역시 '스파르토이' 중 하나인 에키온의 후손으로 간주되며 테바이의 섭정 크레온과는 남매지간이다. 오이디푸스의 선조들은 모두 테바이의 통치자였다.

오이디푸스는 어머니 이오카스테와 결혼하여 두 딸 안티고네와 이스메네, 두 아들 폴리네이케스와 에테오클레스를 낳았다.

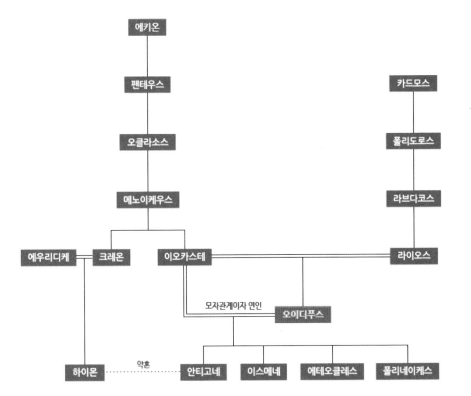

신화이야기

부어오른 발

오이디푸스의 아버지인 테바이의 왕 라이오스는 젊은 시절 피사 왕 펠롭스의 궁에서 망명생활을 한 적이 있는데 이때 펠롭스의 아들인 미소년 크리시포스를 사랑하여 겁탈했다고 한다. 크리시포스는 이를 수치스럽게 여겨 스스로 목숨을 끊었고 아들을 잃은 펠롭스는 라이오스에게 절대로 아들을 얻지 못할 것이며 행여 얻게 되더라도 그 아들의 손에 목숨을 잃게 되리라는 저주를 퍼부었다.(하지만 크리시포스는 이복형제인 아트레우스와 티에스테스에 의해 살해당했다는 이야기도 있다)

테바이로 돌아온 라이오스는 메노이케우스의 딸 이오카스테와 결혼하였지만 부부 사이에서는 오랜 세월 자식이 태어나지 않았다. 라이오스 왕이 델포이의 신탁소를 찾아가 그 이유를 물었고 신탁은 그가 얻게 될 아들이 장차 아버지를 죽이고 어머니와 결혼하게 될 거라고 예언하였다.

얼마 뒤 실제로 이오카스테가 아이를 임신하자 라이오스는 신탁의 예언이 실현되는 것을 막기 위해 아들이 태어나자마자 발목을 뚫어 가죽 끈으로 묶은 뒤 부하를 시켜 인적이 없는 산에 내다버리게 하였다. 하지만 곧 죽을 줄 알았던 아이는 코린토스의 목동에게 발견되어 살아남았고 목동은 자식이 없어 안타까워하는 폴리보스 왕과 그의 아내 메로페(혹은 페리보이아)에게 아이를 데려다주었다.(혹은 아이를 버리라는 명을 받은 라이오스의 부하가 불쌍히 여겨 코린토스의 목동에게 넘겨주었다는 이야기도 있다) 폴리보스 부부는 아이의 발이 심하게 부어 있는 것을 보고 이름을 오이디푸스라고 지었다. 오이디푸스는 '부어오른 발'이라는 뜻이다.

코린토스의 왕자

오이디푸스는 폴리보스 왕의 궁전에서 자신의 혈통을 모른 채 성장하였다. 오이디푸스가 청년이 되었을 때 한 코린토스 사람이 말다툼 끝에 그가 왕의 친자식이 아니라 주워온 아이였다는 말을 하였다. 오이디푸스는 부모에게 사실을 물었지만 속 시원한 대답을 듣지 못하자 신탁소를 찾아갔다. 하지만 신탁은 그가 원하는 대답 대신 충격적인 예언을 하였다. 그가 자기 아버지를 죽이고 자기 어머니와 결혼하게 되리라는 것이었다. 폴리보스 왕과 메로페 왕비를 여전히 친부모로 믿고 있던 오이디푸스는 신탁의 예언이 실현되지 못하도록 코린토스를 영영 떠나기로 결심하였다.

아버지 살해

코린토스를 떠난 오이디푸스는 보이오티아로 가는 길목에서 마차를 탄 라이오스 일행과 마주쳤다.(일설에는 오이디푸스가 달아난 말을 찾아오는 길이었다고도 한다) 라이오스는 나라에 반은 사자이고 반은 여자인 스핑크스라는 괴물이 나타나 사람을 해치는 탓에 민심이 흉흉해지자 신의 뜻을 묻기 위해 델포이로 가는 길이었다. 오이디푸스는 자신의 혈통을 모르고 있었으므로 그가 자신의 친아버지라는 사실도 물론 알지 못했다. 라이오스의 시종 폴리폰테스는 오이디푸스에게 마차가 지나갈 수 있도록 비켜서라고 했지만 오이디푸스는 말을 듣지 않았다. 폴리폰테스가 시비 끝에 자신의 말을 죽이자 화가 난 오이디푸스는 라이오스의 일행을 도망친 하인 한 명만 빼고 모두 죽여버렸다. 이로써 그가 친부를 죽인다는 신탁의 예언이 실현되었다.

어머니와의 결혼

그 사이 테바이에는 라이오스 왕의 죽음이 알려졌고 그렇잖아도 스핑크스 때문에 공포에 휩싸여 있던 테바이의 민심은 왕의 갑작스런 사

오이디푸스와 스핑크스
귀스타브 모로(Gustave Moreau), 1864년
메트로폴리탄 미술관

망 소식으로 더욱 흉흉해졌다. 왕의 죽음으로 테바이의 섭정이 된 이오카스테의 오라비 크레온은 민심을 안정시키기 위해 스핑크스를 퇴치하는 사람에게는 테바이의 왕위와 이오카스테 왕비를 아내로 주겠다고 공표하였다.

얼마 후 여행을 계속하던 오이디푸스는 테바이로 들어가는 길목에서 높은 바위에 앉은 스핑크스를 만났다. 그곳에서 스핑크스는 지나는 사람들에게 수수께끼를 내고 풀지 못하면 잡아먹고 있었다. 스핑크스는 오이디푸스에게 두 가지 수수께끼를 냈다. '한때는 두 발로 걷고, 한때는 세 발로 걷고, 한때는 네 발로 걷는데, 발이 많을수록 더 약한 것이 무엇인가?' 그리고 '두 자매가 있는데 하나는 다른 하나를 낳고, 다른 하나는 또 다시 다른 하나를 낳는 것이 무엇인가?' 오이디푸스는 곧 수수께끼를 풀었다. 첫 번째 수수께끼의 답은 인간이었다. 인간은 아기일 때는 네 발로 기고 늙어서는 지팡이에 의지하여 세 발로 걷기 때문이다. 두 번째 수수께끼의 답은 매일같이 서로 교차하는 밤과 낮이었다. 오디세우스가 수수께끼를 풀자 그동안 이 수수께끼로 수많은 테바이 사람들을 잡아먹었던 스핑크스는 분을 참지 못하고 앉아 있던 바위에서 몸을 던져 목숨을 끊었다.

오이디푸스는 크레온이 공표한 대로 테바이의 왕이 되고 이오카스테를 아내로 맞음으로써 자기 어머니와 결혼하리라는 신탁의 예언도 이루어지게 되었다.

호메로스에 따르면 그리고 얼마 뒤 이오카스테는 오이디푸스의 발목에 난 상처를 보고 그가 자기 아들이라는 사실을 알게 되어 목을 매고 죽었고 오이디푸스는 계속 테바이를 다스리다 전쟁터에서 최후를 맞았다고 한다.

하지만 비극 작가 소포클레스는 오이디푸스의 정체가 밝혀지는 순간을 더욱 드라마틱하고 비극적으로 만들었다. 그에 따르면 오이디푸스는 자신이 왕위에 오른 뒤 테바이에 계속 역병이 창궐하자 델포이의 신탁에 재앙의 원인을 묻게 하였다. 신탁은 라이오스 왕을 살해한 자를 찾아내어 나라에서 추방해야 역병이 그칠 것이라는 답을 내렸다. 이에 오이디푸스는 선왕 라이오스의 살해범을 찾으라는 명을 내렸고 눈먼 예언자 테이레시아스는 신탁의 예언이 오이디푸스 자신을 향하고 있다고 경고하였다. 오이디푸스가 혼란스러워하자 이오카스테 왕비는 과거의 예를 들며 테이레시아스의 경고를 반박하였다. 예전에 라이오스 왕이 아들의 손에 죽고 자신은 제 배로 낳은 아들과 결혼하게 될 거라는 신탁이 있었지만 라이오스 왕은 델포이로 가는 길목에서 강도를 만나 죽었고 자신이 낳은 아들은 산 속에 버려져 죽었다는 것이었다. 하지만 이오카스테 왕비의 말은 예전에 같은 길목에서 사람을 해친 적이 있는 오이디푸스를 더욱 두려움에 휩싸이게 만들었다.

오이디푸스는 라이오스의 명으로 아이를 산 속에 버린 부하를 수소문하여 데려오게 하였다. 바로 그때 코린토스에서 특사가 찾아와 폴리보스 왕의 죽음을 알렸다. 코린토스의 특사는 오이디푸스에게 이제 부왕이 죽었으니 코린토스로 돌아와 왕위를 이어달라고 하였다. 하지만 오이디푸스는 자신이 어머니와 결혼하게 되리라는 신탁을 두려워하여 코린토스로 돌아가기를 거절하였다. 그러자 코린토스의 특사는 그가 실은 주워온 아이였다며 오이디푸스를 안심시키려 하였다. 그 특사는 다름 아닌 오이디푸스를 산 속에서 주워 폴리보스의 궁으로 데려간 목동이었던 것이다. 결국 라이오스의 옛 부하와 코린토스의 특사를 통해 모든 진실이 밝혀지자 이오카스테 왕비는 목을 매고 죽었고 오이디푸스는 왕비의 브로치로 자기 눈을 찔러 장님이 되었다.

콜로노스의 오이디푸스

그 후 오이디푸스는 신탁의 지시대로 테바이에서 추방되었고 그가 이오카스테 왕비에게서 얻은 맏딸 안티고네는 장님이 된 아버지의 방랑길에 동반자가 되어 따라나섰다. 두 부녀는 신탁에 따라 오이디푸스가 최후를 맞이할 운명의 땅인 아테네 근처의 마을 콜로노스까지 함께 갔다. 오이디푸스와 이오카스테 사이에서는 그 외에도 딸 한 명과 아들 두 명이 더 있었지만 이들은 아버지 곁에 머물기를 거부하였다.

테바이 섭정 크레온과 오이디푸스의 아들은 오이디푸스가 묻히는 땅에 신들의 축복이 있으리라는 신탁을 듣고 그를 다시 테바이로 데려오려 했지만 아테네 왕 테세우스의 환대를 고맙게 여긴 오이디푸스는 자신의 유해를 아티카 땅에 묻도록 지시하고 마침내 숨을 거두었다.

오이디푸스와 안티고네
샤를 잘라베르(Charles Jalabert), 1842년, 마르세유 미술관

오이디푸스 콤플렉스

정신분석학을 창시하여 현대 심리학과 심리치료에 지대한 공헌을 한 지크문트 프로이트는 오이디푸스 신화에서 '오이디푸스 단계'라고 명명한 극적이고 복잡한 심리적 과정을 생생하게 보여주는 원초적 표현을 발견하였다. 이 단계에서 남자 아이들은 아버지에게서 이탈하여 어머니를 욕망의 대상으로 느끼게 된다. 프로이트에 따르면 이 단계를 성공적으로 거쳐나가지 못한 사람은 평생 성적 자신감을 얻지 못할 뿐만 아니라 자립적인 인간으로 성장하지도 못한다. 이 단계에서 극복하지 못하고 남겨놓은 죄의식과 불안은 무의식 속으로 '억압'되어 결국 심각한 정신장애를 유발할 수 있다. 이에 대한 유일한 치료는 무의식을 의식으로 끌어올리는 일이다.(게롤트 구드리히, 『신화』)

오케아노스 Oceanus

요약

 그리스 신화에서 대지를 둘러싸고 흐르는 거대한 대양강(大洋江) 그리고 이를 의인화한 바다의 신으로, 아내 테티스와의 사이에서 세상의 모든 바다와 강, 연못과 호수를 낳았다.

기본정보

구분	티탄 신족
상징	바다, 만물의 근원
외국어 표기	그리스어: Ὠκεανός
어원	바다, 영어 'ocean'의 어원
가족관계	우라노스의 아들, 가이아의 아들, 테티스의 남편

인물관계

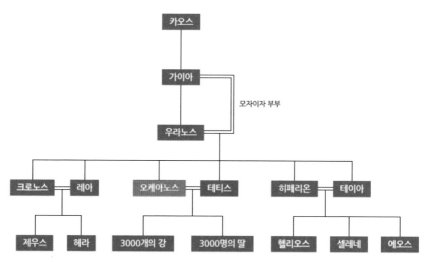

오케아노스는 우라노스와 가이아 사이에서 태어난 1세대 티탄 신족에 속하는 대양의 신이다.

바다의 여성적 생산력을 상징하는 누이동생 테티스와 관계하여 3000개의 강과 오케아니데스라 불리는 3000명의 딸을 낳았다.

신화이야기

티탄 신 오케아노스

오케아노스는 우라노스와 가이아 사이에서 태어난 1세대 티탄 신족에 속하는 바다의 신으로, 상반신은 긴 수염을 한 인간의 모습이고 하반신은 비늘이 달린 물고기의 모습으로 묘사된다. 오케아노스는 바다의 여성적 생산력을 상징하는 누이동생 테티스와 관계하여 3000개의 강을 낳았고 또 오케아니데스라고 불리는 3000명의 딸도 낳았다. 이 딸들은 개울, 샘 등을 의인화한 님페나 여신들로 다시 신이나 인간과 관계하여 수많은 자식을 낳았다.

오케아노스
페트라 유적의 제단 모자이크
5세기 후반

오케아노스는 우라노스와 가이아의 자식들 중 맏이지만 티탄 신족과 올림포스 신들 사이에서 벌어진 10년간의 전쟁에서 같은 종족인 크로노스의 편을 들지 않고 프로메테우스와 함께 전쟁에서 물러나 있었다고 한다.

오케아노스는 신화에서 대개 강물로 묘사되지만 때때로 인격화된

오케아노스(가운데)
페르가몬 제단 조각, 기원전 2세기

신으로 등장하기도 한다.

제우스와 티탄족 사이에 전쟁이 벌어졌을 때 레아가 만딸 헤라를 오케아노스와 테티스 부부에게 맡기며 보호를 부탁한 적이 있는데 헤라는 이들 부부가 부부싸움을 심하게 하고 잠자리를 같이 하지 않은 지 벌써 오래되었다는 말을 전했다.

또 오케아노스는 헤라클레스가 게리온의 황소를 가지러 가는 것을 돕기 위해 사위 헬리오스의 황금 사발을 손에 넣어 헤라클레스에게 빌려주었고, 헤라클레스는 이 사발을 타고 오케아노스의 강물을 건너갔다.

대양강 오케아노스

대지와 바다(지중해)를 둘러싸고 흐르는 거대한 오케아노스의 강물은 엘리시온 주변을 흐르며 하계와 경계를 이룬다. 그리하여 오디세우스는 하계로 갈 때 크고 넓은 바다를 지난 뒤 오케아노스 강의 흐름을 타고 하계의 입구에 도착하였다.

태양의 신 헬리오스는 조용히 흐르는 오케아노스의 깊은 흐름에서 하늘로 솟아올라 들판 위에 새로운 빛을 비추고 별들은 오케아노스의 흐름에서 목욕을 한 뒤에 찬란하게 떠오른다.

오케아노스는 대지를 감싸고 돌고 나서 도로 자신 속으로 흘러 들어 간다. 다시 말해서 오케아노

오케아노스
2세기, 이스탄불 고고학박물관

스의 강물은 세상의 가장자리를 영원히 빙글빙글 돌고 있다. 헤파이스토스는 아킬레우스에게 새 방패를 만들어 줄 때 맨 바깥쪽 가장자리에 이런 오케아노스의 흐름을 새겨넣었다.

오케아노스
로마 트레비 분수

오케아노스의 남쪽 인근에는 변방 민족인 아이티오피아족과 피그마이오이족, 북쪽 인근에는 킴메르족이 살고, 서쪽 경계에는 하르피이아이 같은 괴수들이 산다.

헤시오도스에 따르면 오케아노스의 서쪽 경계 부근에는 고르곤, 헤스페리데스, 게리온이 살고 있으며 오케아노스의 발원지도 서쪽에 있다.

오케아노스의 맏딸 스틱스는 오케아노스 물의 10분의 1을 자신의 몫으로 받아 지상의 바위에서 떨어져 내리고 나머지 10분의 9는 대지와 바다의 넓은 등을 돌아 은빛 소용돌이를 치며 짠 바닷물 속으로 흘러든다.

신화해설

호메로스의 『일리아스』에서 오케아노스는 세계의 근원이자 세계와 바다(지중해)를 감싸고 흐르는 거대한 강으로 묘사된다. 그에 따르면 오케아노스는 "신들의 아버지"이며 "모든 강물과 모든 바다와 모든 샘물과 깊은 우물들이 흘러나오는" 근원이다. 그보다 더 강력한 신은 제우스 말고는 아무도 없다.(잠의 신 힙노스는 오케아노스 강물의 흐름도 잠재울 수 있지만 제우스만은 그 스스로 명령하지 않는 한 재울 수 없다고 고백하였다) 오케아노스는 제우스가 올림포스에서 소집한 모든 신들의 회합에 유일하게 참석하지 않은 신이다.

　신화에 따라 오케아노스는 우라노스와 가이아의 자식이 아니라 티탄 신족의 아버지이자 우라노스의 아버지로 묘사되기도 한다. 이때 오케아노스는 카오스에 이어 두 번째로 밤의 여신 닉스보다도 먼저 탄생한다. 여기에는 물을 만물이 생겨나고 자라는 근원적인 자양분으로 여기는 사고방식이 깔려 있다고 하겠다.

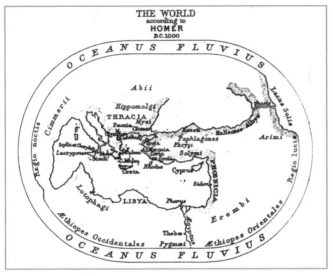

세계를 감싸고 흐르는 오케아노스
1895년, 호메로스 시대의 세계관

오케아니데스 Oceanides

요약

그리스 신화에 나오는 대양의 신 오케아노스와 테티스 사이에서 태어난 3000명의 딸이다. 대개 바다, 강, 호수, 샘 등에 깃든 님페로 간주되며 바다(특히 지중해와 에게 해)의 님페인 네레이데스나 전원의 담수에 깃든 님페인 나이아데스와 구별된다.

기본정보

구분	님페
상징	바다의 요정,
외국어 표기	그리스어: Ὠκεανίδες, 단수형 오케아니스(Ὠκεανίς)
어원	오케아노스의 딸들
별칭	오케아니스(Oceanids)
가족관계	오케아노스의 딸, 테티스의 딸

인물관계

오케아니데스는 대지의 여신 가이아와 하늘의 신 우라노스 사이에서 태어난 대양의 신 오케아노스와 테티스 사이에서 태어난 3000명의 딸이다. 오케아노스와 테티스 사이에서는 그밖에도 지상을 흐르는 3000개의 강도 생겨났다.

카오스

가이아

모자이자 부부

우라노스

크로노스 — 레아 　 오케아노스 — 테티스 　 히페리온 — 테이아

제우스 　 헤라 　 3000개의 강 　 3000명의 딸 (오케아니데스) 　 헬리오스 　 셀레네 　 에오스

신화이야기

개요

오케아니데스는 세상을 둘러싸고 흐르는 거대한 대양강의 신이자 모든 강의 아버지인 오케아노스가 바다의 여성적 생산력을 상징하는 누이동생 테티스와 결합하여 낳은 3000명의 딸들로 바다, 강, 호수, 개울, 샘 등 모든 종류의 물을 의인화한 님페이다. 오케아니데스는 여러 신들 및 인간들과 결합하여 수많은 자식들을 낳았는데 자매들 중 신화에 자주 등장하는 인물은 다음과 같다.

저승의 강 스틱스

저승을 둘러싸고 흐르는 강 스틱스는 오케아니데스의 하나이다. 전승에 따르면 스틱스는 세상을 둘러싸고 흐르는 대양강 오케아노스의 물줄기에서 갈라져나와 아르카디아의 케르모스 산의 험한 협곡을 지나 저승으로 흘러든다고 한다. 이렇듯 오케아니데스는 지상뿐만 아니라 지하의 수역도 담당한 것으로 보인다.

스틱스는 올림포스의 신들이 티탄 신족과 전쟁을 벌였을 때(티타노마키아) 제우스를 도와 승리에 공헌하였다. 제우스는 이때의 공을 높이 사서 신들에게 중요한 맹세를 할 때 스틱스의 이름을 걸고 약속하도록 명했다. 어떤 신이 맹세를 하려고 하면 제우스는 전령의 여신 이리스를 저승으로 보내 스틱스 강물을 병에 담아오게 한 다음 술잔에 따라 놓고 그것에 대고 맹세하게 했다. 스틱스의 강물에 대고 맹세한 약속은 제우스 자신도 결코 어겨서는 안 되었다.

도리스와 바다의 님페 네레이데스

오케아니데스의 하나인 도리스는 바다의 노인 네레우스와 결혼하여 네레이데스 자매를 낳았다. 50명 혹은 100명에 이르는 바다의 님페들인 네레이데스는 바다 속 깊은 곳에 있는 아버지 네레우스의 궁전에 살면서 돌고래를 타고 다니거나 파도가 이는 바다를 긴 머릿결을 너울거리며 헤엄쳐 다닌다. 어떤 이들은 네레이데스가 바다의 수많은 물결을 의인화한 존재라고 말하기도 하였다.

네레이데스는 모두 빼어난 미모를 지닌 것으로 정평이 났는데 에티

바다의 님페 오케아니데스
귀스타브 도레(Paul Gustave Dore), 1860~1869년

오피아의 왕비 카시오페이아는 자기 딸 안드로메다의 미모가 네레이데스를 모두 합친 것보다 더 아름답다고 뽐내다가 포세이돈의 진노를 산 적이 있다. 포세이돈이 네레이데스 중 하나인 암피트리테의 남편이었기 때문인데 그 바람에 안드로메다는 포세이돈이 보낸 바다괴물에게 제물로 바쳐지는 신세가 되어야 했다.

메티스와 아테나의 탄생

오케아니데스의 하나인 메티스는 제우스가 아버지 크로노스가 삼킨 형제들을 구해내는 데 결정적인 도움을 주었다. 제우스는 메티스가 만들어준 약 덕분에 크로노스로 하여금 삼켜버린 자식들을 모조리 다시 토하게 만들 수 있었다. 그 뒤 제우스는 메티스에게 구애하였고 메티스는 제우스를 피해 여러 가지 형상으로 모습을 바꿔가며 도망치다가 결국 그의 첫 번째 아내가 되고 말았다.

그런데 둘의 결혼식 때 크로노스의 어머니 가이아가 제우스에게 불길한 예언을 하였다. 메티스가 딸을 낳으면 그 딸은 아버지와 대등한 능력을 지니게 될 것이고, 아들을 낳으면 아버지보다 더 강력하게 자라나서 제우스가 그랬듯이 아버지를 몰아내고 왕좌를 차지하게 되리라는 것이었다. 이에 제우스는 메티스가 임신을 하자 그녀를 통째로 삼켜버렸다. 이후 메티스가 밴 아기는 제우스의 몸 속에서 계속 자라났다. 어느 날 제우스가 참을 수 없는 두통을 호소하자 대장장이 신 헤파이스토스가 도끼로 제우스의 이마를 찍어서 머리를 열었더니 그 속에서 이미 장성한 아테나 여신이 무장을 한 채로 튀어나왔다.

그밖에도 태양신 헬리오스와 사이에서 파에톤을 낳은 클리메네, 헬리오스와 사이에서 오디세우스의 연인 키르케를 낳은 페르세이스, 가이아와 폰토스 사이에서 난 아들인 티탄 신 타우마스와 결혼하여 무지개의 여신 이리스와 괴조 하르피아이 자매를 낳은 엘렉트라 등도 잘 알려진 오케아니데스이다.

오키로에 Ocyrhoe

요약

그리스 신화에 나오는 반인반마족 켄타우로스의 현자 케이론의 딸이다. 예언 능력을 타고 났으나 이를 경솔하게 사용하여 함부로 천기를 누설하다가 신들의 벌을 받아 말로 변하였다.

기본정보

구분	신화 속 인물
상징	천기누설의 벌
외국어 표기	그리스어: Ὠκυρρόη
어원	빠른 물살의 여인
별칭	히포
관련 동물	말
관련 신화	케이론, 아스클레피오스

인물관계

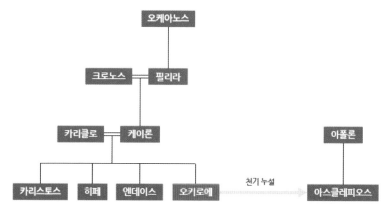

오키로에는 켄타우로스족의 현자 케이론과 물의 님페 카리클로 사이에서 태어난 딸로 히페, 엔데이스 등과 자매이고 카리스토스와 남매 사이다. 오키로에는 아폴론의 아들 아스클레피오스에게 하늘의 비밀을 함부로 발설하다가 벌을 받아 말 '히포'가 되었다.

신화이야기

케이론과 카리클로의 딸

오키로에는 고대 그리스어로 '빠른 물살의 여인'이라는 뜻이다. 이는 그녀의 어머니인 물의 님페(나이아데스) 카리클로가 그녀를 급류가 흐르는 개울가에서 낳았기 때문이라고 한다. 오키로에의 아버지 케이론은 반인반마족인 켄타우로스인데 그리스 신화에서 아킬레우스, 이아손 등 여러 영웅들을 길러낸 현자이다.

오키로에는 아버지로부터 여러 가지 재주를 배웠을 뿐만 아니라 예언 능력도 타고났다. 하지만 그녀는 이러한 재주를 신중하게 사용하지 않았다.

말로 변신한 오키로에
빌헬름 얀슨(Wilhelm Janson), 안토니오 템페스타(Antonio Tempesta), 17세기
오비디우스의 『변신이야기』에 실린 삽화

말로 변한 오키로에

아폴론의 아들로 나중에 의술의 신 반열에 오르는 아스클레피오스가 어린 시절 케이론의 집에 머물며 교육받고 있을 때 오키로에는 그에게 자신의 예언 능력을 이용해서 신들의 비밀을 알려주곤 했다. 신들은 오키로에가 천기를 누설하지 말라는 자신들의 거듭된 경고를 계속 무시하자 그녀를 말로 만들어버렸다. 이때부터 오키로에는 히포라

는 이름으로 불리게 되었다. 히포는 '말'이라는 뜻이다.

히폴리토스를 살려낸 아스클레피오스
아벨 드 푸졸(Abel de Pujol), 19세기
퐁텐블로 성

의술의 신 아스클레피오스

한편 아스클레피오스는 곧 아무도 따를 수 없는 뛰어난 의술을 익혔고 심지어 죽은 사람을 살리는 법도 알게 되었다. 하지만 죽은 자를 되살리는 의술은 세상의 질서를 허무는 위험한 짓이었다. 하데스는 아스클레피오스의 의술 때문에 이제 곧 아무도 죽지 않게 될 거라고 제우스에게 불만을 터뜨렸다. 보다 못한 제우스는 아스클레피오스를 벼락으로 내리쳐 죽였다. 그러나 아폴론의 요청으로 아스클레피오스는 하늘에 올라 별자리(뱀주인자리)가 되었고 나중에는 의술의 신으로 숭배되었다.

또 다른 오키로에

1) 오케아니데스 중 한 명이다. 태양신 헬리오스와 사이에서 아들 파시스를 낳았다. 파시스는 어느 날 어머니 오키로에가 애인과 함께 있는 것을 목격하고는 그녀를 죽였다. 하지만 곧 후회하여 강물에 뛰어들어 자살하였다. 그가 뛰어든 강은 그때부터 파시스라는 이름으로 불리었다.

2) 하신 임브라소스와 님페 케시아스 사이에서 태어난 사모스 섬의 님페로, 밀레토스의 아르테미스 여신 축제에 갔다가 아폴론의 집요한 구애를 받게 되자 어부 폼필로스에게 도움을 청하여 그의 배를 타고 사모스 섬으로 도망쳤다. 화가 난 아폴론은 폼필로스의 배를 바위로 만들고 폼필로스는 물고기로 변신시켰다.

옥실로스 Oxylus

요약

그리스 신화에 등장하는 엘리스의 왕이다.

펠로폰네소스에 대한 헤라클레스의 권리를 주장하며 이 지역을 침략하고자 하는 헤라클레이다이에게 펠로폰네소스로 들어가는 길을 안내해주는 대가로 엘리스의 통치권을 약속받은 뒤, 그곳을 다스리고 있던 디오스 왕을 쫓아내고 엘리스의 왕이 되었다.

기본정보

구분	엘리스의 왕
상징	길 안내자
외국어 표기	그리스어: Ὄξυλος
관련 신화	헤라클레이다이의 펠로폰네소스 정복
가족관계	하이몬의 아들, 피에리아의 남편, 아이톨로스의 아버지, 라이아스의 아버지

인물관계

옥실로스는 하이몬의 아들로 아이톨로스의 후손이다. 하이몬의 아버지 토아스는 안드라이몬이 고르게와 결혼하여 낳은 아들인데, 고르게는 헤라클레스의 아내 데이아네이라와 자매지간이므로 옥실로스는 헤라클레이다이와 친척이 된다. 또 다른 전승에 따르면 옥실로스는 안드라이몬과 고르게의 아들로 헤라클레스와 데이아네이라의 아들 힐로스와 사촌지간이라고 한다.

옥실로스는 피에리아와 결혼하여 아이톨로스 2세와 라이아스 두 아들을 낳았다. 라이아스는 부친에 이어 엘리스의 왕이 되었다.

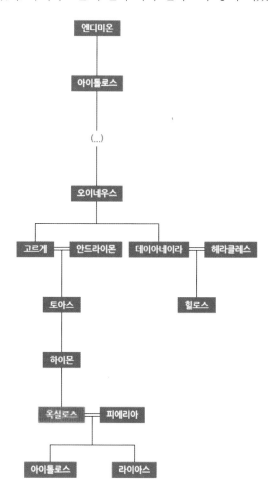

신화이야기

아이톨로스의 후손

옥실로스의 조상인 아이톨로스는 엘리스의 왕 엔디미온의 아들로 부친에 뒤이어 엘리스의 왕위에 올랐지만 실수로 살인을 저지른 뒤 엘리스에서 추방되었다. 그 뒤 아이톨로스는 코린토스 북안에 나라를 건설하고 자신의 이름을 따서 아이톨리아라고 명명했는데 전설에 따르면 이곳에 사는 아이톨리아의 후손들은 언젠가는 다시 엘리스로 돌아오게 될 거라고 했다.

눈 셋 달린 안내자

아이톨로스의 후손인 옥실로스는 원반을 던지다 실수로 형제인 테르미오스를 죽이고 고향 아이톨리아에서 쫓겨났다. 그는 엘리스로 추방되어 그곳에서 1년 동안 유배생활을 했는데 이 유배기간이 지나고 귀국하는 길에 헤라클레이다이와 마주치게 되었다. 그 무렵 헤라클레이다이(헤라클레스의 자식들)는 펠로폰네소스에 대한 헤라클레스의 권리를 주장하며 이 지역의 정복에 나서고 있었다.

헤라클레이다이는 신탁에 따라 자신들을 펠로폰네소스로 데려다줄 안내인을 찾고 있었는데 신탁은 그 안내인이 눈이 세 개 달린 사내라고 하였다. 옥실로스는 화살에 맞아 한쪽 눈을 잃은 애꾸눈이었지만 그가 말 탄 모습을 보고 헤라클레이다이는 신탁이 말하는 눈이 세 개 달린 사내가 바로 말에 올라탄 옥실로스를 가리키는 것이라고 믿었다. 헤라클레이다이는 그에게 자신들의 약속된 땅 펠로폰네소스로 가는 길을 안내해달라고 부탁했다. 옥실로스는 길 안내를 해주는 대신 자기 선조들의 땅이었던 엘리스를 자신에게 달라는 조건으로 헤라클레이다이의 부탁에 응했고, 헤라클레이다이도 그의 조건을 받아들였다.('헤라클레이다이' 참조)

옥실로스는 길 안내를 할 때 엘리스를 피해 아르카디아를 지나는 길로 헤라클레이다이를 인도했다. 엘리스는 아름답고 풍요로운 땅이었으므로 그들이 비옥한 엘리스 땅을 보면 마음이 바뀌어 자신에게 왕국을 주지 않을까봐 두려웠던 것이다.

아이톨리아인과 엘리스인의 대결

헤라클레이다이가 오레스테스의 아들 테사노메스를 무찌르고 펠로폰네소스 정복에 성공한 뒤 옥실로스는 아이톨리아 사람들을 이끌고 엘리스로 가서 그곳을 다스리고 있던 디오스 왕을 무력으로 쫓아내려 했다. 하지만 디오스의 저항은 완강했다. 싸움이 좀처럼 끝날 기미가 보이지 않자 옥실로스와 디오스는 각각 자기 진영의 대표적인 용사를 한 명씩 선발하여 일대일 대결로 승부를 내기로 했다.

디오스는 엘리스의 명궁 데그메노스를 대표로 내세웠고 옥실로스는 투석의 명수 피라이크메스를 내세웠다. 나라의 명운을 건 이 싸움은 결국 아이톨리아인 피라이크메스의 승리로 끝났고 옥실로스는 신탁의 예언대로 선조 아이톨로스가 다스렸던 엘리스 왕국을 차지하였다.

현명한 왕

옥실로스는 엘리스의 원주민들을 내쫓지 않고 그 땅에서 계속 살면서 이주해 온 아이톨리아 사람들과 자연스럽게 섞이도록 하였고, 고장의 종교와 전통을 보존하고 엘리스의 초기 왕 펠롭스의 자손 아고리오스와 통치권을 나누어 갖는 등 현명한 통치로 칭송을 받았다. 그는 또 헤라클레스에 의해 처음 만들어진 뒤 쇠퇴해버린 올림피아 경기를 복구하여 이 대회의 창설자로도 불린다.

또 다른 옥실로스

군신 아레스가 칼리돈의 딸 프로토게네이아와 관계하여 낳은 아들도 옥실로스인데 이 사람은 하이몬의 아들 옥실로스와 동일인일 가능성이 높다. 두 사람은 모두 아이톨로스의 후손이다.

옴팔레 Omphale

요약

그리스 신화에서 헤라클레스를 노예로 부린 리디아의 여왕이다.

헤라클레스는 이피코스를 살해한 죄를 씻기 위해 그녀에게 노예로 팔려왔다. 옴팔레는 헤라클레스에게 여인의 옷을 입히고 물레질을 하게 하였다.

기본정보

구분	여왕
상징	성 역할 전도
외국어 표기	그리스어: Ὀμφάλη
관련 신화	헤라클레스의 모험

인물관계

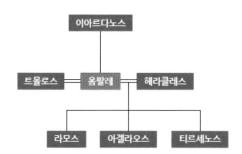

옴팔레는 리디아 왕 이아르다노스의 딸로 아버지로부터 왕위를 물려받아 리디아의 여왕이 되었다고도 하고, 리디아의 왕 트몰로스의 아내로 남편이 죽은 뒤 여왕이 되어 리디아를 다스렸다고도 한다.

헤라클레스와 사이에서 아들 라모스, 아겔라오스, 티르세노스 등을 낳았다. 라모스와 아겔라오스는 동일인물이라는 이야기도 있다.

신화이야기

옴팔레의 노예로 팔려간 헤라클레스

헤라클레스는 궁술의 명인 에우리토스 왕의 아들 이피토스를 죽인 죄를 씻기 위해 헤르메스 신에 의해 리디아의 여왕 옴팔레에게 노예로 팔려갔다. 헤라클레스가 이피토스를 죽인 이유에 대해서는 헤라의 저주로 정신착란을 일으켜서 그랬다는 이야기도 있고(헤라클레스는 헤라의 저주에 의한 정신착란으로 자신의 아들과 아내도 죽인 바 있다), 에우리토스 왕의 암말이 사라진 사건의 범인으로 이피토스가 자신을 의심한다고 여겨 화가 나서 죽였다는 이야기도 있다.('에우리토스' 참조)

여장을 한 헤라클레스

옴팔레의 노예가 된 헤라클레스는 그녀의 왕국에 들끓는 숱한 강도와 괴물들을 물리치고 왕국을 적들의 침략에서 방어하였다. 옴팔레는 새 노예의 공적에 감탄하였고 그가 헤라클레스라는 사실을 알고 난 뒤에는 그와

헤라클레스와 옴팔레
루카스 크라나흐(Lucas Cranach), 1537년
헤르조그 안톤 울리히 미술관

결혼하였다. 두 사람 사이에서는 라모스, 아겔라오스, 티르세노스 등의 아들이 태어났다.

옴팔레와 결혼한 헤라클레스는 그녀의 매력에 흠뻑 빠져 이제까지의 영웅의 면모와는 전혀 다른 모습을 보였다. 옴팔레의 궁에서 헤라클레스는 여인의 옷을 입고 물레질 같은 여자들의 일을 하며 지낸 반면에, 옴팔레는 헤라클레스의 사자가죽 옷을 걸치고 올리브나무 방망이를 들고 다녔다고 한다. 헤라클레스는 노예로 봉사하는 기간이 지나고 나서야 자신의 우스꽝스런 행동을 깨닫고 옴팔레의 궁을 떠나 다시 그리스로 돌아갔다.

헤라클레스의 복장을 한 옴팔레
요제프 안톤 바인뮐러(Joseph Anton Weinmuller), 18세기
빈 쇤브룬 공원의 석상

후대의 수용

헤라클레스와 옴팔레의 신화는 그리스 고전시대부터 이미 아내에게 쥐어 사는 못난 남자들에 대한 조롱으로 사티로스 극의 단골 소재가 되었다. 로마 시대의 작가들(오비디우스, 프로페르티우스, 세네카 등)은 헤라클레스와 옴팔레의 전도된 성 역할을 더욱 신랄하게 다루었다. 플루타르코스는 『영웅전』에서 아테네의 통치자 페리클레스가 창녀 아스파시아에게 쩔쩔매는 것을 이 신화에 빗대어 조롱하였고 또 마르쿠스 안토니우스와 클레오파트라의 관계를 이 신화와 연결시켜 아우구스투스 황제의 정통성을 선전하는 데 이용하였다.

바로크 시대의 파울 루벤스나 프랑수아 르무안 같은 미술가들은 사자를 맨손으로 때려잡고 나무를 뿌리째 뽑아 몽둥이를 만들던 영웅 헤라클레스를 여인의 옷을 걸치고 애교스런 눈웃음을 흘리거나 옴팔

헤라클레스와 옴팔레
파울 루벤스(Peter Paul Rubens)
1602~1605년, 루브르 박물관

헤라클레스와 옴팔레
프랑수아 르무안(Francois Lemoine)
1724년, 루브르 박물관

레에게 귀를 잡혀 끌려가는 모습으로 묘사하여 큰 인기를 끌었다.

음악 작품으로는 카미유 생상스의 교향시 〈옴팔레의 물레〉와 앙드레 데투슈의 오페라 〈옴팔레〉 등이 유명하다.

우라노스 Uranus

요약

그리스 신화에 등장하는 '하늘'의 의인화된 신이다.

흔히 '대지의 여신' 또는 '신들의 어머니' 가이아가 처녀생식을 통해 낳은 아들로 여겨진다.

기본정보

구분	태초의 신
상징	하늘, 태초의 지배자
외국어 표기	그리스어: Οὐρανός
어원	하늘
별자리	천왕성
로마 신화	카일루스(Caelus)
가족관계	가이아의 아들, 가이아의 남편, 크로노스의 아버지

인물관계

태초의 여신 가이아가 홀로 낳은 아들 우라노스는 '산들'의 의인화된 신 우레아와 '바다'의 의인화된 신 폰토스와 형제지간이다. 어머니 가이아와의 사이에서 키클로페스 삼형제와 헤카톤케이레스 삼형제 그리고 티탄 12신을 낳았다.

막내아들 크로노스에 의해 남근이 거세될 때 흘러내린 핏방울이 가이아의 몸 속에 흘러들어가 에리니에스, 기간테스 그리고 멜리아데스

가 태어났고, 바다에 내던져진 남근 주변의 거품에서 아프로디테가
태어났다.

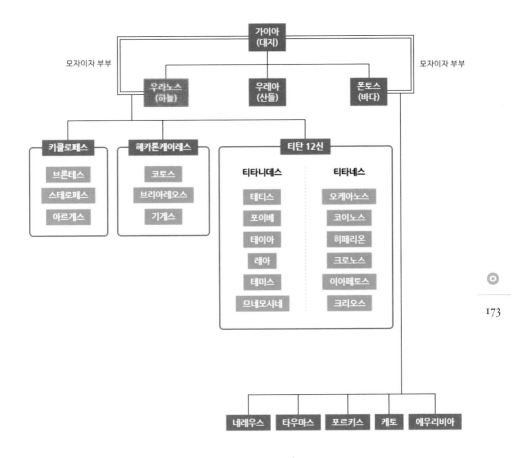

신화이야기

우라노스의 탄생

우라노스는 그리스 신화에 나오는 하늘의 의인화된 신으로 그리스
천지창조 신화의 앞부분을 장식하는 인물이다. 헤시오도스의 『신들의
계보』에 따르면 어머니인 대지의 여신 가이아가 홀로 낳은 아들이다.
우라노스 이외에도 가이아는 남성과의 접촉 없이 우레아와 폰토스를

12궁도 안의 아이온–우라노스와 가이아
모자이크, 3세기경, 뮌헨 국립고대미술박물관
: 시간의 신인 아이온–우라노스(가운데 상단)가 12궁도 안에 있다. 대지의 여신 가이아
(오른쪽)가 4계절의 신에 둘러싸여 있다.
왼쪽부터 오른쪽으로 봄의 신 아이아르, 여름의 신 테로스, 가을의 신 프티노포론, 그리
고 겨울의 신 케이몬이다.

낳았다.

전승문헌들은 그리스 신화의 제1세대 신이자 하늘의 신인 우라노스
의 탄생과 관련하여 여러 가지 견해를 밝힌다.

(1) 처녀 생식을 통해 태어난 가이아의 자식

『신들의 계보』에 따르면 가이아는 남성과 관계를 하지 않고 홀로 하
늘의 신 우라노스, 산들의 의인화된 신 우레아, 그리고 바다의 신 폰
토스를 낳았다. 따라서 우라노스는 대지의 신 가이아의 아들이며 우
레아와 폰토스와는 형제지간이다.

(2) 아이테르와 디에스 사이에서 태어난 아들

히기누스의 『이야기』 서문에 따르면 안개에서 태초의 신 카오스가 태어나고 카오스와 안개 사이에서 밤의 신 닉스, 낮의 신 디에스, 어둠의 신 에레보스 그리고 빛과 대기의 신 아이테르가 태어났다. 아이테르와 디에스 사이에서 대지의 여신 가이아에 상응하는 테라, 우라노스에 상응하는 카이루스와 바다의 여신 마레를 낳았다. 따라서 이 전승문헌에 의하면 우라노스는 대지의 여신 가이아와 남매지간이다.

(3) 밤의 여신 닉스의 아들

고대 그리스의 전설적인 시인 오르페우스가 쓴 것으로 추정되는 한 단편은 우라노스의 어머니가 밤의 여신 닉스라고 적고 있다.

(4) 기타

BC 7세기 후반에 활동한 그리스 서정 시인 알크만은 아크몬(창공의 신 아이테르의 또 다른 이름)이 우라노스의 아버지라고 적고 있다. 한편 '티탄들의 전쟁'이란 뜻의 『티타노마키아』란 전승문헌에서는 아이테르와 가이아 사이에서 우라노스가 태어났다고 전한다.

우라노스의 자식들

(1) 대지의 여신이자 어머니 가이아와 사랑을 나눠 낳은 자식들

『신들의 계보』에 따르면 우라노스는 자신의 어머니이자 모든 신의 어머니 가이아와의 사이에서 모두 18명의 자식을 낳는데 그 중 아들이 12명이고 딸이 6명이다. 12명의 아들은 이마 한 가운데에 둥근 눈 하나만 가진 삼형제 키클로페스, 머리 50개와 팔 100개가 달린 거인 삼형제 헤카톤케이레스 그리고 티타네스로 불리는 6명의 남신이다. 키클로페스 삼형제는 브론테스, 스테로페스, 아르게스이며, 헤카톤케이레스는 코토스, 브리아레오스, 기에스이다. 티타네스는 오케아노스, 코이오스, 크레이오스, 히페리온, 이아페토스, 크로노스이다. 한편 6명의 딸은 티타니데스로 불리는 6명의 여신이다. 티타니네스는 테티스, 포이베, 테이아, 레아, 테미스, 므네모시네이다.

『신들의 계보』와 『비블리오테케』의 기술 내용은 우라노스와 가이아 사이에서 태어난 자식들의 수와 관련하여 차이가 없으나 낳은 순서와 관련하여 차이를 보인다.

『신들의 계보』에서는 우라노스가 자신의 어머니 가이아와의 사이에서 12명의 티탄 신족을 가장 먼저 낳고, 그 다음에 외눈박이 삼형제 키클로페스를, 그 다음에 헤카톤케이레스 삼형제를 낳는다. 『비블리오테케』에서는 우라노스와 가이아 사이에서 헤카톤케이레스 삼형제가 가장 먼저 태어나고, 그 다음에 키클로페스 삼형제가, 그 다음에 12명의 티탄 신족이 태어난다.

(2) 우라노스의 거세된 남근에서 흘러내린 피가 가이아에 떨어져 태어난 자식들

『신들의 계보』에 따르면 제우스의 아버지 크로노스가 어머니 가이아와 공모하여 아버지 우라노스의 남근을 거세하였다. 이때 잘린 남근에서 흘러내린 핏방울이 대지에 떨어져 자식들이 태어났는데, 이들은 엄밀한 의미에서 우라노스와 가이아 사이에서 태어난 자식들이나 사랑의 결실로 태어난 자식들은 아니다. 이들은 뱀 머리를 하고 눈에서 피를 흘리는 난폭한 복수의 여신들인 에리니에스, 엄청난 크기의 몸집에 엄청난 힘을 지닌 무시무시한 기간테스 그리고 물푸레나무의 님프들인 멜리아데스이다.

(3) 우라노스의 거세된 남근의 주변에 생긴 흰 거품에서 태어난 아프로디테

『신들의 계보』에는 사랑의 여신이자 미의 여신인 아프로디테가 크로노스에 의해 잘려 바다로 던져진 우라노스의 남근 주변에 생긴 흰색 거품에서 탄생했다고 적고 있다. 헤시오도스의 이런 해석은 '아프로디테'가 '거품'을 뜻하는 고대 그리스어 '아프로스'에서 유래했다는 민간 어원에 근거한 것으로 추정된다.

> "크로노스가 낫으로 남근을 잘라 육지로부터 파도가 일렁이는 바닷물 속으로 던졌다. 그러자 바다에 떨어진 남근은 파도로 출렁이는 바닷물 위를 오랫동안 둥둥 떠다녔다. 그러다가 그 영생불멸의 살점에서 흰색 거품이 일더니 그 속에서 한 소녀가 자라났다.
> 그 소녀는 처음에는 신성한 키테라 쪽으로 표류했다. 그런 다음에 그 소녀는 바닷물로 둘러싸인 키프로스 섬으로 갔다. 그곳에서 고귀하고 사랑스러운 여신이 뭍에 올랐다. 그러자 그녀의 날씬한 발 주변에 풀이 돋아났다. 신들과 인간들은 그녀를 아프로디테 또는 거품에서 태어난 여신이라고 부른다. 그것은 그녀가 거품에서 자랐기 때문이다. 신들과 인간들은 그녀를 아름다운 왕관을 쓴 키테레이아라고 부른다. 그것은 그녀가 키테라로 갔기 때문이다. 신들과 인간들은 그녀를 키프로스 출신의 여신이라고 부른다. 그것은 그녀가 파도가 높게 이는 키프로스 섬에서 뭍으로 올라왔기 때문이다. 신들과 인간들은 그녀를 남근을 좋아하는 여신이라고 부른다. 그것은 그녀가 남근으로부터 탄생했기 때문이다."

(헤시오도스, 『신들의 계보』)

아들 크로노스에 의해 거세당한 우라노스

『신들의 계보』는 아들 크로노스에 의해 거세당한 우라노스에 대한 자세한 이야기를 담고 있다. 우라노스가 가이아와의 사이에서 낳은 자식들을 가이아의 자궁, 즉 타르타로스에 가두자 강한 모성애를 지닌 가이아는 우라노스의 이런 만행에 치를 떨며 복수의 칼날을 갈았다. 가이아는 타르타로스에 갇힌 자식들에게 우라노스에 대한 복수

계획을 밝혔다. 그러나 크로노스를 제외한 나머지 자식들은 우라노스에 대한 두려움 때문에 가이아의 계획에 선뜻 나서지 못하였다. 크로노스만이 가이아의 복수 계획에 적극적인 동참하겠다는 의지를 밝혔다. 가이아는 크로노스에게 회색빛 강철로 만든 거대한 낫을 주며 복수의 계책을 일러주었고, 우라노스가 가이아와 사랑을 나누기 위해 그녀를 덮치는 순간 크로노스는 우라노스의 남근을 낫으로 자르고 잘린 남근을 뒤로 던졌다. 우라노스의 거세로 인해 대지와 하늘은 서로 떨어지게 되었다.

크로노스에게 거세된 우라노스
조르조 바사리(Giorgio Vasari)와 크리스토파노 게라르디(Cristofano Gherardi)
16세기, 피렌체 베키오 궁전
: 벽화로 그려진 유화 작품. 크로노스가 큰 낫(하르페)을 들고 아버지 우라노스(가운데 쓰러져 있는 인물)의 남근을 거세하고 있다. 뒷편의 천구의는 하늘의 신인 우라노스를 상징한다.

우라니아 Urania

요약

그리스 신화에 나오는 무사이(뮤즈) 중 한 명으로 천문을 관장하는 여신이다. 우라니아는 '하늘'이라는 뜻이다.

그녀는 별이 수놓아진 옷을 걸치고 손에는 지구와 컴퍼스를 들고 두 눈이 항상 하늘을 쳐다보고 있는 모습으로 묘사된다.

기본정보

구분	무사이
상징	하늘, 천문
외국어 표기	그리스어: Οὐρανία
어원	하늘
관련 상징	지구, 컴퍼스, 거북이
가족관계	제우스의 딸, 아폴론의 아내, 므네모시네의 딸

인물관계

우라니아는 우라노스와 가이아의 딸인 티탄 신족 므네모시네가 제우스와 결합하여 낳은 아홉 명의 무사이 자매 중 한 명이다. 아폴론과 사이에서 혼인의 신 히메나이오스와 음악의 신 리노스를 낳았다. 하지만 리노스는 다른 무사이 중 하나인 칼리오페와 오이그로아스 왕 사이에서 태어난 아들로 오르페우스와 형제지간이라는 이야기도 있다.

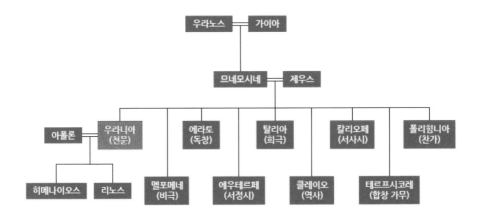

신화이야기

철학자, 천문학자, 점성가의 수호신

우라니아는 우라노스와 마찬가지로 하늘을 뜻한다. 제우스와 므네모시네의 딸인 우라니아는 계보로 따지자면 우라노스의 증손녀가 되지만 전승에 따라서는 둘을 부부나 연인으로 연결시키기도 한다.

하늘을 관장하는 무사이인 우라니아는 우주의 이치에 밝고 별들의 움직임을 통해 미래를 예견하는 능력이 있었으므로 철학자, 천문학자, 점성가의 수호신으로 추앙받았다. 항상 별이 수놓아진 옷을 입고 지구와 컴퍼스를 손에 들고 하늘을 쳐다보고 있는 모습이며 발밑에는 침묵의 상징인 거북이를 두고 있다.

우라니아
루이 토케(Louis Tocque)

후대의 수용

마크로비우스, 마르티아누스 카펠라 같은 고대 후기의 저술가들은 우주의 화음에 관한 피타고라스의 사상을 받아들여 무사이 여신들이 각각 개별적인 천구의 화음을 관장한다고 생각했다. 우라니아는 우주의 화음에서 가장 높은 음을 내는 항성을 담당하였다.

우라니아
비르길 졸리스(Virgil Solis), 1562년
오비디우스의 『변신이야기』 삽화

르네상스 시대에 들어 우라니아는 기독교 시인의 무사(뮤즈)로 등극하기도 했다. 밀턴은 서사시 『실락원』에서 우주의 창조를 노래하기 위해 우라니아를 부른다. "하늘에서 내려오라 우라니아여, 마땅히 그 이름이 불릴만 하다면." 이는 호메로스가 『일리아스』에서 트로이 전쟁을 노래하기 위해 무사 여신을 부르는 것과 같은 맥락이다. "노래하소서, 무사 여신이여 펠레우스의 아들 아킬레우스의 노여움을."

그밖에도 우라니아는 근대에 들어 세워진 유럽 각국 천문대들이 단골로 채택하는 이름이 되었다. 베를린, 부다페스트, 부쿠레슈티, 빈, 취리히, 안트베르펜 등지의 천문대는 이름이 모두 우라니아이다.

화성과 목성 사이에 자리 잡은 소행성대의 30번 소행성 우라니아도 그녀의 이름에서 따온 것이다.

무사이 여신

우라니아는 아홉 명의 무사이 자매 중 한 명이다. '무사이'는 '무사(뮤즈)'의 복수형으로 아홉 자매를 통칭할 때 쓰이는 표현이다. 무사이는 기억의 여신 므네모시네와 제우스 사이에서 난 딸들인데 므네모시네는 올림포스 산 동쪽 피에리아에서 제우스와 9일 밤낮을 관계를 맺어 이들을 낳았다고 한다. 아홉 명의 무사이는 음악, 미술, 문학, 철학, 역사 등 광범위한 지적 활동을 관장하는 여신들로 시인, 음악가, 미술가 등에게 영감을 불어넣는 역할을 했다.

아홉 명의 무사
왼쪽부터 클레이오, 탈리아, 에라토, 에우테르페, 폴리힘니아,
칼리오페, 테르프시코레, 우라니아, 멜포메네
루브르 박물관의 석관 부조를 모사한 삽화, 마이어백과사전, 1888년

처음에 무사이는 멜레테(수행), 므네메(기억), 아오이데(노래) 세 명이었는데 헤시오도스가 이들을 아홉 명으로 언급한 뒤로 이들 자매의 수는 아홉 명으로 굳어졌다. 후대로 가면서 이들 아홉 자매가 관장하는 영역도 구체적으로 지정되었다.

우라니아는 천문을, 칼리오페는 서사시, 클레이오는 역사, 에우테르페는 서정시, 멜포메네는 비극, 테르프시코레는 합창가무, 에라토는 독창, 폴리힘니아는 찬가, 탈리아는 연극을 관장한다.

무사이는 음악과 예언의 신으로서 그녀들의 지도자 격인 아폴론 신과 함께 묘사될 때가 많으며 올림포스에서 열리는 신들의 연회에서 우미의 세 여신 카리테스, 계절의 여신 호라이 등과 함께 춤을 추기도 한다.

이나코스 Inachus

요약

아르고스 지방에 있는 이나코스 강의 신이자 아르고스의 첫 번째 왕이다.

제우스의 사랑을 받아 헤라의 온갖 학대를 받고 암소로 변한 이오의 아버지이기도 하다.

기본정보

구분	강의 신 / 왕
외국어 표기	그리스어: Ἴναχος
관련 지명	이나코스 강
관련 신화	이오, 에파포스, 멜리아, 포로네우스

인물관계

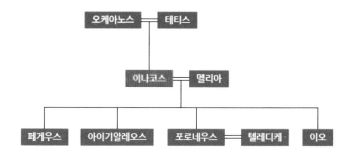

대양의 신 오케아노스와 테티스 사이에 태어난 아들이다. 배다른 동생 멜리아와 사이에 포로네우스, 아이기알레오스, 페게우스 그리고 딸 이오를 낳았다.

신화이야기

개요

이나코스는 아르고스 지방에 흐르는 이나코스 강의 신이자 아르고스의 첫 번째 왕이다.

이나코스 강을 비롯하여 아르고스에 있는 강들은 장마철 외에는 늘 물이 부족한데 이는 포세이돈의 분노 때문이라고 한다. 파우사니아스의 『그리스 안내』에 의하면 포세이돈과 헤라가 서로 아르고스 지역에 대한 소유권을 주장하며 다툼이 일어났는데 이나코스를 비롯한 강의 신들이 헤라의 소유권을 선언하였다. 이에 분노한 포세이돈이 아르고스 지역에 있는 강들의 물을 모두 빼서 아르고스 지방에 홍수가 나게 했고, 이때부터 이나코스 강을 비롯한 아르고스 지역에 있는 강들은 늘 메말라 있다고 한다.

이나코스의 딸 이오

제우스에게 사랑을 받았다는 이유로 아마도 이나코스의 딸 이오만큼 헤라로부터 학대를 받은 여자도 없을 것이다.

『비블리오테케』에 의하면 이오는 원래는 헤라를 모시는 여사제였다고 한다. 제우스는 강의 신 이나코스의 아름다운 딸 이오가 강에서 돌아오는 모습을 보고 첫눈에 반해 도망가는 이오를 붙잡아 그녀의 순결을 빼앗았다. 제우스는 아내 헤라의 눈을 피하기 위해 온통 먹구름으로 주위를 덮고 이오와 사랑을 나누고는 그래도 혹시나 헤라가 눈치 챌까 이오를 하얀 암송아지로 변하게 했다. 헤라가 상황을 눈치 채고는 암송아지를 선물로 달라고 하자 제우스는 결국 암소를 선물로 주었다. 이에 헤라는 눈이 백 개 있는 아르고스에게 암소를 감시하게 했다. 오비디우스에 의하면 아르고스는 돌아가며 한 번에 두 개의 눈만 감은 채 자고 나머지 눈은 뜨고 있기 때문에 암소가 된 이오의 모든 행동은 아르고스의 눈에서 벗어날 수가 없었다.

그러던 어느 날 이오는 아버지 이나코스에게 발굽으로 바닥에 글을 써서 암소로 변하게 된 사연을 알려주었고, 사랑하는 딸의 행복한 결혼과 귀여운 손자를 고대하던 이나코스는 딸의 불행에 애통해하며 자신이 불멸의 존재인 신이라는 사실에 절망했다.

"이렇게 큰 슬픔 앞에서 죽지도 못하다니, 내가 신이라는 사실이 괴롭기만 하구나. 죽음의 문이 나에게는 닫혀있어 나의 아픔은 영원토록 계속되겠구나." (오비디우스, 『변신이야기』)

그러나 이렇게 마음을 아프게 한 딸 이오를 통해 이나코스는 명문가의 조상들을 후손으로 두게 된다.

이나코스의 후손들

이나코스의 딸 이오의 고난으로 맺어진 결실이 바로 에파포스인데 이후 에파포스의 후손들은 그리스뿐만 아니라 페르시아, 아프리카에 있는 많은 왕가의 시조들을 낳았고 뛰어난 영웅들도 배출하였다. 메두사의 목을 벤 페르세우스와 불세출의 뛰어난

〈제우스와 이오〉 중 이오의 모습
안토니오 다 코레조(Antonio Allegri da Correggio), 1531년 비엔나 미술사 박물관

소로 변한 이오와 이나코스와 헤르메스
빌렘 오센벡(Willem Ossenbeeck), 1632년, 암스테르담 국립미술관

영웅 헤라클레스도 이나코스의 딸 이오의 자손들이다. 이렇게 해서 이오의 고난으로 태어난 이나코스의 후손들은 그리스뿐 아니라 그 밖에 여러 지역을 아우르는 명문가의 조상들이 된다.

이노 Ino

요약

그리스 신화에 등장하는 왕비이다.

오르코메노스의 왕 아타마스의 두 번째 아내로, 전처의 자식들을
미워하여 죽이려 하다가 남편의 미움을 사게 되어 쫓겨나고 자식들도
잃었다. 어린 디오니소스를 맡아서 기르다가 헤라 여신의 미움을 사서
실성하여 제 손으로 자식을 죽였다고도 한다. 죽어서 파도치는 바다
에 이는 하얀 물보라의 여신 레우코테아가 되었다.

기본정보

구분	왕비
상징	못된 계모
외국어 표기	그리스어:Ἰνώ
별칭	레우코테아(Leukothea)
관련 신화	아르고호 원정, 디오니소스 숭배

인물관계

이노는 테바이의 건설자 카드모스 왕과 하르모니아 사이에서 태어
난 딸로 디오니소스의 어머니 세멜레, 아가우에 등과 자매지간이고
남자형제 폴리도로스는 오이디푸스의 직계 조상이다.

이노는 오르코메노스의 왕 아타마스와 결혼하여 두 아들 레아르코
스와 멜리케르테스를 낳았다. 이노의 남편 아타마스는 그밖에도 네펠

레와 사이에서 프릭소스와 헬레를 낳았고 테미스토와 사이에서 오르 코메노스와 스핑기오스를 낳았다.

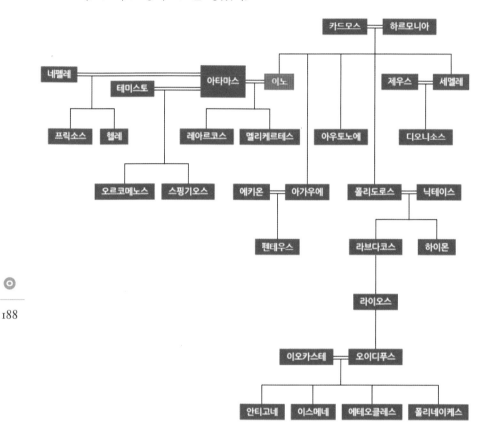

신화이야기

황금빛 양을 타고 떠난 프릭소스와 헬레

오르코메노스의 왕 아타마스는 이노와 결혼하기 전에 이미 구름의 님페 네펠레와 결혼하여 쌍둥이 남매 프릭소스와 헬레를 낳아 기르 고 있었다. 하지만 왕은 이노에게 반하여 네펠레를 버리고 그녀와 재 혼하였다. 아타마스의 아내가 된 이노는 전처가 낳은 남매를 미워하여 죽이려고 계략을 꾸몄다. 그녀는 시종들을 시켜 사람들 몰래 이듬해에 밭에 뿌릴 밀알 종자를 볶게 했다. 농부들이 밭에 뿌린 밀알은 당연히 하나도 싹을 틔우지 못했다. 굶어 죽게 될까봐 겁이 난 오르코

프릭소스와 헬레
폼페이의 벽화를 모사하여 1902년에 그린 삽화.
벽화 원본은 나폴리 고고학박물관에 있다

메노스 사람들은 신탁에 재앙의 원인을 묻기로 했고 이노는 신탁을 물으러 파견된 사람들을 미리 매수하여 프릭소스를 죽여 제우스에게 제물로 바치라는 신탁이 내려졌다고 거짓을 말하게 했다. 아타마스 왕은 어쩔 수 없이 아들을 제물로 바치려 했는데(일설에는 프릭소스가 스스로 제물이 되기를 자청했다고도 한다) 그때 어디선가 황금빛 털을 가진 숫양 한 마리가 나타나 프릭소스와 헬레를 등에 태우고 하늘로 날아올라 사라져버렸다. 크리소말로스라는 이름의 이 숫양은 헤르메스(혹은 제우스)가 두 남매의 어머니 네펠레의 부탁으로 아이들을 구하기 위해 보낸 것이었다. 숫양은 두 남매를 태우고 바다를 건너 코카서스 지방으로 날아갔는데 가는 도중 헬레가 그만 바다에 떨어져 죽고 말았다. 이때부터 그곳은 헬레의 바다, 즉 헬레스폰토스라고 불리기 시작했다.

어린 디오니소스의 양육자

이노는 카드모스와 하르모니아의 딸로 디오니소스를 낳은 세멜레와는 자매지간이다. 세멜레는 디오니소스를 임신했을 때 아이의 아버지인 번개의 신 제우스에게 본모습을 보여달라고 했다가 그의 몸에서

뿜어져 나오는 강력한 빛을 견디지 못하고 불타 죽었다. 그러자 제우스는 재빨리 세멜레의 몸에서 디오니소스를 꺼내 자기 넓적다리 속에 넣었고 디오니소스는 그렇게 아비의 넓적다리 안에서 남은 산달을 채우고 세상에 나오게 되었다. 제우스는 어린 디오니소스를 질투와 복수심에 불타는 헤라의 눈을 피해 여자아이로 꾸민 뒤 세멜레의 자매인 이노와 그녀의 남편 아타마스 왕에게 맡겨 기르게 하였다. 원래 이노는 디오니소스가 제우스의 아들이라는 사실을 믿으려하지 않았으나 헤르메스의 말을 듣고나서는 어린 조카를 데려다가 친자식들인 레아르코스, 멜리케르테스 형제와 함께 키웠다. 하지만 헤라는 결국 사실을 알게 되었고 이노와 아타마스는 분노한 헤라에게 무서운 보복을 당하였다.

실성한 이노와 아타마스

헤라는 자신을 속이려 한 이노와 아타마스를 미치광이로 만들어버렸다. 아타마스는 정신이 나간 상태에서 아들 레아르코스를 사슴으로 여기고는 사냥용 창을 던져 죽이고 말았다. 이노의 광기는 더욱 끔찍했다. 이노는 막내아들 멜리케르테스를 물이 펄펄 끓는 가마솥에 넣어 튀겨버렸다. 제정신이 든 이노는 아들의 시체를 끌어안고 바닷물에 몸을 던졌다. 그러자 신들이 이들의 운명을 불쌍히 여겨 모자를 바다의 신으로 만들어주었다. 그렇게 이노는 하얀 물보라의 여신 레우코테아가 되었고 어린 아들 멜리케르테스는 돌고래를 타고 다니는 어린 바다의 신 팔라이몬이 되었다. 레우코테아와 팔라이몬은 폭풍 속을 항해하는 배를 인도하는 선원들의 수호신이 되었다.

이노와 아타마스의 실성에 관해서는 또 다른 이야기도 전해진다. 그에 따르면 전처의 자식들을 죽이려던 이노의 음모를 알게 된 아타마스 왕이 분노하여 그녀와 막내아들 멜리케르테스를 제물로 바치도록 명하였다. 하지만 디오니소스가 제단으로 끌려가는 이노와 멜리케르테스를 안개로 감추어 구해내고 아타마스 왕을 미치게 만들었다.

실성한 아타마스는 아들 레아르코스를 끓는 물에 넣어 죽였고 이 사실을 안 이노는 멜리케르테스와 함께 바다에 몸을 던졌다.

이노와 테미스토

이노에 관해서는 또 다른 신화도 있다. 헤라에 의해 제정신을 잃고 실성한 이노는 집을 뛰쳐나가 파르나소스 산에서 디오니소스를 추종 하는 마이나데스가 되어 살고 있었다고 한다.

아타마스는 미치광이가 된 이노가 어디론가 사라져 나타나지 않자 죽었다고 생각하여 다시 재혼하였다. 아타마스의 세 번째 아내는 힙 세우스의 딸 테미스토였다. 두 사람 사이에는 아들 오르코메노스와 스핑기오스도 태어났다. 하지만 나중에 이노는 다시 아타마스의 궁으 로 돌아왔고 아타마스는 그녀를 시녀로 받아들였다.

광분에 사로잡힌 아타마스
아르칸젤로 미글리아리니(Arcangelo Migliarini), 1801년, 산 루카 아카데미

이노가 죽지 않고 돌아왔다는 소식은 테미스토의 귀에도 들어가지만 그녀는 이노가 이미 시녀가 되어 궁 안에 있다는 사실은 알지 못했다. 불안해진 테미스토는 이노의 자식들을 죽일 계획을 세우고는 새로 들어온 시녀에게 이를 털어놓았다.

그녀는 어둠 속에서 혼동하지 않도록 자신의 자식들에게는 흰 옷을 입히고 이노의 자식들에게는 검은 옷을 입히라고 시녀에게 지시하였다. 시녀 노릇을 하고 있던 이노는 옷을 반대로 입혔고 테미스토는 자기 자식들을 죽이고 말았다. 자신의 실수를 깨달은 테미스토는 스스로 목숨을 끊었다. 이에 분노한 아타마스는 레아르코스를 죽이고 이노와 멜리케르테스는 바다에 던져버렸다.

이다이아 Idaea

요약

그리스 신화에 나오는 트로이의 시조 다르다노스의 딸로, 사르미데소스의 왕이자 장님 예언자인 피네우스의 두 번째 아내이다.

전처의 소생인 플렉시포스와 판디온이 자신을 겁탈하려 했다고 모함하여 이들을 아버지 피네우스의 손에 의해 장님이 되게 하였다. 나중에 친정으로 쫓겨간 이다이아는 딸의 사악한 행위에 분노한 아버지 다르다노스의 손에 죽임을 당했다.

기본정보

구분	왕비
상징	사악한 계모
외국어 표기	그리스어: Ἰδαία
어원	이데 산의 여인
관련 지명	소아시아의 이데 산
관련 신화	아르고호 원정대, 하르피이아이, 피네우스

인물관계

이다이아는 제우스의 아들 다르다노스가 테우크로스의 딸 바티에이아와 사이에서 낳은 딸로 트로이 왕가의 선조인 에리크토니오스, 일로스, 자킨토스 등과 남매지간이다. 이다이아는 사르미데소스의 왕 피네우스의 두 번째 처로 들어가 티니오스와 마리안디노스 두 아들을 낳았다. 피네우스가 전처 클레오파트라와 사이에서 얻은 두 아들 플렉시포스와 판디온은 이다이아의 모함으로 두 눈을 잃고 장님이 되었다.

신화이야기

이다이아의 모함

트라키아 지방 사르미데소스의 왕 피네우스는 보레아스의 딸 클레오파트라와 결혼하여 두 아들 판디온과 플렉시포스를 낳았다. 클레오파트라가 죽자 피네우스는 다르다노스 왕의 딸인 이다이아와 재혼하였다. 그런데 이다이아는 전처의 자식들을 미워하여 그들이 자신을 겁탈하려 했다고 피네우스에게 모함하였다. 피네우스는 새 아내의 말을 그대로 믿고 두 아들을 장님으로 만들어 감옥에 가두어버렸다.

신들에게 벌을 받은 피네우스

하지만 무정한 아비의 이런 부당한 짓은 제우스의 진노를 샀다. 제우스는 피네우스에게 두 아들과 똑같이 장님이 되든지 아니면 죽음을 택하라고 했고 피네우스는 시력을 잃더라도 오래 살기를 원했다. 그런데 이 선택이 태양의 신 헬리오스를 노하게 만들었다. 헬리오스는 피네우스가 밝은 빛보다 장수를 원한 것에 분노하여 날개 달린 괴수 하르피아이아를 보내 피네우스를 괴롭혔다. 하르피아이아는 피네우스가 음식을 먹으려고만 하면 어디선가 나타나서 음식을 빼앗거나 오물로 더럽혀서 먹을 수 없게 만들었다. 또 다른 이야기에 따르면 피네우스에게 하르피아이아이를 보내 괴롭힌 것도 제우스였다고 한다. 피네우스가 예언 능력을 함부로 써서 신들의 의도를 인간에게 알려준 데에 대한 벌이었다.

피네우스와 보레아스의 아들들
베르나드 피카르트(Bernard Picart)
오비디우스 『변신이야기』에 실린 삽화

쫓겨난 피네우스와 이다이아

피네우스가 장님이 된 이유에 대해서는 다른 이야기가 있다. 그에 따르면 피네우스는 클

피네우스와 보레아스의 아들들
아티카 적색상도기, 기원전 460년
루브르 박물관

레오파트라가 죽은 뒤 재혼한 것이 아니라 이다이아와 결혼하기 위해 그녀를 버렸다고 한다. 그리고 나중에 아르고호 원정대가 피네우스의 나라에 들렀을 때 원정대의 일원인 보레아스의 두 아들 칼라이스와 제테스가 누이 클레오파트라와 조카들에 대한 복수로 피네우스의 눈을 멀게 했다는 것이다. 그 후 피네우스를 쫓아내고 사르미데소스의 왕이 된 클레오파트라는 이다이아를 그녀의 아버지 다르다노스에게로 추방했고 친정으로 간 이다이아는 딸의 간악한 행위에 화가 난 아버지 다르다노스의 손에 목숨을 잃었다.

또 다른 이다이아

그밖에 트로이 지방에 있는 이데 산의 님페로 강의 신 스카만드로스와 결합하여 테우크로스를 낳은 이다이아도 있다. 테우크로스의 딸 바티에이아는 다르다노스와 결혼하여 피네우스의 아내 이다이아를 낳았으므로 이데 산의 님페 이다이아는 피네우스의 아내 이다이아의 외증조모가 된다. 테우크로스는 소아시아의 사모트라케 섬 맞은편 연안에 사는 테우크로이족의 왕이 되었다.

이드몬 Idmon

요약

그리스 신화에 등장하는 예언자이다.

자신이 죽을 것을 알면서도 아르고호 원정대에 참여하여 원정을 위한 징조들을 해석하는 역할을 하였다. 예견한 대로 원정 도중에 멧돼지의 이빨에 찔려 죽었다.

기본정보

구분	예언자
상징	예견된 죽음
외국어 표기	그리스어: Ἴδμων
어원	보는 자, 알고 있는 자, 통찰자
관련 신화	아르고호 원정

인물관계

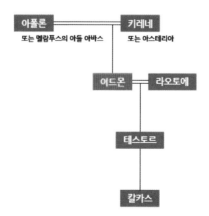

예언자 이드몬은 아폴론과 키레네(혹은 아스테리아) 사이에서 태어난 아들이며 그의 인간 아버지는 예언자 멜람푸스의 아들 아바스이다.

이드몬은 라오토에와 결혼하여 트로이 전쟁의 예언자 칼카스의 아버지인 테스토르를 낳았다.

신화이야기

출생

이드몬은 예언의 신 아폴론의 아들로 알려져 있으며 그의 인간 아버지는 역시 예언자인 멜람푸스의 아들 아바스이다. 이드몬의 어머니는 님페 키레네라고도 하고 크로노스의 딸 아스테리아라고도 한다. 이드몬은 라오토에와 결혼하여 아들 테스토르를 낳았는데, 테스토르는 트로이 전쟁에서 그리스군의 예언자로 이름을 날린 칼카스의 아버지이다.

이드몬은 종종 테스토르와 동일시되기도 하는데 이때 테스토르는 아폴론과 라오토에의 아들로 간주된다. 이 경우 이드몬(보는 자)은 단순히 예언자에게 붙는 수식어가 이름으로 쓰인 것일 수 있다.

아르고호 원정에의 참여와 죽음

이드몬은 자신이 아르고호 원정대에 참여하면 때 이른 죽음을 맞게 되리란 사실을 알고 있었다. 그래서 선뜻 나서기를 주저하였지만 결국 참여하였고 예견대로 원정 도중에 죽음을 맞았다.

원정대 일행이 흑해 연안 비티니아의 마리안디노스인들의 나라에 상륙했을 때 이드몬은 멧돼지의 공격을 받았다. 이드몬의 다급한 외침을 듣고 펠레우스와 이다스가 도와주러 왔지만 이미 때가 늦은 뒤였다. 두 사람은 멧돼지를 물리칠 수는 있었지만 이드몬의 목숨을 구하지는 못했던 것이다. 이드몬은 동료들의 품에 안겨 죽음을 맞았다.

아르고호
로렌조 코스타(Lorenzo Costa), 1500년
파두아 시립 박물관

아르고호 원정대의 동료들은 이드몬의 죽음을 애도하여 성대한 장례식을 치러주었다. 장례식에는 마리안디노스인들의 왕인 리코스도 참석하였다.

이드몬의 무덤 주위에는 올리브나무가 무성하게 자라났는데 나중에 아폴론은 델포이의 신탁을 통해 보이오티아인들과 메가라인들에게 명하여 그 올리브나무를 중심으로 헤라클레이아 폰티카라는 도시를 건설하게 하였다.

또 다른 이드몬

아테나 여신과 베 짜는 솜씨를 겨루다 여신의 노여움을 사서 거미로 변한 아라크네의 아버지 이름도 이드몬이다. 아라크네의 아버지 이드몬은 리디아에 살고 있는 염색의 명인이다.

또 다나오스의 딸들(다나이데스)에게 첫날밤에 죽임을 당하는 아이깁토스의 50명의 아들들 중에도 이드몬이라는 이름이 있다.

이리스 Iris

요약

   그리스 신화에서 신들의 전령이자 심부름꾼으로 등장하는 여신이다. 무지개가 의인화된 신으로 무지개처럼 하늘과 땅을 연결하는 가교 역할을 하였다.

기본정보

구분	천계의 신
상징	전령
외국어 표기	그리스어: Ἶρις
어원	무지개
관련 상징	전령의 지팡이 '케리케이온', 황금 날개
관련 식물	아이리스(Iris)
가족관계	엘렉트라의 딸, 에로스의 어머니, 제피로스의 아내

인물관계

   이리스는 타우마스와 엘렉트라 사이에서 난 딸로 아르케와 쌍둥이 자매이고 괴조 하르피아이와도 자매 사이다. 서풍의 신 제피로스와 결혼하여 사랑과 욕정의 신 에로스와 포토스 형제를 낳았다고 한다. 하지만 에로스의 출생에 관해서는 카오스에서 직접 태어났다거나 미의 여신 아프로디테의 아들이라는 등 여러 가지 다른 이야기가 있다.

신화이야기

신들의 전령

   호메로스의 『일리아스』에서 이리스는 신들의 명령을 전하는 전령으로 등장한다. 제우스는 그녀를 트로이의 헥토르에게 보내 전투에 대한 조언을 전달하기도 하고, 포세이돈에게 보내 인간들의 싸움에서 물러나도록 지시하기도 했다. 헤라는 아폴론과 공모하여 그리스군을 도울 때 제우스 몰래 그녀를 아킬레우스에게 보내기도 했다.

   이리스는 신들의 지시 없이 독자적으로 행동하기도 하였다. 그녀는 사랑하는 친구 파트로클로스의 시체가 잘 탈 수 있도록 바람을 일으켜달라는 아킬레우스의 기도를 듣고는 이를 재빨리 바람의 신들에게 알려주었다.

   『오디세이아』에서는 이리스가 아니라 헤르메스가 신들의 전령 역할을 하였다. 『호메로스 찬가』는 이와 관련하여 흥미로운 이야기를 전해준다. 이리스가 신들의 회합에 참가하라는 제우스의 지시를 전했을 때 데메테르 여신은 들은 척도 안했지만 헤르메스는 여신을 설득하여

**제우스와 헤라의 지시를 받는
전령의 신 이리스**
아티카 적색상 도기, 기원전 500년경
뮌헨 국립고대미술관

제우스의 지시에 따르게 했다는 것이다.

헬레니즘 시대에 들어서는 두 전령의 신 사이에 역할 분담이 생겨난다. 이리스는 주로 헤라의 전령 역할을 하고 헤르메스는 제우스의 전령 역할을 전담하였다. 베르길리우스의 『아이네이스』에서도 이리스는 헤라의 전령으로 등장하여 상사병에 걸린 디도의 삶을 마감하게 해주었다. 오비디우스는 『변신이야기』에서 이리스를 '유노(헤라)의 전령'이라고 못을 박았다. 이리스는 데우칼리온의 대홍수 때 물을 길어 비구름에 퍼부었고 헤라가 저승을 다녀왔을 때는 물을 뿌려 그녀의 몸을 정화시켜주었다.

이리스는 헤르메스와 마찬가지로 전령의 지팡이 케리케이온을 들고 황금 날개를 단 모습으로 묘사된다.

스틱스 강물과 이리스

『신들의 계보』에서 이리스는 신들 사이에 분쟁이 생기거나 누가 거짓말을 하면 제우스의 명령으로 저승에 내려가서 스틱스 강물을 떠오는 임무를 맡았다. 그러면 제우스는 이리스가 병에 담아온 스틱스 강물을 술잔에 따른 뒤 신들에게 그것에 대고 맹세하게 했다. 스틱스의 강물에 대고 맹세한 약속은 제우스 자신도 결코 어겨서는 안 되었다. 만일 맹세를 어기면 누구든지 1년 혹은 1대년(보통 달력으로는 9년에 해당한다) 동안 숨을 쉬지 못하고 암브로시아나 넥타르를 입에 댈 수도 없다. 그리고 나서도 9(대)년 동안 올림포스에서 추방되어 다른 신들과 어울리는 것이 금지되었다.

제우스는 스틱스 강물에 대고 약속했다가 사랑하는 여인 세멜레를 잃어야 했고 태양신 헬리오스도 같은 약속을 했다가 마찬가지로 아들 파에톤을 잃었다.

하르피이아이와 보레아다이

이리스는 아르고호 원정대의 모험에도 등장한다. 아르고호 원정대가 콜키스로 가는 길에 폭풍을 피해 잠시 트라키아의 피네우스 왕국에 들렀을 때 눈 먼 피네우스 왕이 괴조 하르피이아이(하르피이아의 복수형) 때문에 굶어 죽기 직전의 비참한 상태에 있었다. 하르피이아들은 피네우스가 음식을 먹으려고만 하면 순식간에 어디선가 날아와서 음식을 빼앗거나 배설물로 더럽혀 먹을 수 없게 만들었기 때문이다. 원정대는 예언자이기도 한 피네우스가 자신들의 모험이 앞으로 어떻게 진행될지를 알려주는 조건으로 하르피이아이를 퇴치해주기로 하였다.

하르피이아이의 퇴치에 나선 영웅은 보레아다이(북풍 보레아스의 아들) 형제였다. 하르피이아이가 나타나자 어깨에 날개가 달린 보레아다이 형제는 즉시 하늘로 날아올라 괴조들을 뒤쫓았다. 그들은 도망치는 하르피이아이를 필사적으로 추격했는데 이는 도망자를 잡지 못하면 죽게 될 운명이라는 신탁 때문이기

저승에서 스틱스 강물을 가져오는 이리스
가이 헤드(Guy Head), 1793년
넬슨-아트킨스미술관

신들의 전령 이리스
루카 조르다노(Luca Giordano), 1686년
메디치–리카르디 궁의 벽화

도 했다. 보레아다이 형제는 하르피이아이를 뒤쫓아 펠로폰네소스를 지나 이오니아 해까지 날아갔다. 하지만 마침내 붙잡아 죽이려는 순간 이리스 여신이 나타났다. 이리스는 하르피이아이가 제우스의 명령을 실행했을 뿐이니 죽이지 말라며 앞으로 하르피이아이가 다시 피네우스를 괴롭히는 일은 절대로 없을 것이라고 스틱스 강물에 대고 약속했다. 이에 제테스와 칼라이스(보레아다이 형제)는 하는 수 없이 추격을 멈추고 다시 트라키아로 돌아왔다. 이때부터 그곳의 섬에는 '되돌아온 섬'이라는 뜻의 스트로파데스라는 이름이 붙었다.

아르케와 아킬레우스

아르케는 이리스의 쌍둥이 자매로 알려진 여신이다. 아르케는 이리스와 외모도 비슷하고 하는 일도 신들의 전령으로 비슷하다. 하지만 아르케는 티탄 전쟁에서 티탄 신족의 편에 섰으며 티탄 신들의 전령 역할을 했다. 이리스가 황금 날개를 달고 있는 반면 이 아르케는 무지갯빛 날개를 달고 있었다. 제우스는 티탄 전쟁에서 승리한 뒤 적들의 전령이었던 아르케에게서 무지갯빛 날개를 빼앗아 네레우스의 딸인 테티스가 펠레우스와 결혼할 때 선물로 주었다. 테티스는 아르케의 날개를 아들 아킬레우스의 다리에 붙여주어 나는 듯이 빨리 달릴 수 있게 해주었고 그 후로 아킬레우스에게는 포르타케스(아르케의 날개를 단 다리)라는 별명이 붙여졌다.

이스메네 Ismene

요약

그리스 신화에 등장하는 테바이 왕 오이디푸스의 딸이며, 안티고네의 동생이다. 전쟁터에서 죽은 오라비 폴리네이케스가 조국의 배신자로 낙인 찍혀 장례를 금지당하자, 가족의 장례는 신이 부여한 의무라며 이에 맞선 언니 안티고네와 달리 이스메네는 국법을 존중하여 금지령을 따랐다. 하지만 이로 인해 안티고네가 사형을 선고 받고 죽게되자 이스메네는 언니와 운명을 함께 하고자 하였다.

기본정보

구분	공주
상징	가족애, 인간의 법률과 신의 계율의 충돌, 실정법과 자연법의 충돌, 국법과 신법의 충돌, 형제간의 갈등
외국어 표기	그리스어: Ἰσμήνη
관련 신화	오이디푸스의 비극, 테바이 공략 7장군

인물관계

이스메네는 테바이의 왕 오이디푸스가 자기 생모인 이오카스테와 근친상간을 통해 낳은 네 명의 자식 중 하나이다. 나머지는 쌍둥이 형제 폴리네이케스와 에테오클레스 그리고 자매인 안티고네이다.

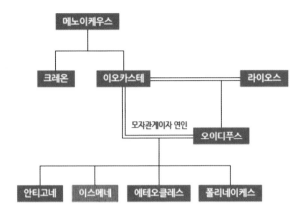

신화이야기

장님이 된 오이디푸스

　이스메네는 테바이의 왕 오이디푸스가 자기 생부(生父)인 라이오스 왕을 미처 알아보지 못하고 살해한 뒤 역시 자기 생모(生母)인줄 모르고 선왕의 왕비였던 이오카스테와 결혼하여 근친상간을 통해 낳은 네 명의 자식 중 하나이다. 오이디푸스는 예언자 테이레시아스의 신탁으로 뒤늦게 이 사실을 알고서는 자기 눈을 스스로 도려냈고 이오카스테는 목을 매어 자살하였다. 오이디푸스가 테바이에서 추방되자 안티고네는 장님이 된 아버지의 방랑길에 동반자가 되어 함께 아티카의 콜로노스로 갔고 이스메네는 두 오빠와 함께 테바이에 남았다.

테바이의 왕위를 둘러싼 형제의 다툼

　오디세우스가 콜로노스로 떠난 뒤 그의 두 아들 에테오클레스와 폴리네이케스 사이에는 테바이의 왕권을 둘러싼 싸움이 벌어졌다. 처음에 두 형제는 테바이를 1년씩 돌아가며 다스리기로 하였는데 에테오클레스가 먼저 1년을 다스린 뒤 약속대로 왕위를 내어주지 않고 폴리네이케스를 추방하였다.(다른 이야기에 따르면 폴리네이케스가 먼저 1년을 다스리고 왕위를 내주려 하지 않다가 에테오클레스에 의해 추방되었다고도 한다) 고국에서 쫓겨난 폴리네이케스는 아르고스로 가서 아드라스토스 왕의 지원을 얻고 7장군의 일원이 되어 다시 테바이로 쳐들어왔다.('폴리네이케스', '테바이 공략 7장군' 참조) 결국 두 형제는 결투 끝에 서로를 찔러 죽이고 7장군의 테바이 공략은 실패로 돌아갔다.

오이디푸스의 두 아들이 죽고 테바이의 섭정에 오른 크레온은 에테오클레스를 위해서는 성대한 장례식을 치러주었지만 폴리네이케스는 외국의 군대를 이끌고 조국을 공격한 반역자로 규정하여 매장을 불허하였다.

안티고네의 죽음

폴리네이케스의 시체가 장례도 치르지 못한 채 들판에 버려져 썩어가자 안티고네는 죽은 가족의 매장은 신들이 부과한 신성한 의무라고 주장하며 크레온의 명령을 어기고 폴리네이케스의 시체에 모래를 뿌려 장례를 치러주려 하였다. 안티고네는 동생 이스메네에게 자신의

폴리네이케스의 장례를 치르는 안티고네
알프레드 처치의 『Stories from the Greek Tragedians(그리스 비극인들의 이야기)』에 실린 삽화, 19세기

계획을 알리고 도움을 청하였지만 이스메네는 도움을 거절했다. 그녀 역시 오빠 폴리네이케스를 사랑하지만 왕이 정한 국법을 어길 수는 없다는 이유였다. 결국 안티고네는 홀로 폴리네이케스의 장례를 치러주었고 분노한 크레온은 안티고네를 붙잡아 국법을 어긴 죄로 사형을 선고하고 가문의 무덤에 산 채로 가두어버렸다. 크레온은 자신의 명령을 어긴 안티고네를 그곳에서 굶겨 죽일

작정이었다. 이스메네는 무덤에 갇힌 언니와 운명을 함께 하고자 하였지만 안티고네는 폴리네이케스의 장례를 돕지 않았다는 이유로 이스메네의 청을 거절하고 무덤 속에서 홀로 목을 매어 자결하였다.

또 다르게 전해지는 이야기

이스메네에 관해서는 다른 이야기도 전해진다. 고대 그리스 서정 시인 밈네르모스에 따르면 이스메네는 테바이의 용사 테오클리메노스와 사랑하는 사이였다고 한다. 그녀는 테오클리메노스와 밀애를 나누던 중 7장군 중 하나인 티데우스의 갑작스런 공격을 받고 죽었는데 티데우스가 나타나자 테오클리메노스가 이스메네를 버리고 도망쳤다고 한다. 밈네르모스 말고 다른 고전 작가들에게서는 전혀 이 이야기를 찾아볼 수 없지만 코린토스 유적지에서는 티데우스가 이스메네를 죽이는 장면이 묘사된 기원전 6세기의 화병이 발견되었다.

또 다른 전승에 따르면 안티고네와 이스메네는 그들의 조카인 에테오클레스의 아들 라오다마스에 의해 헤라 여신의 신전에 제물로 바쳐졌다고도 한다.

티데우스와 이스메네
코린토식 흑색 도기 그림, 기원전 560년경, 루브르 박물관

이스키스 Ischys

요약

그리스 신화에 나오는 아르카디아 왕 엘라토스의 아들이다.

이미 아폴론의 아이를 임신한 코로니스와 결혼하려다 아폴론에게 함께 목숨을 잃었다. 죽은 코로니스의 몸에서 배를 가르고 꺼낸 아이가 아폴론에 뒤이어 의술의 신이 된 아스클레피오스이다.

기본정보

구분	왕자
외국어 표기	그리스어: Ἰσχύς
별칭	알키오네우스
관련 동물	까마귀
관련 신화	의술의 신 아스클레피오스

인물관계

이스키스는 아르카디아 왕 엘라토스가 키프로스 왕 키니라스의 딸 라오디케, 혹은 안티포스의 딸 히페아와 결혼하여 얻은 아들이다. 엘라토스는 아르카디아의 시조 아르카스의 아들이다.

이스키스가 라오디케의 아들일 경우 아르카디아 왕 스팀팔로스와 아이피토스의 형제가 되고, 히페아의 아들일 경우 여성에서 남성으로 성전환을 한 카이네우스와 키오스 시의 건설자 폴리페모스의 형제가 된다.

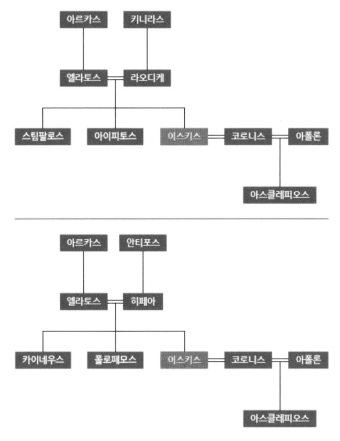

신화이야기

검은색으로 변한 까마귀

아폴론은 아름다운 테살리아의 공주 코로니스를 무척 사랑하였다. 하지만 늘 그녀와 함께 있을 수 없었던 아폴론은 까마귀를 보내 자신이 없는 동안 그녀를 감시하게 하였다. 코로니스도 아폴론을 사랑하였지만 인간인 자신이 계속 나이를 먹어가면 언젠가 아폴론으로부터 버림을 받을 거라는 생각에 두려웠다. 그러던 중 그녀는 아르카디아의 왕자 이스키스를 사랑하게 되었고 이미 아폴론의 아이를 임신하고 있었지만 그와 결혼하려 하였다.

까마귀는 이 사실을 아폴론에게 그대로 전했고 분노한 아폴론은 당장 코로니스와 이스키스를 활로 쏘아 죽였다.(이스키스는 제우스의 벼락에 맞아 죽었다는 이야기도 있다) 아폴론은 곧 자신의 행동을 후회하였지만 이미 늦은 뒤였다. 그는 자신에

아폴론과 까마귀
백색 도기 그림, 기원전 480~470
©dalbera@wikimedia(CC BY−SA 2.0)

게 너무 성급히 말을 전한 까마귀를 원망하여 원래 눈부시게 하얀 색이던 깃털을 모두 시커먼 색으로 만들어버렸다.

의술의 신이 된 코로니스의 아들

그러고 나서 아폴론은 이미 장작불 위에서 타고 있는 코로니스의 시체를 가르고 아기를 꺼냈다. 아폴론은 코로니스의 뱃속에서 꺼낸 자신의 아들 아스클레피오스를 켄타우로스족의 현자 케이론에게 맡겨 기르게 하였고 케이론은 그 자신이 아폴론으로부터 배운 의술을 모두 아이에게 전수하였다.

의술의 신 아폴론의 피를 받은 아스클레피오스는 곧 아무도 따를 수 없는 뛰어난 의술을 익혔으며 심지어 죽은 사람을 살리는 방법까지도 터득하였다. 하지만 죽은 자를 되살리는 의술은 세상의 질서를 허

코로니스의 죽음
도메니키노(Domenichino),
1616~1618년, 런던 내셔널갤러리

코로니스의 죽음
작자 미상, 19세기 말

무는 위험한 짓이었다.

결국 아스클레피오스는 제우스의 벼락을 맞고 죽게 되었지만 나중에 하늘에 올라 신의 반열에 들었다. 아폴론은 의술의 신의 지위를 아들에게 물려주었다.

이아손 Iason

요약

그리스 신화에 나오는 영웅이다.

아버지 아이손이 빼앗긴 왕권을 되찾기 위해 이올코스의 왕 펠리아스의 요구에 따라 아르고호 원정대를 결성하여 잠들지 않는 용이 지키는 콜키스의 황금 양털을 가져왔다. 자신의 모험을 도운 마녀 메데이아와 결혼하여 자식까지 낳았으나 나중에 메데이아를 버리고 크레온 왕의 딸 글라우케와 결혼하였다. 버림받은 메데이아는 분노에 사로잡혀 이아손과의 사이에서 낳은 자식들을 제 손으로 죽였다.

기본정보

구분	영웅
외국어 표기	그리스어: Ἰάσων
별칭	제이슨(Jason)
관련 상징	양털
관련 신화	아르고호 원정대의 모험

인물관계

이아손은 아이손과 알키메데 사이에서 난 아들로 이올코스의 왕 크레테우스의 손자이다. 크레테우스 왕의 아내 티로가 포세이돈과 관계하여 낳은 아들인 펠리아스가 적법한 왕위 계승자인 아이손을 제치고 크레테우스에 이어 이올코스의 왕이 되자 아이손의 아들 이아손은 왕권을 되찾기 위해 펠리아스와 대립하였다.

이아손은 아르고호 원정에서 자신을 도운 마녀 메데이아와 결혼하여 메르메로스와 페레스 두 아들을 낳았다.

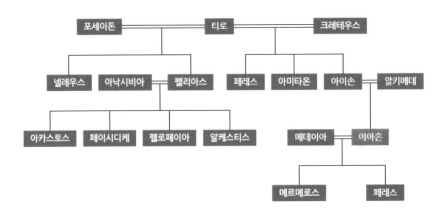

신화이야기

출생

이아손의 아버지 아이손은 이올코스의 왕 크레테우스가 낳은 아들로 적법한 왕위 계승자였지만 크레테우스 왕이 죽은 뒤 아버지가 다른 형제인 펠리아스에게 왕권을 빼앗기고 유배당하는 신세가 되었다. 펠리아스는 아이손의 어머니 티로가 크레테우스 왕과 결혼하기 전에 해신 포세이돈과 정을 통하여 낳은 아들이었다. 펠리아스는 아직 나이 어린 아이손이 성인이 되면 왕권을 돌려주겠다고 했지만 약속은 지켜지지 않았다.

이아손은 아이손이 유배 생활 중에 필라코스 왕의 딸 알키메데와 결혼하

어린 이아손을 교육하는 케이론
로마 시대의 도시 헤르쿨라네움의 벽화
나폴리 국립고고학박물관

여 낳은 아들이다. 이아손은 시시때때로 목숨을 위협하는 펠리아스의 손에서 아들을 지키기 위해 알키메데가 사산하였다고 속이고 이아손을 몰래 켄타우로스족의 현자 케이론에게 보내 교육시켰다.

이아손의 귀향과 아르고호 원정대의 결성

케이론의 교육을 받으며 건장한 청년으로 자란 이아손은 아버지의 나라로 돌아가 왕위의 반환을 요구하기로 결심하고 켄타우로스들이 사는 펠리온 산을 떠나 이올코스로 갔다. 이아손은 표범 가죽을 걸치고 양손에 창을 들고 왼발은 신을 신지 않은 맨발의 차림이었다. 그의 한쪽 발이 맨발인 것은 아이톨리아 지방 전사들의 오랜 관습이라고도 하고, 이올코스로 오는 도중에 노파로 변신한 헤라를 업고 시냇물을 건너다 한쪽 신발을 잃어버렸기 때문이라고도 한다.

헤라 여신이 이올코스로 가는 이아손 앞에 나타난 사연은 이렇다. 펠리아스가 어머니 티로를 박해하는 계모 시데로를 죽일 때 헤라 여신의 신전 안에까지 쫓아들어가 살해했기 때문에 여신의 분노를 샀을 뿐만 아니라 그 뒤로도 헤라 여신에 대한 숭배에 소홀하여 미움을 받고 있었다. 이아손이 귀국길에 오르자 헤라는 그를 시험해 보려고 일부러 노파로 변신해서 자신을 업고 급류를 건너 달라고 부탁했는데 이때 이아손은 갈 길이 바쁜데도 불구하고 노파를 건네주어 헤라의 신임을 얻었다.

한쪽 신발만 신고 있는 아이올로스의 자손에게 살해당할 것이라는 신탁을 듣고 두려워하던 펠리아스는 도시에 실제로 그런 젊은이가 나타났다는 소식을 듣고는 신탁의 예언을 떠올리지 않을 수 없었다. 그는 이아손을 궁궐로 불러들였고 이아손은 자신이 찾아온 목적을 솔직하게 이야기했다. 마침 포세이돈에게 제사를 드리는 중이어서 신성한 제단을 피로 물들이고 싶지 않았던 펠리아스는 이아손에게 한 가지 조건을 내세웠다. 절대로 잠들지 않는 용이 지키고 있는 콜키스의

아르고호 원정대 모집
아티카 적색상도기, 기원전 460년, 루브르 박물관

황금 양털을 가져오면 왕위를 돌려주겠다는 것이었다. 펠리아스는 이아손이 그 제안을 받아들이면 절대로 살아서 돌아오지 못하리라고 생각했던 것이다. 하지만 이아손은 펠리아스의 조건을 수락했다.

황금 양털을 찾으러 나선 이아손은 배 만드는 장인 아르고스에게 부탁하여 머나먼 콜키스까지 항해할 배 아르고호를 만들고 모험에 동참할 영웅들을 그리스 각지에서 불러 모았다. 그들의 면면은 아킬레우스의 아버지 펠레우스, 아이아스의 아버지 텔레몬, 헤라클레스, 제우스의 아들들이란 뜻의 '디오스쿠로이'로 불린 쌍둥이 카스토르와 폴리데우케스, 리라의 명인 오르페우스 등 화려하기 그지없었다. 이렇게 해서 유명한 아르고호 원정대가 결성되었고 이아손은 그들과 함께 절대로 잠들지 않는 용이 지키는 황금 양털을 가져오기 위해 콜키스로 출발했다.

콜키스의 황금 양털과 메데이아

이아손이 이끄는 아르고호 원정대는 헤라 여신과 아테나 여신의 도움으로 온갖 역경과 모험을 뒤로하고 마침내 콜키스 왕국의 수도 아이아에 도착했다. 하지만 순순히 황금 양털을 내줄 생각이 없었던 콜키스의 왕 아이에테스는 이아손에게 콧구멍에서 불을 내뿜는 황소에 멍에를 씌우고 밭을 간 다음 용의 이빨을 그 밭에 뿌리라는 도저히 실행하기 힘든 과제를 내주며 일을 방해하였다. 이때 이아손에게 도움의 손길을 내민 사람이 바로 아이에테스 왕의 딸인 마녀 메데이아였다. 이아손에게 첫눈에 반한 메데이아는 황금 양털을 얻도록 도와주겠다며 그 대신 황금 양털을 가지고 돌아갈 때 자신도 데려가서 결혼해달라고 했다. 이아손은 아름다운 메데이아의 제안을 기꺼이 받아들였다. 일설에 따르면 메데이아가 이아손에게 그렇게 순식간에 반한 것도 헤라 여신의 작품이라고 한다.

이아손과 메데이아
카를 반 루(Charles Andre van Loo), 1759년, 포 미술관

이아손을 도와 펠리아스를 벌하기 위해 아프로디테 여신에게 부탁하여 메데이아를 사랑에 빠지게 했다는 것이다.

이아손은 메데이아 덕분에 아이에테스 왕의 과제를 해결하고 또 그녀의 마법으로 용을 잠재운 뒤 황금 양털도 손에 넣을 수 있었다. 이

황금양털을 손에 든 이아손
베르텔 토르발센(Bertel Thorvaldsen), 1803년
토르발센 박물관

아손 일행은 메데이아와 함께 곧바로 콜키스를 떠났다. 메데이아는 아버지의 궁전을 몰래 떠날 때 이복동생 압시르토스를 납치해서 아르고호에 태웠다. 그러고는 아버지가 자신들을 뒤쫓아오자 남동생을 죽여 그 사지를 하나씩 바다에 던졌다. 아이에테스 왕은 어린 아들의 장례를 치르려면 사지를 바닷물에서 건져낼 수밖에 없었고 이아손 일행은 그렇게 지체된 틈을 타서 추격을 벗어났다.

하지만 메데이아의 잔인한 행동에 분노한 제우스는 폭풍을 일으켜 아르고호의 항로를 가로막았다. 이아손 일행은 예언 능력을 가진 떡갈나무로 만든 뱃머리가

일러준 대로 메데이아의 고모인 마녀 키르케를 찾아가서 죄를 씻은 다음에야 이올코스로 돌아갈 수 있었다.

펠리아스의 죽음

이올코스로 돌아가는 길에 이아손은 아버지 아이손과 어머니 알키메데가 펠리아스의 거짓에 속아 스스로 목숨을 끊었다는 비보를 접했다. 펠리아스는 아르고호가 폭풍에 침몰하여 아들 이아손이 죽었다는 거짓 소식을 두 사람에게 전했던 것이다.

펠리아스는 이아손이 황금 양털을 가지고 이올코스로 돌아왔을 때도 약속대로 왕위를 넘겨주려 하지 않았다. 펠리아스 왕이 자신의 어린 동생 프로마코스마저 살

펠리아스에게 황금 양털을 가져온 이아손
아풀리아 적색상 도기, 기원전 330년
루브르 박물관

해하자 이아손은 복수를 다짐하며 메데이아와 함께 코린토스로 피신했다. 메데이아는 이번에도 이아손을 도왔다. 그녀는 신분을 감추고 펠리아스의 딸들에게 접근하여 부쩍 늙어 버린 아버지 펠리아스 왕을 다시 젊게 만들어주겠다고 유혹했다. 메데이아는 자신의 말을 증명하기 위해 펠리아스의 딸들이 보는 앞에서 직접 시연을 해 보였다. 그녀는 늙은 숫양을 죽여 잘게 썬 뒤 끓는 물에 마법의 약초들과 함께 넣고 삶았다. 그리고 잠시 후 뚜껑을 열자 솥에서는 팔팔한 어린 양이 뛰쳐나왔다. 이것을 본 펠리아스의 딸들은 메데이아가 가르쳐준 대로 아버지를 죽여서 잘게 썬 다음 솥에 넣고 삶았지만 펠리아스는 숫양처럼 다시 살아나지 않았다.

이아손의 배신과 메데이아의 복수

이렇게 해서 이아손은 부모의 원수를 갚았지만 아내 메데이아가 저지른 끔찍한 범죄 때문에 이올코스에서 추방되어 다시 코린토스로 피신해야 했다. 그곳에서 두 사람은 10년 정도 행복하게 지냈다. 둘 사이에서는 두 아들 메르메로스와 페레스도 태어났다. 하지만 차츰 메데이아에게 싫증이 난 이아손은 그녀를 버리고 코린토스 왕 크레온의 딸인 글라우케와 결혼하려 했다.(물론 여기에는 이아손이 코린토스의 권력을 탐해서 메데이아를 버리고 글라우케 공주와 결혼하려 했다는 이야기도 있다) 크레온 왕은 콜키스의 여자는 그리스인과 정식으로 결혼할 권리가 없다는 관례를 들어 메데이아를 이아손에게서 떼어놓은 다음 아예 나라에서 추방시키려 하였다. 분노한 메데이아는 신부의 옷에 독을 발라 글라우케와 크레온을 살해하고 이아손과의 사이에서 낳은 자식들마저 제 손으로 죽인 다음 용이 끄는 수레를 타고 사라져버렸다.

이아손의 최후

이아손의 최후에 대해서는 여러 가지 이야기가 있다. 코린토스에서 메데이아의 손에 살해되었다는 이야기도 있고, 스스로 목숨을 끊었다는 이야기도 있다. 하지만 가장 많이 회자되는 이야기는 메데이아의 끔찍한 보복 사건 이후 이아손이 광인이 되어 그리스 각지를 방황하다가 홀로 쓸쓸한 죽음을 맞게 되었다는 것이다. 미치광이가 되어 사방을 떠돌아다니던 이아손은 어느 해안에서 예전에 원정대에서 타던 아르고호의 잔해를 발견하고는 추억에 잠겨 잠시 그 밑에 앉아 있었다. 그때 도도네의 성스러운 떡갈나무로 만들어져 예언 능력까지 있던 말하는 뱃머리가 머리 위로 떨어지는 바람에 이아손은 그것에 머리를 맞고 죽었다고 한다.

신화해설

황금 양털

　이아손의 아르고호 원정대 이야기는 호메로스의 『일리아스』와 『오디세이아』에도 언급된 유명한 사건으로 고대인들은 아르고호 원정이 트로이 전쟁보다 더 이전 시기에 실제로 있었다고 믿었다. 이아손이 그리스 각지의 온갖 영웅들로 구성된 아르고호 원정대를 이끌고서 찾아나서는 황금 양털은 신화에서 왕권을 상징하는 물건으로 간주된다. 하지만 이 신비한 물건에 어떤 구체적인 마력이나 힘이 있었던 것은 아닌 듯하다. 황금 양털이 어떤 신비한 능력을 발휘했다는 이야기는 전해지지 않는다.

　학자들은 황금 양털과 아르고호 원정대의 신화를 콜키스 지방의 금과 연결시켜서 주로 해석하고 있다. 오늘날의 그루지아(조지아) 서부에 위치한 이 지역은 예로부터 금 산지로 유명했다. 고대인들은 강물에서 사금을 캘 때 양털 뭉치를 물 속에 넣어 금가루를 골라냈는데 양털 뭉치 사이사이에 사금이 잔뜩 달라붙은 모습은 말 그대로 황금 양털이었다. 원정과 관련해서는 그리스 본토의 테살리아 지방 사람들이 주로 콜키스 지역으로 가서 금을 캤다고도 하고, 두 지역 사이에 금 무역이 활발했다고도 한다.

　일부 학자들은 이 신화에 아테나 여신의 이야기가 많이 등장하는 점을 들어 아르고호 원정이 지중해 연안에 흩어져 있는 아테나 여신의 성소를 순방하는 순례 여행을 상징한다고 종교적으로 해석하기도 한다.

메데이아

　그리스 고전주의 시대의 비극 작가 에우리피데스는 비극 『메데이아』에서 아버지와 형제마저 버리고 이아손을 따라나섰던 메데이아가 그로부터 버림받고 배신감에 몸을 떨며 자기 배로 낳은 자식들마저 죽이게 되는 심리적 과정을 섬세한 필치로 묘사하면서 비극의 새로운 장을 열었다. 에우리피데스의 비극에 등장하는 절망에 빠진 메데이아의 독백을 들어보자.

"눈물을 흘리며 나는 내가 저지를 참혹한 일을 생각한다.
나의 아이들을 죽여야만 하는 내 숙명이여!
누구도 이 아이들을 구해주지 못하리라.
이아손의 이 핏줄들을 없애버린다면
내가 가장 사랑하는 아이들을 내 손으로 죽이는 이 무서운 죄는
나를 이 나라에서 내쫓고 말겠지……
이아손은 이제, 내 몸으로 낳은 이 아이들을
살아 있는 모습으로는 결코 다시 보지 못하리라.
새 신부도 그에게 새 아이들을 낳아주지 못하리라.
그녀는 이제 곧 죽어야 할 목숨이니까."

이아시온 Iasion

요약

그리스 신화에 나오는 대지의 여신 데메테르의 연인이다. 이아시온은 세 번 갈아놓은 밭에서 데메테르와 사랑을 나누었다.

기본정보

구분	신화 속 인물
외국어 표기	그리스어: Ἰασίων
관련 신화	데메테르, 하르모니아와 카드모스의 결혼식

인물관계

이아시온은 제우스와 엘렉트라 사이에 태어난 아들로 다르다노스와 형제지간이다. 대지의 여신 데메테르와의 사이에 플루토스와 필로멜로스를 낳았다.

신화이야기

데메테르와의 사랑

이아시온의 출생에 관해서는 여러 가지 이야기가 있는데 『비블리오테케』에 의하면 이아시온은 아틀라스의 딸 엘렉트라와 제우스 사이에 태어난 아들이다. 이 이야기에 의하면 이아시온은 트로이의 시조인 다르다노스와 형제가 된다.

이아시온과 관련된 일화 중에서 가장 유명한 일화는 데메테르와의 사랑 이야기이다. 이아시온은 하르모니아와 테바이를 건설한 카드모스의 결혼식에서 대지의 여신 데메테르를 만났다. 『비블리오테케』가 전하는 이야기에 의하면 하르모니아는 미와 사랑의 여신 아프로디테와 전쟁의 신 아레스 사이에 태어난 딸이라고 한다. 그러나 또 다른 이야기에 의하면 아틀라스의 딸 엘렉트라와 제우스 사이에 태어난 딸이라 한다. 후자의 이야기에 따르자면 하르모니아는 이아시온의 누이가 되는 셈이다. 그렇다면 이아시온은 누이의 결혼식에서 데메테르를 만난 것이다.

데메테르는 이아시온에게 첫눈에 반하였다. 『오디세이아』에 따르면 이아시온과 데메테르는 세 번 갈아놓은 땅에서 사랑을 나누었다고 한다. 이에 제우스는 여신과 사랑을 나누는 이아시온에게 분노해 벼락을 던져 이아시온을 죽였다고 한다. 이에 대해 『오디세이아』는 다음과 같이 전한다.

"또 예쁘게 머리를 땋은 데메테르가 자기 마음을 이기지 못하고 세 번이나 갈아 놓은 밭에서 이아시온과 사랑으로 잠자리를 같이 했을 때도 제우스께서는 금방 그 사실을 아시고 번쩍이는 번개를 던져 이아시온을 죽이셨습니다."

그리고 『비블리오테케』 역시 이아시온이 제우스에게 벼락을 맞아 죽었다고 전하고 있다. 그러나 『변신이야기』는 이와는 다른 내용을 전하고 있다. 이아시온은 노인이 될 때까지 살아있었고 데메테르는 그가 백발의 노인이 되어 나날이 늙어가는 모습을 보고 슬퍼했다고 한다.

플루토스와 필로멜로스

세 번 갈아놓은 땅은 그 땅이 풍요로운 결실을 맺을 준비가 되어있음을 뜻한다. 땅은 곧 대지의 여신을 의미하며 이는 곧 대지의 여신 데메테르가 풍요로운 결실을 맺을 준비가 되어있다는 것을 의미한다.

데메테르와 이아시온 사이에 '부와 풍요로움'을 신격화한 존재인 플루토스가 태어났다. 플루토스는 지상을 돌아다니며 사방에 부를 퍼트리는 일을 하는데 이에 대해 『신들의 계보』는 다음과 같이 전하고 있다.

플루토스
기원전 4세기 그리스 조각을 모사한 로마 시대의 석상. 1세기, 아테네 국립고고학 박물관

"플루토스는 온 대지와 바다의 너른 지역을 돌아다니며 자기와 만

나 자기를 껴안는 사람들은 누구나 다 부자로 만들어주고 복도 많이 내려준다."

　이아시온과 데메테르의 사랑은 세 번이나 갈아놓은 땅에 씨를 뿌리는 것, 즉 파종하는 것을 암시하며 이 관계에서 풍요로운 결실을 맺은 것, 즉 플루토스를 낳은 것은 당연한 결과일 것이다.

　플루토스의 쌍둥이 형제 필로멜로스는 소 두 마리를 수레 하나에 묶어 마차 비슷한 것을 만들어 직접 밭을 경작했다고 한다. 전하는 이야기에 의하면 그는 마차를 처음 만들었다고 하며 또 다른 전설에 의하면 처음으로 쟁기를 만들었다고 한다. 데메테르는 이 아들을 기특하게 여겨 하늘의 별자리로 만들어주었다고 한다. 그 별자리가 마차부자리이다.

　일설에 의하면 이아시온은 인간이 아니라 파종의 신이라고도 한다.

이아페토스 Iapetus

요약

　그리스 신화에 등장하는 티탄 12신의 한 명이다.

　크로노스가 아버지 우라노스를 거세할 때 이를 도왔고, 티탄 신족과 올림피아 신족 사이에 전쟁이 벌어졌을 때 참전했다가 패해 저승의 가장 깊은 곳에 있는 타르타로스에 다른 티탄들과 함께 유폐되었다. 인류에게 최초로 불을 전해준 프로메테우스의 아버지이다.

기본정보

구분	티탄 신족
외국어 표기	그리스어: Ιαπετός
어원	꿰뚫다, 찌르다, 상처 입히다
관련 신화	우라노스의 거세, 티타노마키아, 프로메테우스
가족관계	우라노스의 아들, 가이아의 아들, 프로메테우스의 아버지

인물관계

　가이아와 우라노스 사이에서 태어난 티탄 12신의 하나로, 헤시오도스에 따르면 오케아니데스 중 한 명인 클리메네와 결혼하여 아틀라스, 메노이티오스, 프로메테우스, 에피메테우스 네 아들을 낳았다. 프로메테우스와 에피메테우스는 대홍수 이후 인류의 조상이 된 데우칼리온과 피라 부부를 낳았고 데우칼리온과 피라 사이에서는 모든 그리스인의 조상으로 일컬어지는 아들 헬렌이 태어났다.

『비블리오테케』에 따르면 이아페토스와 사이에서 네 아들을 낳은 아내는 클리메네가 아니라 역시 오케아니데스 중 하나인 아시아라고 한다. 헤로도토스는 아시아를 프로메테우스의 아내로 소개했다.

신화이야기

티탄 12신

티탄 12신들은 하늘의 신 우라노스와 대지의 여신 가이아 사이에서 태어난 자식으로 오케아노스, 코이오스, 크리오스, 히페리온, 이아페토스, 크로노스 등 6명의 남신(티타네스)과 테이아, 레아, 테미스, 므네모시네, 포이베, 테티스 등 6명의 여신(티타니데스)이 있다. 이들은 원초적인 신들의 세대에 속하며 막내 크로노스로부터 올림포스 세대의 신들이 태어났다.

우라노스의 거세

우라노스는 가이아와 사이에서 낳은 자식들을 모두 타르타로스에 가두었다. 그러자 가이아는 그와 같은 만행을 저지른 우라노스에게 복수의 칼날을 갈았다. 그녀는 타르타로스에 갇힌 자식들에게 우라노스를 거세시키려는 복수의 계획을 밝혔는데 어머니의 복수 계획에 가장 적극적인 동의를 한 티타네스는 막내아들 크로노스였다. 히페리온, 이아페토스, 크레이오스, 코이오스도

낫을 든 크로노스
폴머 박사(Dr. Vollmer)의
『제민족 신화 사전』에 실린 삽화, 1874년

크로노스를 돕기로 약속했다. 우라노스가 가이아와 사랑을 나누기 위해 그녀를 끌어안는 순간 히페리온은 동쪽에서, 이아페토스는 서쪽에서, 크레이오스는 남쪽에서, 코이오스는 북쪽에서 각각 아버지 우라노스를 꽉 붙잡았고 크로노스는 회색빛 강철로 만든 거대한 낫으로 사방에서 붙잡혀 꼼짝달싹 못하는 우라노스의 남근을 잘랐다. 이로써 크로노스는 아버지를 제치고 우주의 지배자가 되었고 이아페토스는 크로노스가 우라노스를 거세시킬 수 있게 우라노스를 서쪽에서 붙잡고 있던 공로로 서쪽의 통치자가 되었다.

티타노마키아와 타르타로스 유폐

크로노스는 아버지 우라노스를 거세하고 우주의 지배자가 되었지만 아들 제우스가 이끄는 올림포스 신들과의 싸움(티타노마키아)에서 패해 권좌에서 쫓겨났다. 이 패배로 이아페토스를 비롯한 대부분의 티탄 신들은 저승의 최하층인 타르타로스에 유폐되었고 올림포스 신들의 시대가 열렸다.

티탄 여섯 형제 중 유일하게 오케아노스만이 우라노스를 거세할 때

티탄의 몰락
코르넬리스 반 하를렘(Cornelis van Haarlem), 1588년
코펜하겐 국립박물관

크로노스를 돕지 않았으며 제우스가 크로노스를 폐위시킬 때도 제우스를 도왔기에 타르타로스에 유폐되지 않았다.

기독교 성경 창세기에 나오는 노아의 세 아들 중 하나인 야벳의 이름이 이아페토스에서 유래한다는(혹은 야벳에서 이아페토스가 나왔다는) 주장도 있다.

이오 Io

요약

 강의 신 이나코스의 딸로 제우스의 사랑을 받아 암소로 변하는 등
온갖 고난을 겪었다. 제우스와 사이에 에파포스를 낳았다.

기본정보

구분	공주
외국어 표기	그리스어: Ἰώ
별자리	목성의 위성
관련 지명	이오니아 해
관련 신화	아르고스, 이나코스, 프로메테우스, 에파포스

인물관계

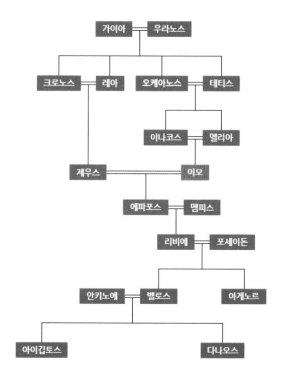

신화이야기

개요

　제우스에게 사랑을 받았다는 이유로 아마도 이오만큼 헤라로부터 학대를 받은 여성도 없을 것이다.

　『비블리오테케』에 의하면 이오는 원래는 헤라를 모시는 여사제였다고 한다. 그리스와 로마의 많은 원전들이 이오에 관해서 전해주고 있는데 특히 오비디우스가 쓴 『변신이야기』는 아름다운 문학적 표현과 생생한 심리묘사로 이오에 관해 전하고 있다.

　제우스는 강의 신 이나코스의 아름다운 딸 이오가 강에서 돌아오는 모습을 보고 첫눈에 반해 도망가는 이오를 붙잡아 그녀의 순결을 빼앗았다. 제우스는 아내 헤라의 눈을 피하기 위해 온통 먹구름으로 주위를 덮고 이오와 사랑을 나누고는 그래도 혹시나 헤라가 눈치 챌까 이오를 하얀 암송아지로 변하게 하였다. 암소로 변해도 여전히 아름다운 이오! 헤라가 모든 상황을 눈치 채고는 암송아지를 선물로 달라고 하자 제우스는 "창피스러운 마음"과 "사랑" 사이에서 갈등하다 결국 암소를 선물로 주었다. 이에 헤라는 눈이 백 개 있는 아르고스에게 암소를 감시하게 했다. 오비디우스에 의하면 아르고스는 돌아가며 한 번에 두 개의 눈만 감은 채 자고 나머지 눈은 뜨고 있기 때문에 암소가 된 이오의 모든 행동은 아르고스의 눈에서 벗어날 수가 없었다.

　그러던 어느 날 이오는 아버지 이나코스에게 발굽으로 바닥에 글을 써서 암소로 변하게 된 사연을 알렸다. 사랑하는 딸의 행복한 결혼과 귀여운 손자를 고대하던 이나코스는 딸의 불행에 애통해하며 자신이 불멸의 존재인 신이라는 사실에 절망하였다. "이렇게 큰 슬픔 앞에서 죽지도 못하다니, 내가 신이라는 사실이 괴롭기만 하구나. 죽음의 문이 나에게는 닫혀있어 나의 아픔은 영원토록 계속되겠구나."

　한편 제우스는 이오의 불행을 보고는 헤르메스를 불러 아르고스를

헤라를 발견하는 제우스와 이오
피터 라스트만(Pieter Lastman), 1618년, 런던 내셔널갤러리

죽이라고 명령했다. 헤르메스는 피리를 불어 아르고스를 깊은 잠에 빠지게 하고는 그의 목을 벴다. 분노한 헤라는 이오가 광기와 공포에 휩싸인 채 온 세상을 헤매게 하였는데, 그러자 제우스가 이오에 대한 벌을 거두어달라고 간청하고 다시는 이오와 불미스러운 관계를 맺지 않겠다고 맹세하며 헤라의 분노를 가라앉혔다. 마침내 이오는 예전의 모습을 되찾았고 제우스의 아들 에파포스를 낳았다. 훗날 이오는 여신으로 숭배를 받게 된다.

『비블리오테케』에 의하면 이오는 본래의 모습으로 돌아와 네일로스(지금의 나일 강) 강가에서 에파포스를 낳았다고 한다. 그런데 헤라가 쿠레테스를 시켜 아이를 빼돌리자 이에 분노한 제우스가 쿠레테스를 죽였다고 한다. 이오는 나중에 이집트의 왕 텔레고노스와 결혼하여 그 곳에서 이시스 여신으로 경배를 받았다고 한다.

묶여있는 프로메테우스

　오비디우스와 아폴로도로스보다 훨씬 이전에 아이스킬로스는 연극 작품 『묶여있는 프로메테우스』에서 이오의 이야기를 전하고 있다. 극의 초반부에는 헤파이스토스 신이 제우스의 명령을 받고 프로메테우스를 암벽에 결박하는 장면이 나오고 그 이후에 전개되는 장면들은 묶여있는 프로메테우스와 그를 방문하는 사람들의 대화로 진행되면서 에피소드의 형태로 이루어진다. 그 방문자들의 하나가 이오인데 이오는 제우스가 그녀에게 사랑을 느끼게 되면서 헤라의 질투와 미움 때문에 암송아지로 변해 온갖 박해를 받으면서 온 세상을 떠돌다 그에게 오게 된 것이다.

　이렇게 이오와 프로메테우스와의 대화를 통해 그녀의 과거사와 미래사가 밝혀진다. 이오는 자신이 온갖 고난을 겪으며 방랑을 하는 사

아르고스를 잠재우는 헤르메스
코르넬리스 반 푸렌뷔르흐(Cornelis van Poelenburch), 1650년경

연을 프로메테우스에게 다음과 같이 이야기한다. 제우스의 눈에 띄어 사랑을 받게 된 이오는 밤마다 환영과 환청에 시달리게 되는데 끊임없이 들려오는 환청의 내용은 다음과 같다.

"큰 행운을 타고난 아가씨! 왜 그토록 오랫동안 처녀의 몸으로 계시나요? 아가씨에게는 가장 위대한 결혼을 할 수 있는 기회가 있습니다. 제우스께서 아가씨에 대한 사랑이 타올라 아가씨와 사랑을 나누시길 원하십니다. 아가씨, 제우스와의 동침을 거절하지 마시고 풀이 무성하게 우거진 레르나의 풀밭으로 나가서 아버지의 가축 떼가 있는 축사로 가세요."

이오가 용기를 내어 아버지인 이나코스 신에게 자초지종을 이야기하자 그는 신탁을 구했다. 그런데 이나코스에게 내린 신탁의 내용은 이오를 집과 고향에서 내쫓아 정처없이 돌아다니게 하라는 것이었다. 그렇지 않으면 제우스가 보낸 벼락이 온 나라를 쑥대밭으로 만들 것이라고 했다. 그리하여 이오는 암송아지로 변한 채 "신이 내린 채찍"인 쇠파리에 쫓기면서 방방곡곡을 헤매게 된다.

이상은 이오가 프로메테우스에 들려준 자신의 과거사이고 이오에게 일어날 미래의 일은 프로메테우스의 말을 통해서 이오에게 전해진다.
일찍이 프로메테우스는 제우스의 신전에서 말을 하는 기적의 떡갈나무를 본 적이 있는데 그는 이 나무로부터 이오의 미래사에 관해 듣게 되었고 이제 그 내용을 이오에게 전해주게 된 것이다. 핵심 내용은 이오가 미래에 제우스의 신부가 된다는 것이었다. 이오는 온갖 고난을 겪으며 방랑을 하다 아주 멀리 나일 강까지 와서 제우스를 만나게 되는데, 나일 강가에서 제우스는 그녀를 다시 사람으로 변하게 하고는 사랑을 나누고 이오는 제우스와의 관계에서 에파포스를 낳았다.

프로메테우스는 더 나아가 그녀의 후손 중의 하나가 프로메테우스의 고통을 끝내게 할 것이라는 말도 덧붙였는데 이 사람이 바로 영웅 헤라클레스이다.

이오의 후손들

제우스의 사랑과 이오의 고난으로 맺은 결실이 바로 에파포스인데 이후 에파포스의 후손들은 그리스뿐만 아니라 페르시아, 아프리카에 있는 많은 왕가의 시조들을 낳았고 뛰어난 영웅들도 배출하였다. 메두사의 목을 벤 페르세우스와 불세출의 뛰어난 영웅 헤라클레스도 이오의 자손들이다. 이렇게 해서 이오의 고난으로 태어난 후손들은 그리스뿐 아니라 그밖에 여러 지역을 아우르는 명문가의 조상들이 된다.

이오바테스 Iobates

요약

그리스 신화에 나오는 리키아의 왕이다.

영웅 페르세우스의 조부 아크리시오스의 신화와 벨레로폰(벨레로폰테스)의 신화에서 중요한 역할을 하는 인물이다. 이오바테스는 괴물 키마이라를 물리친 벨레로폰을 자신의 사위로 삼고 나중에는 왕국도 물려주었다.

기본정보

구분	리키아의 왕
외국어 표기	그리스어: Ἰοβάτης
관련 신화	페르세우스의 탄생, 벨레로폰의 모험
가족관계	안테이아의 아버지, 필로노에의 아버지

인물관계

리키아 왕 이오바테스에게는 두 딸 스테네보이아(혹은 안테이아)와 필로노에가 있다. 스테네보이아는 티린스의 왕 프로이토스와 결혼하여 세 딸 이피노에, 리시페, 이피아나사와 아들 메가펜테스를 낳았고 필로노에는 벨레로폰(벨레로폰테스)과 결혼하여 두 아들 히폴로코스, 이산드로스와 딸 라오다메이아를 낳았다.

신화이야기

쌍둥이 형제 아크리시오스와 프로이토스의 다툼

아르고스의 왕 아바스와 아글라이아 사이에서 태어난 쌍둥이 형제 아크리시오스와 프로이토스는 조상인 다나오스와 아이깁토스 사이의 증오를 물려받아('다나오스' 참조) 어머니의 뱃속에 있을 때부터 다툼이 그치지 않았다. 아바스는 임종할 때 형제간의 불화를 걱정하여 왕국을 함께 다스리라고 유언하였지만 쌍둥이 형제는 듣지 않았다. 결국 아크리시오스는 프로이토스가 자신의 딸 다나에를 겁탈하려 했다는 구실로 프로이토스를 아르고스에서 추방해버렸다.

아르고스에서 쫓겨난 프로이토스는 리키아의 이오바테스에게로 피신하였다. 이오바테스는 프로이토스를 환대하고 자신의 딸 스테네보이아와 결혼시켜 사위로 삼았다. 프로이토스는 장인 이오바테스가 내어준 군대를 이끌고 다시 아크리시오스를 공격했고 결국 선왕 아바스의 왕국은 둘로 쪼개어져 절반은 아크리시오스가, 나머지 절반은 프로이토스가 차지하게 되었다. 프로이토스는 자신이 차지한 영토에 티린스 왕국을 세우고 왕이 되었다.

벨레로폰과 이오바테스

프로이토스가 티린스를 다스리고 있을 때 코린토스의 왕자 벨레로폰이 살인을 저지르고 티린스로 피신해 와서 살인죄를 정화해달라고 청했다. 프로이토스는 벨레로폰을 환대하고 죄를 정화시켜주었다. 그런데 그의 아내 스테네보이아가 벨레로폰에게 반해 몰래 그를 유혹하려 했다. 벨레로폰이 프로이토스와의 신의를 지켜 이를 거절하자 스테네보이아는 앙심을 품고 그가 자신을 유혹하려 했다고 남편 프로이토스에게 거짓말을 했다. 아내의 말에 속은 프로이토스는 함께 식사를 나눈 손님을 죽여서는 안 된다는 관습에 따라 벨레로폰을 직접 죽이지 않고 대신 봉인한 편지를 한 장 주어 리키아에 있는 장인 이오바테스에게로 보냈다.

이오바테스는 사위가 보낸 손님을 극진히 환대했다. 그는 관습에 따라 9일간 손님 벨레로폰을 잘 대접한 뒤 10일째 되는 날에 사위의 편지를 뜯어보았다. 그 안에는 이 편지를 가져온 자를 죽이라는 내용이 적혀 있었다. 그가 자신의 아내이자 장인의 딸인 스테네보이아를 욕보이려 했다는 이유였다. 이오바테스 역시 손님을 죽여 복수의 여신 에리니에스의 진노를 사고 싶지 않았기 때문에 벨레로폰에게 나라를 어지럽히는 괴물 키마이라를 퇴치해달라고 부탁했다. 키마이라는 머리는 사자, 몸통은 염소, 꼬리는 용의 모습을 하고 아가리에서 불을 내뿜는 무시무시한 괴물이어서 틀림없이 벨레로폰이 죽임을 당하리라고 생각했던 것이다.

아테나, 이오바테스, 벨레로폰, 키마이라
빌헬름 로셔의 『그리스 로마 신화 사전』에 실린 삽화,
1845년

하지만 벨레로폰은 아테나 여신의 도움으로 천마 페가소스를 잡아타고 키마이라를 죽이는 데 성공했다. 벨레로폰이 임무를 마치고 돌아오자 이오바테스는 크게 놀라면서 다른 일을 시

벨레로폰테스와 페가수스
부조, 터키 아프로시아스 유적
©Hans Weingartz@Wikimedia(CC BY-SA)

켰다. 이번에는 이웃나라 솔리모이인들을 물리치라는 것이었다. 벨레로폰은 페가소스의 도움으로 두 번째 과업도 해결했고 이오바테스가 그 다음으로 맡긴 아마조네스 정벌도 성공적으로 끝냈다. 그러자 이오바테스 왕은 벨레로폰이 돌아오는 길목에 군사들을 매복시켜 공격하게 했다. 하지만 벨레로폰은 이들도 모두 죽였다.

모든 노력이 수포로 돌아가자 이오바테스는 마침내 벨레로폰이 신들의 사랑을 받는 영웅임을 인정하고 더 이상 그의 목숨을 빼앗으려 하지 않았다. 그는 벨레로폰에게 사위의 편지를 보여주며 그간의 일들에 대해 용서를 구하고 신뢰의 표시로 자신의 딸 필로노에와 나라의 절반을 내주었다. 벨레로폰과 필로노에 사이에서는 히폴로코스, 이산드로스, 라오다메이아 등이 태어났다. 이오바테스는 세상을 떠나면서 왕국의 나머지 절반도 벨레로폰에게 물려주었다.

이오카스테 Iocaste

요약

테바이 왕 라이오스와 결혼하여 오이디푸스를 낳은 이오카스테는 아들이 아비를 죽이고 어미와 살을 섞을 것이라는 신탁을 받고 아들을 산 속에 버리게 했다. 성장한 오이디푸스는 아버지 라이오스를 알아보지 못하고 우발적으로 그를 죽이고 오이디푸스가 자신의 아들인 줄 모르고 그와 결혼한 이오카스테는 2남 2녀를 낳지만 뒤늦게 오이디푸스가 자신의 아들임을 알고 목을 매 목숨을 끊었다.

기본정보

구분	왕비
상징	근친상간
외국어 표기	그리스어: Ἰοκάστη
별칭	에피카스테
관련 신화	오이디푸스

인물관계

이오카스테(호메로스는 에피카스테라고 한다)는 메노이케우스의 딸이고 크레온의 동생이다. 라이오스의 아내이면서 후에 아들 오이디푸스의 아내가 된 비극적인 인물이다.

일설에 따르면 라이오스는 에크파스의 딸 에우클레이아와 결혼했고 그 둘 사이에서 오이디푸스가 태어났다. 이에 따르면 이오카스테는 라이오스의 두 번째 아내이므로 오이디푸스는 친어머니와 결혼한 것이 아니라 새어머니와 결혼한 것이다.

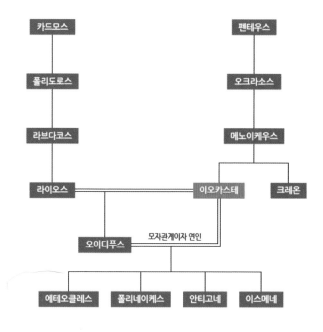

신화이야기

운명의 신탁

메노이케우스의 딸 이오카스테는 테바이 왕 라이오스와 결혼하였지만 부부 사이에서는 오랜 세월 자식이 태어나지 않았다. 라이오스 왕은 델포이의 신탁소를 찾아가 그 이유를 물었고 신탁은 그가 얻게 될 아들이 장차 아버지를 죽이고 어머니와 결혼하게 될 거라고 예언하였다.

얼마 뒤 실제로 이오카스테가 아이를 임신하자 라이오스는 신탁의 예언이 실현되는 것을 막기 위해 아들이 태어나자마자 발목을 뚫어 가죽 끈으로 묶은 뒤 부하를 시켜 인적이 없는 산에 내다버리게 하였다. 하지만 곧 죽을 줄 알았던 아이는 코린토스의 목동에게 발견되어 살아남았고 목동은 자식이 없어 안타까워하는 폴리보스 왕과 그의 아내 메로페(혹은 페리보이아)에게 아이를 데려다주었다.(혹은 아이를 버리라는 명을 받은 라이오스의 부하가 아이를 불쌍히 여겨 코린토스의 목동에게 넘겨주었다는 이야기도 있다)

코린토스의 왕자로 성장한 오이디푸스는 신탁소에서 자기 아버지를 죽이고 자기 어머니와 결혼하게 되리라는 신탁을 듣고 코린토스를 떠났다. 여러 곳으로 여행을 하던 오이디푸스는 테바이로 들어가는 길목에서 높은 바위에 앉은 스핑크스를 만나고 스핑크스가 낸 수수께끼의 답을 맞추게 된다.('오이디푸스' 참조)

테바이의 전염병

테바이의 시민들은 스핑크스의 수수께끼를 풀고 테바이를 구한 오이디푸스를 최고의 존재로 여겼다. 그리하여 오이디푸스는 이오카스테가 자신의 어머니라는 것은 짐작도 못한 채 그녀와 결혼하여 2남 2녀를 낳고 행복하게 살았다. 그러던 중 테바이 전역에 전염병이 창궐하여 많은 시민들이 죽자 오이디푸스는 처남 크레온을 델포이의 아폴론 신전으로 보냈다.

델포이에서 돌아온 크레온이 아폴론의 신탁을 전했는데 선왕 라이오스를 살해한 범인을 찾아서 선왕의 억울한 죽음의 한을 풀어주어야 한다고 말했다. 선왕 라이오스가 신탁을 들으러 델포이로 가던 중 살해당했고 그의 수행원 중 한 명만 겨우 살아 돌아왔다고 했다.

라이오스 왕의 살인범을 찾아라

이런 사정을 알게 된 오이디푸스는 선왕 라이오스를 누가 살해했는지 밝히는데 전력을 다하라고 명령했다. 그러나 범인을 찾는데 한계에 부딪히자 크레온의 권고대로 아폴론의 의중을 읽을 수 있는 예언자 테이레시아스를 불렀다. 오이디푸스는 그에게 라이오스를 죽인 범인을 알려달라고 간곡히 부탁했지만 그는 오이디푸스의 거듭된 요청에도 범인을 밝히기를 거부하였다. 격노한 오이디푸스는 테이레시아스 역시 살인범과 한패라고 거칠게 비난하였고, 오이디푸스가 자신을 턱없이 음해하자 화가 난 테이레시아스는 살인범은 바로 오이디푸스라고 밝혔다. 그가 아버지를 죽이고 어머니를 아내로 취하고 이 나라를 더럽힌 범인이라는 것이다.

오이디푸스는 테이레시아스의 천인공노할 말을 믿지 못하고 크레온이 자신을 몰아내고 왕위를 차지하려고 꾸민 음모라고 생각했다. 그도 그럴 것이 크레온이 바로 이 예언자를 불러오라고 권한 장본인이었기 때문이다. 테이레시아스는 자신이 모반을 도모하는 반역자로까지 몰리자 오이디푸스에게 그의 비극적인 미래와 그의 부모에 대해 언급했다. 크레온도 자신이 졸지에 반역자가 되었다는 말을 듣고 오이디푸스에게 달려와 자신의 떳떳함을 변호했지만 오이디푸스는 완고하게 그를 죽음에 처할 것이라고 선언했다.

이때 이오카스테가 나타나 나라 전체가 흉흉한 이 마당에 쓸데없는 말다툼을 하고 있다고 오이디푸스와 크레온을 책망하였고, 그녀의 중재로 오이디푸스는 크레온과 화해하였다. 그 와중에 이오카스테는 그들의 말다툼의 이유를 알게 되었다.

오이디푸스의 불안

이오카스테는 오이디푸스에게 라이오스가 받은 신탁과 그의 죽음에 대해 설명해주었다. 라이오스 왕이 자식의 손에 죽을 운명이라는 신탁을 받았지만 신탁과는 달리 삼거리에서 그의 아들이 아닌 다른 나라의 도둑들에게 살해당했다고 했다. 게다가 그들의 아들은 태어난지 불과 사흘 만에 두발을 묶어서 하인에게 시켜 산에 내다버렸다고, 불안해하는 오이디푸스에게 테이레시아스의 예언은 믿을 수 없다며

오이디푸스와 이오카스테

알렉상드르 카바넬(Alexandre Cabanel), 1843년

그를 안심시켰다.

하지만 오이디푸스는 세 갈래 길이란 말에 불안감을 떨치지 못하고 이오카스테에게 라이오스가 살해된 장소와 시간과 그의 외모와 나이, 그가 몇 명의 수행원을 동반했는지 물었다. 그녀는 오이디푸스가 테바이의 왕이 되기 직전 다섯 명의 수행원을 동반한 라이오스 왕이 포키스의 세 갈래길, 즉 델포이에서 오는 길과 다울리아에서 오는 길이 서로 만나는 곳에서 살해되었다고 말해주었다. 라이오스 왕의 키는 큰 편이고 흰머리가 희끗희끗 나기 시작했고 외모는 오이디푸스와 비슷하다고 대답했다.

무슨 이유로 그렇게 불안해하는지 이오카스테가 궁금해하자 오이디푸스는 자신의 과거사를 들려주었다. 그의 아버지는 콜린토스 왕 폴리보스이고 어머니는 도리에이스족인 메로페인데 어느 날 연회석에서 술에 취한 한 남자에게 그가 폴리보스 왕의 친아들이 아니라는 말을 들었다고 했다. 다음날 오이디푸스는 왕과 왕비에게 그가 그들의 친자식이 맞는지 물었고 그들은 노발대발하며 부인했지만 그런 소문이 퍼지자 오이디푸스는 마음이 괴로웠다고 했다. 그러던 차에 오이디푸스가 델포이의 아폴론 신전을 찾았는데 그곳에서 무서운 신탁을 듣게 되었는데, 그가 어머니와 살을 섞고 그 사이에서 자식을 낳을 것이며 자신의 아버지를 죽이게 될 것이라는 신탁이었다. 그는 자신의 운명이 불안한 나머지 그 길로 코린토스를 떠났고 여기저기를 떠돌아다니가 이오카스테가 말한 세 갈래 길에 이르게 되었다고 한다. 그는 그곳에서 어떤 마차와 마주쳤는데 그들이 자신을 길 밖으로 밀어내자 화가 나서 마부를 때렸다고 했다. 그러자 노인이 막대기로 자신의 머리를 사정없이 내리쳤고 화가 난 오이디푸스는 그들을 모조리 죽여버렸다고 했다.

이오카스테의 자살: 비밀이 밝혀지다

자신의 과거를 이오카스테에게 들려준 오이디푸스는 삼거리의 살인 사건에서 생명을 부지한 하인을 불러오라고 했다. 때마침 코린토스에서 사자가 찾아왔는데 콜린토스 왕 폴리보스가 사망했으므로 그의 아들 오이디푸스가 왕위를 계승해야 한다는 소식을 전했다.

이오카스테는 폴리보스 왕이 아들의 손에 죽은 것이 아니라 자연사했기 때문에 오이디푸스에게 내려진 아폴론의 신탁이 이루어지지 않았음을 기뻐하였고 오이디푸스도 슬프면서 한편으로 안도하였다. 그러나 그는 이오카스테에게 폴리보스의 아내인 메로페 즉 자신의 어머니와 결혼하게 될 것이라는 신탁은 아직 이루어질 수 있기 때문에 두렵다고 말했다. 그때 콜린토스의 사자는 오이디푸스가 폴리보스의 친아들이 아니라고 밝혔다. 그가 자식이 없던 폴리보스 왕 부부에게 어린 오이디푸스를 선물로 주었다고, 그는 당시 키타이론 골짜기에서 가축 떼를 돌보고 있었는데 라이오스의 가신에게 두발이 묶인 오이디푸스를 받았다고 했다.

이오카스테가 오이디푸스에게 더 이상 이 일을 파헤치지 말라고 네

번에 걸쳐 애원하였지만 오이디푸스의 뜻을 꺾지 못했고 이오카스테는 오이디푸스가 자신이 누구인지를 끝까지 모르기를 바라며 격한 슬픔에 사로잡혀 그 자리를 떴다.

이윽고 오이디푸스를 키타이론 산에 버린 양치기가 도착하였다. 양치기는 당시의 일이 전혀 기억나지 않는다고 대답을 회피하였고, 코린토스의 사자는 양치기가 그때 전해준 그 갓난아이가 바로 오이디푸스 왕이라고 말했다. 양치기는 끝까지 진실을 밝히기를 거부하다 오이디푸스가 그를 고문할 것임을 암시하자 모든 일을 실토하였고, 이어서 이오카스테가 그 사연을 누구보다 상세하게 말해줄 수 있을 것이라고 말했다.

어린 오이디푸스와 목동
앙투안 드니 쇼데(Antoine Denis Chaudet), 1810년
루브르 박물관

마침내 오이디푸스는 자신이 콜린토스 출신의 이방인이 아니라 테바이 출신이며 라이오스 왕과 이오카스테가 자신의 친부모임을 깨달았다. 모든 진실이 백일하에 드러나자 오이디푸스는 비명을 지르며 궁전 안으로 뛰어 들어가 곧장 이오카스테가 있는 방의 문을 부수고 들어갔다. 이오카스테는 이미 목을 매 자살한 후였고, 무섭게 울부짖던 오이디푸스는 이오카스테를 밧줄에서 풀어 바닥에 눕히고 그녀의 옷에 꽂힌 황금 브로치를 뽑아 두 눈을 찔렀다.

이온 Ion

요약

이오니아의 명조(名祖)이다.

크수토스와 에렉테우스의 딸 크레우사 사이에 태어난 아들인 이온은 아이기알로스의 왕 셀리노스의 딸 헬리케와 결혼하여 왕위를 물려받았다. 그는 백성들을 자신의 이름을 따서 이오니아 사람들이라 부르고 셀리노스 강 하구에 도시를 건설하여 아내의 이름을 따서 헬리케라 불렀다.

기본정보

구분	이오니아의 왕
외국어 표기	그리스어: ΙΩΝ
어원	도중에서 만난
관련 지명	이오니아
관련 신화	크레우스, 크수토스, 아폴론
가족관계	크레우사의 아들, 아폴론의 아들

인물관계

이온의 아버지는 크수토스(혹은 아폴론)이고, 어머니는 크레우사이다. 이온은 네 명의 아들을 두었다.

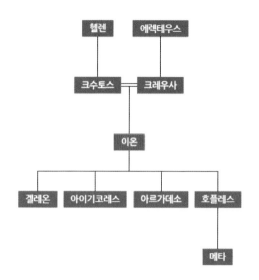

신화이야기

개요

『비블리오테케』에 의하면 이온은 헬렌의 아들 크수토스와 에렉테우스의 딸 크레우사 사이에 태어난 아들이다. 그러나 에우리피데스의 『이온』에 의하면 이온은 크레우사와 아폴론 신 사이에 태어난 아들이라고 한다. 이온에게는 아카이오스라는 형제가 있는데 아카이오스족과 이오네스족은 이 두 형제의 이름에서 유래한 것이다.

이온은 아이기알로스의 왕 셀리노스의 딸 헬리케와 결혼하여 왕위를 물려받았다. 그는 백성들을 자신의 이름을 따서 이오니아 사람들이라 부르고 셀리노스 강 하구에 도시를 건설하여 아내의 이름을 따서 헬리케라 불렀다.(파우사니아스 『그리스 안내』) 이온은 헬리케와 사이에서 네 명의 아들 겔레온, 아이기코레스, 아르가데소 그리고 메타의 아버지 호플레스를 낳았다.

헤로도토스가 쓴 『역사』에 의하면 이온은 후에 아테네의 왕이 되어 아테네 부족들을 아들들의 이름을 따서 게레온테소, 아이기코레이스,

아르가데이스, 호플레테스라고 불렀다고 한다.

에우리피데스가 전하는 이온

그러나 에우리피데스는 이와는 다른 내용을 전하고 있다. 그에 의하면 이온은 크수토스의 아들이 아니라 아폴론의 아들이다. 아테네의 왕 에렉테우스의 딸 크레우사는 원하지 않았음에도 불구하고 '어쩔 수 없이' 아폴론과 관계를 맺고 그의 아이를 낳아 동굴 속에 버렸다. 이에 관해 에우리피데스는 다음과 같이 전하고 있다.

> "그런데 아테네 사람들이 사는 나라에 있는 팔라스 언덕 아래에는 아티카 땅의 왕들이 '긴 절벽들'이라 부르는 북쪽을 향해 있는 절벽들 옆에서 포이보스가 에렉테우스의 딸 크레우사와 그녀가 원하지 않음에도 불구하고 몸을 섞은 적이 있었지. 아버지 모르게(그것이 신의 뜻이라 믿기에) 뱃속에 있는 짐을 참아내고 견뎌냈어. 그러나 해산달이 와서 크레우사는 집에서 아이를 낳았지. 그러자 갓난 아이를 안고 그녀가 신과 동침했던 바로 그 동굴로 갔어. 그리고는 아기를 둥근 광주리 안에 넣어두고 죽으라고 거기에 두고 왔어."

그러나 아이는 아폴론의 보호 속에서 델포이 신전으로 옮겨져 여사제 피티아에 의해 양육되었다.

시간이 지나 크레우사는 아이올로스의 아들인 크수토스와 결혼하지만 두 사람 사이에는 자식이 생기지 않았고, 이에 크수토스는 어떻게 하면 후사를 얻을 수 있는지에 대해 신탁을 구하기 위해 델포이 신전으로 갔다. 크수토스가 신전에서 신탁을 구하자 신전을 나가서 처음으로 만나는 사람이 아들이라는 신탁이 내려졌다.

크수토스는 첫 번째로 만난 이온을 자식으로 인정하고 크레우사에게 자초지종을 설명하였다. 크수토스는 아이에게 이온이라는 이름을 지어주는데 이는 '도중에 만난' 사람을 의미한다.

한편 크레우사는 그 아이가 남편이 자기 모르게 다른 여자와의 사이에서 낳은 자식이라고 생각하여 아이를 살해하려 하였다. 그러나 살해 음모가 드러나 이번에는 이온이 크레우사를 죽이려 했다. 그러자 델포이 신전의 여사제 피티아가 어머니를 죽인 피로 신전이 더러워질 것을 우려해 이온이 크레우사의 아들임을 밝혀주었다. 이렇게 해서 이온은 어머니와 화해하였고, 이온은 후에 크수토스로부터 왕위를 물려받아 아테네의 왕이 되었다.

이올레 Iole

요약

　이올레는 오이칼리아의 에우리토스의 딸이다.

　에우리토스는 활쏘기 시합을 개최하고 자신과 자신의 아들을 이기
는 사람에게 딸 이올레를 주겠다고 했다. 헤라클레스가 이 시합에 참
여하여 승리를 했지만 에우리토스는 약속을 지키지 않았다. 그 후 헤
라클레스는 오이네우스 딸 데이아네이라와 결혼을 하였고, 동맹군과
함께 오이칼리아를 공격하고 이올레를 포로로 잡았다.

　헤라클레스의 아내가 이올레를 질투하기 시작했고, 이것이 발단이
되어 헤라클레스는 죽음에 이른다.

기본정보

구분	공주
외국어 표기	그리스어: Ἰόλη
관련 신화	헤라클레스

인물관계

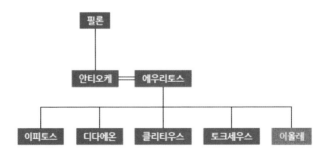

신화이야기

에우리토스의 활쏘기 시합

오이칼리아의 왕 에우리토스는 활쏘기 시합에서 자신과 자신의 아들들을 이기는 자에게 아름다운 딸 이올레를 신부로 주겠다고 선언했다. 헤라클레스는 자신에게 활쏘기를 가르쳐준 스승인 에우리토스가 활쏘기 시합을 개최했다는 소식을 듣고 곧바로 시합에 참가하였고, 에우리토스와 그의 아들을 모두 이기고 이올레를 아내로 맞을 준비를 하였다. 그러나 에우리토스는 헤라클레스에게 이올레를 주지 않았고, 이피토스를 제외한 이올레의 오빠들 또한 여동생

에우리토스의 딸 이올레
미상

을 헤라클레스에게 주는 것을 반대했다. 광기에 빠져 자식 세 명을 모두 죽인 헤라클레스의 과거 때문이었다.

분한 마음을 안고 오이칼리아를 떠난 헤라클레스는 미케네로부터 그리 멀지 않은 아르고스 평원에 높이 솟은 바위산이 있는 마을 티린스로 갔다. 때마침 에우리토스의 소 몇 마리가 사라지는 사건이 일어났는데,(『오디세이아』에서는 암말 12마리라고 나온다) 이는 도둑질의 명수인 아우톨리코스의 짓이었지만 에우리토스는 헤라클레스의 소행이라 생각했다. 이피토스는 헤라클레스가 소를 훔칠 리 없다고 믿고 그를 찾아갔는데, 헤라클레스는 광기에 빠져 이피토스를 티린스의 성벽에서 내던져버렸다.

이피토스의 죽음과 헤라클레스의 속죄

죄 없는 이피토스를 살해한 헤라클레스는 혹독한 대가를 치르게 된

다. 그는 인간의 힘으로는 도저히 치료할 수 없는 몹쓸 병에 걸리고
말았다. 죽을병에 걸리면 누구나 살기 위해서 신을 찾게 되어 있기에,
헤라클레스는 델포이로 가서 자신이 살아날 수 있는 신탁을 듣고자
했다. 그러나 예언녀 피티아는 사람을 죽인 자에게 신의 계시를 말해
줄 수 없다며 헤라클레스를 괄대했고, 화를 주체 못한 헤라클레스는
신전을 뒤집어엎은 후 자신의 신탁소를 차려 신의 목소리를 들으려고
하였다. 이 일로 그는 아폴론과 싸움이 붙었는데 이를 지켜보던 제우
스가 벼락을 던져 그들을 떼어 놓았다.

헤라클레스는 노예로 3년간 봉사하고 에우리토스에게 아들을 죽인
대가를 지불하면 병이 나을 것이라는 신탁을 받았고, 제우스의 전령
인 헤르메스는 헤라클레스를 리디아 옴팔레 여왕에게 팔았다. 헤라클
레스는 그녀 곁에서 3년간의 노예 생활을 하였다. 하지만 에우리토스
는 헤라클레스가 주는 보상금을 받지 않았다.

헤라클레스와 데이아네이라

옴팔레에게 3년의 노예생활을 한 후 병이 나은 헤라클레스는 사람
들을 모아 군대를 만들어 트로이 전쟁에 나섰다. 그 후 칼리돈에 도
착한 헤라클레스는 이올레는 잊고 칼리돈의 왕 오이네우스의 딸이자
멜레아그로스의 동생인 데이아네이라에게 청혼을 하였다.

헤라클레스는 칼리돈 사람들과 손을 잡고 영토를 넓혔다. 그는 키타
이론 산의 사자를 잡으러 가서 테스피오스의 50명의 딸과 동침하여
낳은 50명의 아들 중 3명을 테바이로 파견하고 나머지 40명을 사르
도 섬으로 보내 식민지를 건설하게 했다.

그 후 헤라클레스는 장인 오이네우스와 잔치를 하던 중 손 씻을 물
을 부어주던 오이네우스의 친척이자 아르키텔레스의 아들인 에우노모
스를 실수로 죽였다. 소년의 아버지는 헤라클레스가 고의로 아들을
죽이지 않았다는 것을 알고 그를 용서하였지만, 헤라클레스는 법에

따라 추방형을 받았다. 그는 아내 데이아네이라와 함께 트라키아로 케익스를 찾아 떠났는데, 그들이 에우에노스 강을 건너려고 할 때 뱃길을 지키고 있는 켄타우로스족인 네소스를 만났다. 그가 터무니없는 뱃삯을 요구하자 헤라클레스는 그의 도움 없이 혼자서 강을 건넜고, 혼자 힘으로는 도저히 강을 건널 수 없던 데이아네이라는 돈을 지불하고 네소스에게 강을 건네달라고 부탁하였다. 데이아네이라에게 흑심을 품고 그녀를 겁탈하려 했던 네소스는 다급하게 외치는 아내의 비명소리를 듣고 황급히 달려온 헤라클레스가 쏜 화살에 심장을 관통당했다. 숨이 넘어가는 절대절명의 순간 헤라클레스를 향한 복수의 시나리오를 짠 네소스는 데이아네이라에게 헤라클레스의 사랑을 받고 싶거든 자기가 땅에 쏟은 정액과 자신의 피를 섞어 사랑의 묘약을 만들라고 말했다. 그러나 헤라클레스가 쏜 화살촉에는 히드라의 독이 묻어 있었으니 사실상 극약이 만들어진 셈이었다.

순진한 데이아네이라는 이 사실을 까마득하게 모른 채 사랑의 묘약이라고 생각하고 이것을 소중하게 간직했다. 훗날 이것이 영웅 헤라클레스의 비참한 죽음을 가져온다.

『변신이야기』에 따르면 헤라클레스는 도망치는 네소스의 등에 화살을 날려 그의 등을 관통했고, 네소스가 화살을 뽑자 피가 히드라의 독과 함께 쏟아졌다. 그는 헤라클레스에게 반드시 복수할 것이라고 중얼거리며 뜨거운 피에 젖은 자신의 옷을 헤라클레스의 아내에게 사랑의 묘약이라고 건네주었다.

헤라클레스, 이올레를 다시 만나다

한편 트라키아에 도착한 헤라클레스는 에우리토스에게 당한 모욕이 생각나 그를 응징하고자 오이칼리아를 칠 군대를 모았다. 그는 동맹군과 함께 에우리토스와 그의 아들들을 죽이고 오이칼리아를 점령하고 도시를 약탈했다. 그리고 한때 그의 아내가 될 뻔 했던 이올레를

이올레, 이피토스, 헤라클레스
코린트식 도기, 기원전 600년, 루브르 박물관

포로로 끌고 갔다. 그는 에우보이아의 케나이온 곶에 도착해서 제우스에게 제사를 올리려고 했는데, 마침 제사에서 입을 옷이 필요한 터여서 전령 리카스를 아내 데이아네이라에게 보냈다. 조용히 옷만 가져오면 될 것을 리카스는 헤라클레스가 이올레와 함께 있다는 소식을 전하였고, 마음이 불편해진 데이아네이라는 어찌할 바를 몰랐다. 그때 네소스가 한 말을 떠올린 그녀는 남편의 사랑이 식지 않도록 할 네소스의 묘약을 옷에 발랐고, 결국 그것은 남편을 끔찍한 죽음으로 몰아넣게 되었다.

데이아네이라는 그것이 네소스의 복수일 것이라고 꿈에도 생각하지 못했다. 헤라클레스는 히드라의 독이 묻은 옷을 아무 생각 없이 입고 제사를 지냈는데, 시간이 얼마나 흘렀을까. 서서히 몸에 독이 번지면서 헤라클레스는 고통을 참지 못하고 몸부림을 치기 시작했다. 옷이 따뜻해지자 히드라의 독이 헤라클레스의 살 속으로 파고 든 것이었다. 고통에 몸부림치던 헤라클레스는 죄 없는 리카스를 바다로 던져버렸고, 점점 옷이 살을 파고 들어 고통이 극에 달하자 옷을 찢어서 지옥과 같은 고통을 덜어내려고 하였지만 살점과 옷이 함께 떨어져 나가면서 고통은 배가 되었다. 헤라클레스는 만신창이가 된 모습으로 트라키아로 옮겨졌는데, 사랑하는 남편의 흉측한 몰골에 충격을 받은 데이아네이라는 죄책감을 견디지 못하고 목을 매 자살하고 말았다.

『변신이야기』는 헤라클레스의 죽음이 얼마나 잔인하고 고통스러웠는지 생생하게 묘사하고 있다. 헤라클레스는 아내가 전해 준 히드라의 독이 묻은 옷을 어깨에 걸쳤다. 그는 분향을 하고 기도를 하며 대리석 제단에 포도주를 따랐다. 히드라의 독이 열기를 받아 헤라클라스의 온 몸으로 퍼져갔고, 헤라클레스는 온몸을 쥐어뜯는 고통을 이를 악물고 참았지만 신음소리가 터져 나왔고 그의 절규가 온 제단을 가득 메웠다. 그는 옷을 급히 뜯어내어 고통에서 조금이나마 벗어나려 했지만 살점도 같이 뜯겨 끔찍하게도 뼈가 다 드러났다. 또 어떤 부분은 아무리 뜯어내려 해도 옷이 떨어지지 않았다.

그의 피는 시뻘겋게 달구어진 무쇠를 얼음물에 담궜을 때 내는 소리를 내며 부글부글 끓어올랐고, 전신에서 시커먼 땀이 흘러내리고 힘줄은 탁탁 소리를 내며 타들어갔다. 독이 그의 골수마저 녹여버렸다.

힐로스와 결혼한 이올레

헤라클레스는 데이아네이라에게서 태어난 맏아들 힐로스에게 어른이 되면 이올레와 결혼하라는 유언을 남기고 위대한 영웅의 마지막 숨을 내뱉고 이 세상을 하직했다.

이올레와 힐로스 사이에서 클레오다이오스가 태어났다.

이카로스 Icarus

요약

　이카로스는 다이달로스와 크레타 미노스 왕의 여종 나우크라테의 아들이다. 미노스 왕이 통치하는 크레타 섬을 탈출하기 위해 아버지가 만든 날개를 달고 하늘을 날다 떨어져 죽었다.

기본정보

구분	신화 속 인물
상징	비상의 꿈, 모험, 미지의 세계에 대한 동경
외국어 표기	그리스어: Ικαρος
관련 신화	다이달로스, 미궁

인물관계

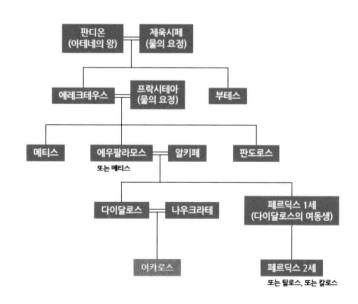

다이달로스는 아테네의 왕 에레크테우스의 자손인 에우팔라모스 혹은 메티스의 아들이며, 이카로스는 다이달로스와 미노스 왕의 시녀 나우크라테의 아들이다.

신화이야기

개요

이카로스의 아버지 다이달로스는 아테네 출신으로 건축과 공예의 대가이자 뛰어난 발명가이다. 그는 조카이자 제자인 페르딕스(또 다른 이야기에 의하면 조카의 이름은 페르딕스가 아니라 탈로스라고 전해진다)의 솜씨를 시기해서 그를 아크로폴리스에서 떨어뜨려 죽였고 이로 인해 아테네를 떠나 크레타 섬에 오게 되었다.

그는 크레타 섬에서 크레타 왕 미노스의 보호와 환대 속에서 여러 가지 유용한 것들을 만들어냈고 무엇보다도 미노스 왕에게 미궁을 만들어주었다. 그러나 왕의 딸인 아리아드네 공주의 부탁으로 실타래를 이용하여 미궁을 빠져나가는 방법을 공주에게 발설하여 이로 인해 다이달로스와 그의 아들 이카로스는 왕에 의해 크레타 섬 안에 감금되었다. 또 다른 이야기에 의하면 두 사람은 다이달로스가 직접 만든 미궁에 감금되었다고도 한다.

크레타 섬을 오가는 육로와 해로는 철저하게 통제되었기 때문에 섬을 빠져나가기 위해서는 하늘을 이용해야 했다. 다이달로스는 새의 깃털을 모아 밀랍으로 촘촘하게 붙여 날개를 만들었다. 그는 아들에게 날개를 달아주며 너무 높이 날면 태양의 열에 의해 밀랍이 녹아 날개가 떨어지고 너무 낮게 날면 바다의 습기를 머금어 날개가 무거워지니 조심하라고 주의를 주면서 자기 뒤에 꼭 붙어서 오라고 당부했다.

이카로스의 추락
제이콥 피터 고위(Jacob Peter Gowy), 1635~1637년, 프라도 미술관

처음에는 모든 것이 순조로웠다. 그러나 하늘을 날고 있다는 사실에 기분이 들떠 우쭐해진 나머지 이카로스는 높이 날아올라 태양에 너무 가까워졌다. 그러자 밀랍이 녹아 날개가 떨어져나갔고 이카로스는 그만 바다에 떨어져 죽었다.

절망에 빠진 다이달로스는 이카로스의 시신을 섬에 묻고 죽은 아들을 기리기 위하여 그 섬을 이카리아 섬이라고 이름 지었다.

신화해설

　다이달로스와 이카로스 이야기는 오비디우스 『변신이야기』 8권에서 상세하게 다루어진다. 오비디우스에 의하면 이카로스의 죽음은 다이달로스가 조카이자 제자인 페르딕스를 살해한 것에 대해 신들이 복수한 것으로 묘사된다. 그러나 일반적으로는 이카로스의 추락 및 죽음은 태양을 잡으려는 불손함과 오만무도함에 대해 신들이 벌을 내린 것이라고 해석한다. 따라서 이카로스 이야기는 무모한 혈기에서 나온 무의미한 행동 내지는 파멸적인 행동에 대해 경고하기 위해 자주 인용된다.

　또 『변신이야기』에서 이카로스의 추락과 죽음은 아버지 다이달로스의 간절한 부성애에 초점을 맞추어 서술되고 있으며 이카로스는 그저 다이달로스의 철모르는 어린 아들로 묘사되어 있다. 오비디우스가 전하는 내용은 16세기에 페테르 브뢰겔이 그린 〈이카로스의 추락이 있

이카로스의 추락이 있는 풍경
페테르 브뢰겔(Pieter Bruegel), 1558년경, 벨기에 왕립박물관

는 풍경〉에서 분명하게 전달된다.

그림에서 가장 큰 비중을 차지하는 인물은 밭을 갈고 있는 농부이며 그 외에 어부와 목동 등이 각자의 일을 하고 있다. 그런데 정작 제목에 등장하는 이카로스의 모습은 보이지 않고 오른쪽 아래 바다에 보이는 다리만이 이카로스가 물에 빠졌다는 것을 암시하고 있다. 사람들은 이카로스가 물에 빠진 사실을 전혀 알지 못한 채 그저 자신들의 일을 하고 있다. 그리고 이카로스를 추락하게 만든 태양은 아무 일도 없다는 듯이 여느 때와 다름없이 빛나고 있다. 이 그림에서 이카로스의 추락과 죽음은 한 마디로 말하면 아무 의미도 없는 무모한 행동일 뿐이라는 것이다.

그러나 다른 한 편으로 자신의 한계를 인정하지 않고 비상의 날개를 펼쳤던 이카로스는 이미 헬레니즘 시대에 다이달로스와 여신들에 둘러싸인 영웅의 모습으로 표현되기도 했다. 특히 근대에 들어서면서 이카로스는 예술을 비롯한 여러 영역에서 끝없이 도전하는 진정한 영웅으로 관심의 대상이 되었다. 그리스의 공군(사관)학교는 하늘 끝까지 날아가려 한 이카로스의 이름을 따서 일명 이카로스 학교로 불리고 있다.

이탈로스 Italus

요약

  그리스 로마 신화에 등장하는 이탈리아 남부 오이노트리아의 왕이
다. 이탈리아라는 지명이 그의 이름에서 유래하였다.

기본정보

구분	오이노트리아의 왕
상징	이탈리아
외국어 표기	그리스어: Ἰταλός
가족관계	텔레고노스의 아들, 페넬로페의 아들, 라티누스의 형제, 로마의 아버지

인물관계

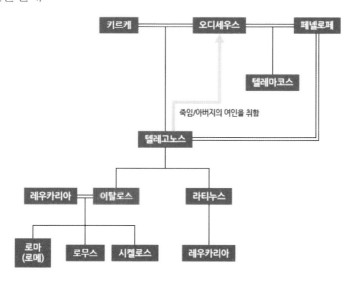

이탈로스는 오디세우스의 아들 텔레고노스가 페넬로페와 결혼하여 낳은 아들이다. 라티움의 왕 라티누스와 형제 사이라고도 한다.

이탈로스는 라티누스의 딸 레우카리아와 결혼하여 로마(로메)와 로무스 남매를 낳았으며 일설에는 이탈리아에서 시칠리아 섬으로 이주한 시쿨리족의 시조 시켈로스도 그의 아들이라고 한다.

신화이야기

이탈리아 지명의 시조

아리스토텔레스의 『정치학』과 투키디데스의 『펠로폰네소스 전쟁사』에 따르면 이탈로스는 이탈리아 반도에 가장 먼저 정착한 주민이자 그 땅에 이름을 준 시조이다. 아리스토텔레스는 오이노트리아에 농경문화를 전파하고 주민들이 함께 모여 식사하는 전통을 처음으로 도입한 인물도 이탈로스라고 말했다.

그리스의 역사가 할리카르나소스의 디오니시오스는 『로마사』에서 이탈로스가 오이노트리아 태생이며 이탈리아라는 지명이 그에게서 나온 것이라는 이야기 이외에도, 이탈리아의 지명이 송아지를 뜻하는 에트루리아어에서 유래하였다는 이야기도 함께 기록하고 있다.

이탈로스의 혈통

히기누스의 『이야기』에 따르면 이탈로스는 오디세우스의 자손이다. 오디세우스는 트로이 전쟁을 마치고 귀향하는 길에 키르케의 섬에 들렀다가 한동안 그녀와 함께 살았는데, 이때 태어난 아들 텔레고노스가 나중에 아버지를 찾아 이타카 섬으로 왔다가 실수로 오디세우스를 죽인 뒤 그의 아내 페넬로페와 결혼하여 낳은 아들이 바로 이탈로스이다.

일설에는 라티움의 왕 라티누스도 텔레고노스와 페넬로페의 아들로 이탈로스와 형제지간이라고 한다.

이탈로스는 라티노스의 딸 레우카리아와 결혼하여 딸 로마(로메)와 아들 로무스와 시켈로스를 낳았는데 '로마'라는 지명은 이탈로스의 자식인 로마와 로무스 남매에게서 유래하였다고 한다.

시켈로스는 아버지 이탈로스가 죽자 그가 다스리던 시쿨리족을 이끌고 시칠리아 섬으로 건너가 시쿨리족의 왕이 되었다. 시칠리아 섬의 지명은 그의 이름에서 유래하였다.

이피게네이아 Iphigenia

요약

미케네의 왕 아가멤논의 딸이다.

그리스군의 지휘관 아가멤논은 아르테미스 여신의 분노 때문에 그리스 함대가 트로이로 출범하지 못하자 신탁에서 말한 대로 딸 이피게네이아를 희생 제물로 바쳤다. 그러나 이피게네이아를 불쌍히 여긴 아르테미스 여신이 마지막 순간 암사슴으로 제물을 바꾸었다.

기본정보

구분	공주
외국어 표기	그리스어: Ἰφιγένεια
관련 신화	트로이 전쟁, 오레스테스

인물관계

아폴로도로스에 따르면 아가멤논은 미케네의 왕이 되어 틴다레오스의 딸 클리타임네스트라와 결혼하였다. 그들 사이에서 오레스테스와 세 딸 크리소테미스, 엘렉트라, 이피게네이아가 태어났다.

호메로스의 『일리아스』에는 아가멤논에게 아들 오레스테스와 세 딸 크리소테미스, 라오디케, 이피아나사(이피게네이아)가 있다고 했다.

신화이야기

희생 제물로 바쳐진 이피게네이아

아가멤논이 모집한 트로이 원정군의 함대들이 모두 보이오티아의 아울리스에 집결하였지만 그리스 함대들은 출항을 하지 못했다. 아가멤논이 아르테미스의 분노를 사서 바람이 한 점도 불지 않았기 때문이다. 이에 예언자 칼카스가 아르테미스 여신이 왜 화가 났는지 알렸다. 그리스군의 총사령관 아가멤논이 이피게네이아가 태어난 해에 그 해의 가장 아름다운 열매를 바치겠다고 서약했지만 막상 딸이 태어나자 그 맹세를 지키지 않았다고 한다. 따라서 여신의 화를 풀기 위해서는 아가멤논 딸 이피게네이아를 제물로 바쳐야 한다고 말했다.(일설에는 아가멤논이 아르테미스 숲에서 사슴 한 마리를 잡은 후 자신이 아르테미스 여신보다 뛰어난 사냥꾼이라고 자만했기 때문이라고도 한다. 또는 아가멤논의 아버지 아트레우스가 아르테미스 여신에게 가장 아름다운 가축을 바치겠다는 맹세를 지키지 않아 그 벌을 아들인 아가멤논이 받았다는 이야기도 있다)

오디세우스는 이피게네이아를 제물로 바치기 위해 아가멤논의 아내 클리타임네스트라에게 가서 영문을 모르는 그녀에게 딸 이피게네이아가 아킬레우스와 결혼하게 되었다고 거짓말을 했다. 이렇게 아울리스에 도착한 이피게네이아는 희생 제물로 바쳐졌

이피게네이아의 희생
프랑수아 페리에(Francois Perrier),
1632〜1633년, 디종 드 보자르 미술관

는데, 마지막 순간 아르테미스 여신이 이피게네이아 대신 암사슴을 제물로 바치게 하고 그녀를 타우로이족의 나라로 데려갔다. 그 나라의 왕은 토아스인데 그는 이피게네이아를 아르테미스 여신의 사제로 삼았다.

일설에 따르면 이피게네이아가 제물로 바쳐진 장소는 아울리스가 아니라 아티카 지방의 브라우론이라고 한다. 이피게네이아 대신 바쳐진 제물은 암사슴이 아니라 곰이었다고도 한다. 그녀가 제물로 바쳐질 때 곰 혹은 황소 혹은 암송아지 혹은 늙은 여자로 변했다고도 한다.

한편 에우리피데스에 따르면 클리타임네스트라와 이피게네이아가 아울리스에 도착했을 때 아킬레우스에게 자신의 딸과의 결혼에 대해 물었다가 아킬레우스가 자신을 이용해서 아가멤논이 이피게네이아를 제물로 바치려 한다는 사실을 알고 분노하였고, 뒤늦게 내막을 알게 된 클리타임네스트라도 아가멤논에게 딸을 살려달라고 애원하였다. 아킬레우스가 이피게네이아를 구해주려고 하였으나 함대의 출항을

오매불망 바라고 있는 병사들의 압박에 부딪혀 포기하고 말았다. 이피게네이아는 처음에는 조국을 위해 목숨을 바치는 고상한 죽음을 택하는 것보다 비참한 삶이라도 살고 싶다고 애원하였다. 그러나 차츰 자신의 운명을 받아들이게 된 그녀는 그리스를 위해 자신의 한 몸을 희생할 테니 트로이를 함락시켜달라고 말했다.

그러나 이피게네이아가 제단에 서자 그 순간 신비한 일이 일어났는데, 제단에 있던 이피게네이아가 사라지고 암사슴이 피를 흘리며 누워 있었다. 이피게네이아를 불쌍히 여신 아르테미스 여신이 그녀 대신 암사슴을 보낸 것이었다.

여사제 이피게네이아

이피게네이아는 타우리케(혹은 타우리스)에서 여사제로서 그곳으로 표류해 온 그리스인들을 제물로 바치는 일을 했다. 그러던 어느 날 이피게네이아의 동생 오레스테스가 친구 필라데스와 함께 이곳으로 몰래 들어왔다. 그는 아버지를 죽인 어머니 클리타임네스트라를 살해한 탓에 광인이 되어 복수의 여신들에게 쫓겨 객지를 전전하는 신세가 되었던 것이다. 그가 아폴론에게 어떻게 하면 이 고난에서 벗어날 수 있을지 묻자 아폴론은 타우로이족의 나라에 있는 아르테미스의 여신상을 그리스로 가져오면 그의 죄는 사해질 것이라고 말했다. 그리하여 오레스테스가 아폴론의 신탁에 따라 친구이자 사촌인 필라데스와 함께 타우리케로 온 것이다. 그러나 그들은 곧 바닷가에서 목동에게 붙잡히고 말았다. 목동은 이피게네이아에게 난파당한 그리스인들을 잡아왔으니 제물을 바칠 준비를 해달라고 하였다.

오레스테스와 필라데스는 두 손이 묶인 채 신전으로 끌려왔다. 이피게네이아와 오레스테스는 남매지만 오랫동안 떨어져 있던 탓에 서로 알아보지 못하였다. 두 남자가 그리스 출신이라는 것을 안 이피게네이아는 그들을 제물로 바치기 전에 유창한 그리스어로 고향 소식과 그녀의 가족들에 대해 물었다. 이피게네이아는 그들에게 한 가지 제안을 했는데 그들이 그녀의 편지를 가족들에게 전해준다면 오레스테스를 살려주겠다는 것이었다. 하지만 오레스테스는 친구를 배반하고 혼자서는 살 수 없다며 그 편지를 필라데스에게 주고 그를 살려달라고 말했다. 필라데스 역시 의리 없는 자라는 말을 듣고 싶지 않으니 오레스테스와 생사를 같이 하겠노라고 말했다. 그러자 오레스테스는 필라데스에게 살아남아서 자신의 여동생 엘렉트라와 함께 아가멤논 가의 핏줄을 이어달라고 부탁했다.

이피게네이아
안젤름 포이어바흐(Anselm Feuerbach), 1862년, 다름슈타트 헤센 주립 박물관

이피게네이아는 그녀의 편지를 가족에게 반드시 전해준다고 맹세하면 토아스 왕을 설득하여 그를 그리스로 돌려 보내주겠다고 재차 확인하였다. 필라데스는 무슨 일이 있어도 편지를 전달하겠으나 예기치 못한 일로 편지가 파도에 묻혀 버린다면 지금의 맹세는 지킬 수 없는 것이라고 말하였고, 그의 말에 이피게네이아는 차라리 편지 내용을 말해주겠다고 했다.

아가멤논의 아들 오레스테스에게 전해달라고 말하며 편지 내용을 읊던 여사제가 이피게네이아임을 알게 된 필라데스와 오레스테스는 혈육을 끌어안으며 기뻐하였다. 아직 상황 파악이 안 된 이피게네이아가 놀라 뒤로 물러나자 오레스테스는 가족 사이에서만 알 수 있는 일을 그녀에게 이야기해주며 자신이 그녀의 동생임을 밝혔다. 그 내용은 아트레우스와 티에스테스의 불화를 이피게네이아가 천에 짜 넣은 일이었다. 그제서야 이피게네이아는 경계심을 풀고 동생과 재회의 기쁨을 나누었다.

오레스테스에게서 그들이 이곳에 온 이유를 들은 이피게네이아는 여신상을 가지고 함께 그리스로 돌아갈 방법을 궁리하였다. 그녀는 토아스 왕에게 그들의 제물인 오레스테스와 필라데스가 클리타임네스트라를 죽여 정결하지 않은 상태이니 그들의 몸을 바닷물로 깨끗이 씻겨야 한다고 말했다. 그녀는 여신상이 뒤로 돌아 앉아 눈을 감고 있는 것은 이방인들이 죄를 지은 증거라고 말을 이으며 그들이 만진 여신상도 역시 씻겨야 한다고 덧붙였다. 그리고 정결 의식이 행해지는 동안 시민들은 절대 집 밖에 나와서는 안 된다고 말했다. 그들이 살인자들과 만나면 부정을 탈 수 있다는 그럴 듯한 이유를 대며, 토아스 왕은 반드시 신전에 머물러야 하며 불로 집안을 정화해야 하고 부정을 타지 않기 위해 겉옷으로 눈을 가리고 있어야 한다고 말했다.

이피게네이아 일행이 바닷가로 향하고 토아스 왕이 신전으로 들어간 후 얼마 지나지 않아 토아스의 사자가 신전으로 와서 이피게네이아 일행이 왕을 속이고 신성한 신상을 훔쳐 도망가고 있다고 전해주었다. 분노한 토아스 왕은 이피게네이아 일행을 추격하라고 명령했다. 그때 아테나 여신이 나타나 여신상을 그리스로 모셔가는 것은 아테나 여신과 아폴론의 뜻임을 밝혔다.

그 이후의 이야기

이피게네이아가 귀로에서 겪는 모험은 소포클레스의 소실된 비극 『크리세스』의 소재가 되었다. 이피게네이아와 오레스테스는 아르테미스 신상을 가지고 트로이의 스민토스(스민테)로 도망갔는데, 그곳에는 아가멤논과 크리세이스의 아들 크리세스가 아폴론의 사제로 일하고 있었다.

그들을 쫓아온 타우리케의 토아스 왕이 이피게네이아 일행을 내놓으라고 하자, 크리세스가 토아스 왕의 말대로 하려 할 때 젊은 크리세스의 할아버지 크리세스가 이피게네이아와 오레스테스는 아가멤논의 자식들이니 결국 그와 형제지간임을 밝혔다. 그리하여 젊은 크리세스는 오레스테스와 함께 토아스 왕을 죽였고 오레스테스와 이피게네이아는 아르테미스 신상을 가지고 행복하게 미케네로 돌아갔다.

일설에 의하면 이피게네이아와 크리세스는 아가멤논과 크리세이스의 자식이라고도 한다.

이피메데이아 Iphimedia, Iphimedeia

요약

그리스 신화에 등장하는 알로아다이 형제의 어머니이다.

알로스의 건설자 알로에우스와 결혼하였으나 포세이돈을 사랑하여 그에게서 거인 형제 오토스와 에피알테스를 낳았다. 이피메데이아는 빼어나게 아름다운 딸 판크라티스와 함께 해적들에게 납치되었다가 나중에 두 아들 알로아다이에 의해 구출되었다. 알로아다이는 '알로에우스의 자식들'이라는 뜻이다.

기본정보

구분	왕비
외국어 표기	그리스어: Ιφιμέδεια
관련 신화	낙소스 섬 초기 역사

인물관계

이피메데이아는 포세이돈과 카나케의 아들 트리오파스가 미르미돈의 딸 히스킬라와 결혼하여 낳은 딸로 에리시크톤, 포르바스와 남매다. 그녀는 아버지의 형제, 즉 숙부 알로에우스와 결혼하여 알로아다이라고 불리는 거인 아들 형제 오토스와 에피알테스 그리고 아름다운 딸 판크라티스를 낳았다. 하지만 알로아다이 형제의 실제 아버지는 바다의 신 포세이돈이라고 한다. 알로에우스는 아이톨리아 지방에 알로스라는 도시를 건설하였다.

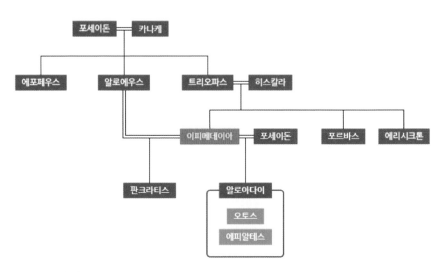

신화이야기

포세이돈을 사랑한 이피메데이아

이피메데이아는 알로에우스와 결혼한 사이였지만 바다의 신 포세이돈을 사랑하였다. 그녀는 매일같이 포세이돈을 생각하며 바닷가를 거닐고 바닷물에 몸을 담갔고 포세이돈도 그녀의 사랑에 응답하였다. 이피메데이아는 해변에 앉아 파도 거품의 애무를 받으며 임신하였고 얼마 후 오토스와 에피알테스 형제를 낳았다. 두 형제는 알로아다이(알로에우스의 자식들)라고 불렸지만 실제로는 포세이돈의 아들이었다.

알로아다이

알로아다이 형제는 엄청난 거인으로 달마다 키가 아홉 손가락만큼씩 자라서 아홉 살이 되었을 때는 벌써 아홉 길(약 16미터)이나 되었다. 성격이 사납고 힘센 청년으로 자라난 두 형제는 올림포스의 여신들을 차지하려고 신들을 공격하기로 했다.(오토스는 아르테미스를, 에피알테스는 헤라를 욕심냈다고 한다) 이를 위해서 그들은 올림포스 산 위에 오사 산과 펠리온 산을 쌓아 하늘로 올라가는 길을 내려고 했다.

도를 넘어선 이들의 오만한 행동에 분노한 신들은 두 형제에게 벌을 내렸다. 알로아다이 형제는 제우스가 벼락으로 내리쳤다고도 하고, 아폴론이 활을 쏘아 죽였다고도 하고, 아르테미스가 사슴으로 변신하여 둘 사이로 뛰어드는 바람에 서로 상대가 사슴을 잡으려 던진 창에 찔려 죽었다고도 한다.

형제는 저승에 가서도 벌을 받았다. 신들은 두 거인을 타르타로스의 기둥에 뱀으로 칭칭 묶은 다음 올빼미를 보내 끊임없이 울게 하여 이들을 괴롭혔다고 한다.

해적에게 납치된 이피메데이아와 판크라티스

이피메데이아가 알로에우스와 사이에서 낳은 딸 판크라티스는 빼어난 미모로 유명했다. 이피메데이아와 판크라티스는 아카이아의 드리오스 산에서 열리는 디오니소스 축제에 참가했다가 트라키아 출신의 해적 시켈로스와 헤케토로스에게 붙잡혀 스트론길레(훗날의 낙소스) 섬으로 끌려갔다.

그곳에서 두 해적은 서로 아름다운 판크라티스를 차지하겠다고 싸우다 둘 다 죽고 말았고 판크라티스는 낙소스의 왕 아가사메노스와 결혼하였다. 하지만 다른 이야기에 따르면 판크라티스를 차지하겠다고 싸우다 죽은 두 해적은 스켈리스와 카사메노스라고 한다.

아내와 딸을 빼앗긴 알로에우스는 곧 두 아들 오토스와 에피알테스를 보내 모녀를 찾아오게 하였다. 두 거인은 낙소스 섬을 공격하여 트라키아인들의 손에서 어머니와 누이동생을 구해냈다. 하지만 아름다운 판크라티스는 얼마 뒤 죽고 말았다.

이피메데이아는 죽어서 보이오티아의 항구도시 안테돈에 묻혔는데 그녀는 오디세우스가 예언자 테이레시아스를 만나기 위해 저승에 내려갔을 때 그곳에서 본 여인들 중 한 명이기도 하다.

이피스 Iphis

요약

키프로스의 살라미스에서 태어난 가난한 청년 이피스는 지체 높은 집안의 아가씨인 아낙사레테를 사랑했다. 그러나 아낙사레테는 그의 애타는 사랑을 끝까지 철저하게 무시하였고, 이피스는 결국 사랑의 상처로 목을 매 자살하고 이피스의 장례 행렬을 지켜보던 무정한 아낙사레테는 돌로 변하였다.

기본정보

구분	신화 속 인물
외국어 표기	그리스어: Ιφίς
관련 신화	아낙사레테

인물관계

테우크로스 가문의 딸 아낙사레테를 사랑한 청년 이피스는 사랑을 거절당하고 결국 목을 매 자살하였다.

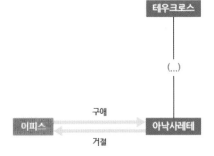

신화이야기

이피스의 짝사랑

보잘 것 없는 집안 출신인 이피스는 지체 높은 테우크로스 가문의 딸 아낙사레테에게 한 눈에 반했다. 그는 짝사랑으로 애를 태우다 도저히 자신의 사랑을 포기할 수 없어서 아낙사레테의 집을 찾아갔다.

이피스는 아낙사레테의 유모에게 제발 자기를 쫓아내지 말라고 간청하며, 아낙사레테의 하녀들을 붙들고 온갖 좋은 말을 하며 그들과 친분을 맺으려고 노력했다. 믿을 것이라고는 자신 밖에 없는 이피스는 이런 노력 외에 할 수 있는 것이 없었다. 이피스는 자신의 애타는 마음을 서판에 써서 하녀에게 아낙사레테에게 전해주길 부탁했다. 그는 눈물 젖은 꽃다발을 아낙사레테의 집 문 앞에 걸어두며 언제나 단단히 잠겨 있는 문을 저주하기도 하였다.

쓰라린 사랑의 종말

이피스는 갖은 노력으로 아낙사레테의 마음을 사려고 노력했지만 그녀의 마음은 무쇠처럼 단단했고 포효하는 파도보다 더 인정머리 없었다. 그녀는 이피스를 철저하게 무시하였고, 그녀의 차가운 행동과 말은 때때로 그에게 상처를 주었다. 이피스는 희망 없는 사랑에 괴로워하다 결국 아낙사레테에게 마지막 이별의 말을 전했다.

"아낙사레테여, 당신이 이겼습니다. 당신을 더 이상 귀찮게 하지 않겠습니다. 머리에 월계관을 쓰고 승전가를 부르세요. 당신이 결국 이겼으니 나는 죽음을 택할 것입니다. 무쇠 같은 당신, 이제 마음껏 기뻐하세요. 나는 죽음으로써 당신을 만족시키겠습니다. 죽기 전에까지 당신을 향한 내 사랑은 식지 않을 것입니다. 당신이 나의 죽음을 다른 사람의 입을 통해 듣게 하지는 않을 것입니다. 바로 그것이 내가 여기 와 있는 이유입니다. 내 시신을 보며 당신의 잔인한 눈을 즐기세요. 아, 하늘의 신이시여, 인간들을 굽어보시는 신이시여, 나를 기억해주소서. 사람들이 나의 슬픈 사랑이야기를 오랜 세월 동안 나누도록 하소서."

말을 마친 이피스의 눈에는 눈물이 잔뜩 고여 있었다. 그는 사랑하는 여자의 집 대문에 목을 맸다. 그가 그토록 설레며 사랑의 꽃다발을 걸던 바로 그 기둥이 그의 죽음의 자리가 된 것이다. 그는 "잔인한 여인이여, 적어도 이 꽃다발은 마음에 들 것이오."라고 말하며 눈을 감았다.

죽는 순간에도 이피스는 아낙사레테를 잊지 못해 그녀를 바라보았다. 이피스의 버둥거리는 발에 아낙사레테 집 대문이 활짝 열리자 비명소리가 터져 나왔다. 놀란 하인들이 달려 나와 불쌍한 이피스를 끌어내렸으나 그의 몸에는 이미 온기가 없었다.

이피스와 아낙사레테
비르길 졸리스(Virgil Solis)
: 아낙사레테의 집 앞에서 목을 맨 이피스

그들은 그의 시신을 홀어머니에게 운반하였고, 그의 어머니는 차디 찬 아들의 시신을 끌어안고 자식을 잃은 세상의 모든 부모들처럼 오열했다.

돌이 된 아낙사레테

이피스의 슬픈 장례 행렬이 도심을 지나갔다. 아낙사레테의 집은 장례 행렬이 지나는 길에 인접해 있는 까닭에 아낙사레테도 사람들의 울음 소리를 들었다. 아낙사레테가 장례 행렬을 구경하려고 다락방으로 올라가 창문을 통해 이피스의 시신을 보았다. 그 순간 그녀의 두 눈은 딱딱해지고 몸 속의 따뜻한 피가 싸늘하게 식으며 얼굴이 창백해지기 시작하였다. 자신의 몸의 변화에 기겁한 아낙사레테가 뒤로 물러서려 했지만 발이 땅에 붙어 움직이지 않았다. 그녀는 얼굴을 돌리려고 했으나 이마저도 할 수 없었다. 무정한 그녀의 무쇠 같은 마음처럼 그녀의 사지는 단단한 돌덩이가 된 것이다.

이피스 Iphis, 텔레투사의 딸

요약

이피스는 크레타의 릭두스와 텔레투사의 딸이다.

릭두스는 아내에게 딸을 낳으면 그 아이를 죽이라고 요구하였다. 딸을 죽일 수 없었던 텔레투사는 여신 이시스의 조언대로 이피스를 사내아이라고 속이고 30여 년을 키웠다. 이피스의 아버지는 그가 서른 살이 되자 아름다운 이안테와 결혼시키려 하였다. 이피스와 텔레투사는 이시스 여신에게 명령대로 살았으니 다시 한 번 도와달라고 간청하였고, 그들의 기도를 들은 이시스는 이피스를 진짜 남자로 만들어주었다.

기본정보

구분	신화 속 인물
외국어 표기	그리스어: Ἰφίς
관련 신화	이시스와 텔레투사

인물관계

이피스는 크레타의 릭두스와 텔레투사의 딸이다.

신화이야기

나는 아들만 원하오

크레타의 도시 파이스투스에 릭두스라는 남자가 살고 있었다. 그는 평민 출신으로 재산은 없었지만 신용만은 최고였다. 릭두스는 아내 텔레투사의 출산일이 다가오자 아내에게 두 가지 소원이 있다고 말했다. 하나는 텔레투사의 순산과 아들을 낳기를 바란다는 것이었다. 그는 자신은 부자가 아니기 때문에 딸을 낳을 경우 도저히 부담스러워 키울 수가 없으니 딸을 죽이라는 요구도 했다. 아비로서 그런 말을 해야 하는 릭두스와 그의 아내 텔레투사는 눈물을 쏟아냈다. 그녀는 남편에게 그러지 말라고 애원했으나 릭두스의 생각은 굳건했다.

남편을 속인 텔레투사

어느 날 텔레투사는 이시스 여신이 그녀의 침대 앞에 서 있는 꿈을 꾸었다. 이시스 여신은 그녀에게 남편의 요구는 무시하고 아들이든 딸

이시스 여신과 텔레투사
베르나르 피카르(Bernard Picart), 1932년, 오비디우스의 『변신이야기』의 삽화

이든 키우라고 충고했다. 마음의 짐을 벗고 텔레투사는 아이를 순산하였고, 아이는 아들이 아니라 딸이었으나 이시스 여신의 조언대로 아들이라고 속이고 키웠다. 릭두스는 아이가 아들이라는 것에 한 치의 의심도 품지 않고 할아버지의 이름 이피스를 물려주었다. 이피스라는 이름은 중성적이어서 텔레투사의 마음에도 들었다.

텔레투사의 거짓말은 여신의 보호 덕분에 발각되지 않고 세월이 흘렀다. 이피스는 소녀처럼 예뻤지만 소년처럼 옷을 입었다. 그렇게 30년의 세월이 흘러 이피스가 결혼을 할 때가 되었다.

여자가 여자를 사랑하다

릭두스는 이피스의 배필로 딕테의 텔레스테스의 딸 이안테로 정하였다. 금발의 이안테의 미모는 그것이 가장 값진 지참금이라 할 정도로 뛰어났다. 이피스와 이안테는 동갑내기였고 똑같이 아름다웠다. 그 둘은 열렬히 사랑했는데 그들의 사랑의 이유는 서로 달랐다.

이안테는 곧 다가올 결혼식을 기다리며 이피스가 곧 남편이 될 것이라는 생각에 더욱 그를 사랑하였고, 반면 여자로서 남편이 될 수 없음을 알고 있는 이피스는 이루어질 수 없는 안타까운 사랑 때문에 이안테를 더 뜨겁게 사랑했다. 이피스는 여자로서 여자를 사랑하는 자신의 사랑이 어떻게 끝날지 두려웠다. 하물며 동물도 암컷끼리 짝을 짓지 않는데 왜 자신은 이런 비극적인 사랑을 해야 하는지 차라리 태어나지 않은 편이 좋았을 것이라고 한탄했다.

결혼식 날짜가 다가올수록 이피스의 마음은 갈갈이 찢어졌다. 가장 기쁘고 행복할 날이 이피스와 그녀의 어머니에게 가장 슬픈 날이 될 것이기 때문이었다. 30년 동안 간직한 그들의 엄청난 비밀이 백일하에 드러나고 그의 사랑도 끝을 맺어야 하는 것이었다.

남자가 된 이피스

이피스의 어머니 텔레투사도 혼란스럽고 두려운 것은 마찬가지였다. 그녀는 이피스가 아프다거나 꿈이 좋지 않다는 등의 핑계를 대며 결혼식 날짜를 계속 연기했지만 이것도 한계가 있다 보니 결국 결혼식 날이 다가왔다.

결혼식 하루 전날 텔레투사와 이피스는 머리를 푼 채 이시스의 제단을 부여잡고 그들 모녀를 도와달라고, 이시스 여신의 명령대로 했으니 모녀를 불쌍히 여겨 한 번 더 도와달라고 눈물로 하소연했다. 그 순간 여신의 제단이 움직이더니 신전의 문들이 흔들리고 달 모양의 뿔들이 번쩍이며 딸랑이 소리가 요란하게 났다. 텔레투사는 이 모든 것이 좋은 전조라고 생각하며 신전을 나섰다. 그런데 이피스의 모습이 어딘가 달라보였다. 얼굴빛은 더 검어졌고 얼굴은 더 날카로웠으며 치장하지 않은 머리는 짧아졌다. 근육 또한 여자의 것이 아니라 남자의 몸이었다. 마침내 이시스 여신이 그들의 소원을 들어주어 이피스가 완전한 남자가 된 것이었다.

이피스와 이안테의 결혼식에는 비너스 여신, 헤라 여신, 히메나이오스가 참석했다. 햇살은 찬란하게 빛났고 남자 이피스와 아름다운 여자 이안테가 아름다운 결혼식을 올렸다.

이시스 여신은 이피스를 남자로 만들어주었다
요한 빌헬름 바우어(Johann Wilhelm Bauer), 1703년
오비디우스의 『변신이야기』에 실린 판화

이피클레스 Iphicles

요약

그리스 신화에서 나오는 헤라클레스의 쌍둥이 동생이다. 헤라클레스와 숱한 싸움에 함께 참여하였으며 그의 아들 이올라오스도 헤라클레스의 조력자로 유명하다.

기본정보

구분	영웅
외국어 표기	그리스어: Ἰφικλῆς
관련 신화	헤라클레스의 모험, 칼리돈의 멧돼지 사냥

인물관계

이피클레스는 암피트리온과 알크메네의 아들로 헤라클레스와 쌍둥이 형제로 태어났지만 헤라클레스의 아버지는 암피트리온이 아니라 제우스라고 한다.

이피클레스는 메가라 왕 알카토오스의 딸인 아우토메두사와 결혼하여 나중에 헤라클레스의 조력자로 이름을 떨치는 아들 이올라오스를 낳았다. 이피클레스는 다시 테바이의 왕 크레온의 작은 딸과 결혼하여 두 명의 아들을 낳았으나 이들은 헤라 여신에 의해 실성한 헤라클레스가 광기에 사로잡혀 자기 자식들을 죽일 때 함께 살해당했다.

신화이야기

출생

이피클레스와 헤라클레스는 알크메네가 낳은 쌍둥이 형제이지만 아버지는 서로 달랐다. 이피클레스의 아버지는 알크메네의 남편 암피트리온이었지만 헤라클레스의 아버지는 제우스라는 것이었다. 쌍둥이 형제의 아버지가 서로 다른 연유는 이러하다.

암피트리온의 아름다운 아내 알크메네에게 반한 제우스는 그녀의 남편 암피트리온이 전쟁터에 나간 사이에 그의 모습으로 변신하여 알크메네와 사랑을 나누었다. 제우스는 알크메네의 의심을 풀기 위해 전리품을 선물로 주고 마치 실제로 싸운 듯 전쟁터에서의 이야기도 들려주었다. 다음날 전쟁터에서 돌아온 암피트리온은 아무것도 모른 채 아내와 사랑을 나누었고 얼마 뒤 알크메네는 쌍둥이를 임신하였는데 이들이 이피클레스와 헤라클레스였다.

뱀을 죽이는 헤라클레스와 겁에 질린 이피클레스
고대 그리스 도기 그림, 기원전 470년경, 루브르 박물관

헤라 여신은 헤라클레스가 제우스의 자식임을 알고 쌍둥이가 누워 있는 방으로 독사 두 마리를 보내 어린 헤라클레스를 죽이려 했다. 어린 아들의 자지러지는 울음소리를 들은 암피트리온이 칼을 빼들고 방으로 가보니 이피클레스는 새파랗게 겁에 질려 울고 있는데 헤라클레스는 양 손에 뱀을 한 마리씩 쥐고 있었다. 뱀들은 목이 졸려 죽어 있었다. 이때 헤라클레스는 태어난 지 겨우 열 달이었다.

암피트리온은 이 광경을 보고 이피클레스만이 자신의 피를 이은 아들이고 헤라클레스는 제우스의 아들임을 알게 되었다고 한다. 나중에 제우스가 부부의 화해를 중재했고 암피트리온은 분노를 접고 신의 아들의 양부(養父) 노릇을 받아들였다.

테바이의 왕 크레온의 두 딸과 결혼한 헤라클레스와 이피클레스

성년이 된 이피클레스는 쌍둥이 형제 헤라클레스와 함께 본격적인 모험에 나섰다. 두 형제는 오르코메노스의 왕 에르기노스가 테바이를 공격할 때 처음으로 함께 전쟁에 참여하였다.

오르코메노스의 왕 에르기노스는 부친이 테바이인에 의해 죽임을 당하자 군대를 이끌고 테바이를 공격한 적이 있었다. 당시에 에르기노스 왕은 궁지에 몰린 테바이 왕으로부터 20년 동안 해마다 100마리의 소를 조공을 바치겠다는 약속을 받아내고 나서야 테바이에서 물러났다. 그런데 나중에 헤라클레스가 조공을 받으러 온 자신의 사신들을 습격하자 에르기노스는 다시 테바이로 쳐들어왔다.('에르기노스' 참조)

테바이의 왕 크레온은 겁에 질려 항복하려 했지만 헤라클레스와 이피클레스는 테바이의 젊은이들을 독려하여 항전에 나선 끝에 에르기노스의 군대를 물리치고 승리를 거두었다. 이에 대한 보답으로 크레온 왕은 헤라클레스에게 맏딸 메가라를 아내로 주고 이피클레스에게는 작은 딸을 주었다. 이피클레스는 이미 아내 아우토메두사가 있었지만 이 결혼을 위해 그녀를 버렸다.

자기 자식들을 모두 죽인 헤라클레스

헤라클레스와 크레온 왕의 딸 메가라 사이에서는 여러 명의 자식들이 태어났다. 하지만 남편 제우스가 알크메네와 바람을 피워 얻은 아들인 헤라클레스를 어릴 때부터 미워한 헤라 여신은 그가 처자식과 함께 행복한 삶을 살아가는 것을 그대로 두고 보지 않았다. 헤라의 저주는 가혹했다. 그녀는 한 순간 헤라클레스를 실성하게 만들어 처자식을 닥치는 대로 죽이게 하였다. 이피클레스의 개입으로 헤라클레스의 아내 메가라는 간신히 목숨을 구했지만 그녀의 자식들은 모두 아버지 헤라클레스의 손에 죽임을 당했으며 이피클레스의 자식들도 전처에게서 얻은 이올라오스 하나만 빼고 모두 목숨을 잃었다.

제정신이 든 헤라클레스는 더 이상 메가라와 살기를 원치 않아 그녀를 조카인 이올라오스에게 주었다. 헤라클레스는 자식들을 죽인 죄를 씻기 위해 신탁의 지시에 따라 미케네 왕 에우리스테우스의 노예가 되어 열두 가지의 힘든 과업을 수행해야 했다.

이피클레스의 죽음

그 뒤로도 이피클레스는 헤라클레스가 트로이로 쳐들어가 라오메돈 왕을 응징할 때도 함께 했고 칼리돈의 멧돼지 사냥에도 함께 참가하였다. 이피클레스는 헤라클레스가 스파르타의 왕 히포콘을 상대로 벌인 전쟁에 함께 참가했다가 목숨을 잃었다고도 하고 아우게이아스 왕과 전쟁을 벌였을 때 입은 상처로 죽었다고도 한다. 사람들은 상처를 입은 이피클레스를 아르카디아의 페네오스로 옮겼는데 그곳에서 그는 죽음을 맞았다. 페네오스 사람들은 이피클레스의 무덤을 만들고 그를 영웅으로 숭배하였다.

이피토스 Iphitus

요약

이피토스는 오이칼리아의 왕 에우리토스의 큰아들로, 헤라클레스를 믿었지만 그 믿음으로 인해 헤라클레스에게 처참한 죽임을 당했다.

기본정보

구분	왕자
외국어 표기	그리스어: Ἴφιτος
관련 신화	헤라클레스

인물관계

신화이야기

활쏘기 시합

오이칼리아의 왕 에우리토스의 큰아들인 이피토스는 정의로운 사람이었는데 오히려 그것이 화근이 되어 헤라클레스에 의해 처참하게 죽었다. 이피토스가 어떻게 죽음을 맞게 되었는지 『비블리오테케』에서 그의 행적을 추적해보자.

헤라클레스는 헤라의 저주로 광기에 빠져 자신의 손으로 세 아들을 죽이는 천인공노할 죄를 짓고 말았다. 제정신이 돌아온 그는 씻을 수 없는 죄를 정화하기 위해 티린스의 왕 에우리스테우스의 노예가 되어 열두 가지 과업을 완수하였다.

모든 노역을 마치고 테바이로 다시 돌아온 헤라클레스는 자신이 죽인 세 아들의 엄마인 메가라와 헤어지고 다시 결혼을 해야겠다고 생각을 하던 차에, 자신에게 궁술을 가르쳐준 오이칼리아의 왕 에우리토스가 활쏘기 시합에서 자신과 자신의 아들들을 이기는 사람에게 딸 이올레를 신부로 줄 것이라는 소식을 들었다. 그는 곧바로 활쏘기 시합에 참여하여 아폴론의 제자라고 자처하는 에우리토스와 그의 아들들을 이기고 승자가 되었다. 하지만 에우리토스는 이올레를 헤라클레스에게 주지 않았는데, 자식을 하나도 둘도 아닌 셋씩이나 죽인 헤라클레스의 과거 때문이었다. 게다가 아내까지 버린 그의 전력은 자식 둔 아비의 마음으로 헤라클레스를 사위로 맞고 싶지 않았을 것이다. 아니면 궁술에서 누구보다도 자부심을 가지고 있던 에우리토스가 그렇게 쉽게 자신을 이겨버린 헤라클레스를 인정할 수 없었을 지도 모른다. 이유가 무엇이든 에우리토스와 세 명의 아들은 한 마음으로 헤라클레스를 배척하였다. 그러나 그 중 장남인 이피토스만 약속은 지켜야 한다고 주장했다.

이피토스의 죽음

헤라클레스는 원한을 품은 채 오이칼리아를 떠나 미케네로부터 그리 멀리 떨어져 있지 않은 아르고스 평원에 높이 솟은 바위산이 있는 마을 티린스로 갔다. 때마침 에우리토스의 소 몇 마리가 사라지는 사건이 일어났다.(『오디세이아』에서는 암말 열두 마리라고 나온다) 이는 도둑

이올레, 이피토스, 헤라클레스
코린트식 도기, 기원전 600년
루브르 박물관

질의 명수인 아우톨리코스의 짓이었지만 에우리토스는 헤라클레스의 소행이라 믿었다. 이번에도 이피토스는 헤라클레스가 소를 훔치지 않았다고 생각하였고, 헤라클레스가 자신의 운명을 어떻게 막을 내릴 지는 생각도 못하고 헤라클레스에게 갔다. 그리고 그에게 사라진 소를 같이 찾아보자고 했다. 하지만 헤라클레스는 다시 광기에 빠졌고 그만 그를 티린스의 성벽에서 내던져버렸다. 선한 마음을 가지고 있던 이피토스는 그렇게 억울한 죽음을 당하고 말았다.

『오디세이아』에는 이피토스의 행적이 좀 더 상세하게 그려져 있다. 이피토스는 말들을 찾으러 가는 중에 메세네의 아우톨리코스의 손자 오디세우스를 만나 우정의 표시로 아버지에게 받은 활을 그에게 주었다.(오디세우스는 20년 후 그 활로 아내 페넬로페를 괴롭힌 구혼자들을 쏘아 죽인다) 오디세우스는 답례로 날카로운 칼과 단단한 창을 이피토스에게 주었고, 이렇게 두 남자의 우정이 시작되었으나 그 우정은 시작과 동시에 끝나고 말았다. 바로 헤라클레스 때문이었다.

오디세우스와 헤어진 후 헤라클레스를 만난 이피토스는 사라진 소들을 찾을 수 있도록 도와달라고 부탁하였고, 헤라클레스는 이피토스를 환대하는 척 그와 식사를 하다가 결국 그를 살해하였다.

이피토스의 죽음에 대한 다른 이야기도 있다. 디오도로스 시쿨로스에 따르면 헤라클레스는 말들을 훔쳐 티린스로 갔는데, 이피토스가 말을 찾으러 티린스로 오자 그를 성벽 위로 데려가서 말들이 보이느냐고 물었다. 이피토스가 아무 것도 보이지 않는다고 말하자 자신을 무고했다며 그를 성벽 아래로 던져 죽여버렸다.

익시온 Ixion

요약

그리스 신화에 나오는 테살리아 왕으로 인류 최초의 친족 살해자이
다. 데이오네우스의 딸 디아와 결혼한 뒤 구혼 당시 약속한 결혼 선물
을 주지 않으려고 장인 데이오네우스를 살해하였다.

익시온은 또 헤라 여신을 범하려다 제우스가 구름의 님페 네펠레에
게 지시하여 만든 헤라의 환영과 정을 통하여 반인반마족인 켄타우
로스들을 낳았다고 한다.

기본정보

구분	테살리아의 왕
상징	배은망덕, 친족살해, 신성모독
외국어 표기	그리스어: Ἰξίων
관련 신화	켄타우로스의 탄생, 켄타우로마키아
가족관계	켄타우로스의 아버지, 디아의 남편, 페이리토오스의 아버지, 네펠레의 남편

인물관계

익시온의 가계에 관해서는 다양한 이야기가 있다. 그는 플레기아스,
혹은 아레스, 혹은 레온테오스, 혹은 안티온의 아들로 어머니는 페리
멜라이며 코로니스와 남매이다.

익시온은 마그네시아의 왕 데이오네우스(혹은 에이오네우스)의 딸 디

아와 결혼하여 아들 페이리토오스를 낳았다. 하지만 페이리토오스는
제우스가 디아를 유혹하여 낳은 아들이라고도 한다. 익시온은 또한
구름의 님페 네펠레가 변한 헤라의 환영과 정을 통하여 켄타우로스
들을 낳았다고도 한다.

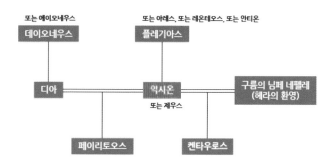

신화이야기

최초의 친족살해자

익시온은 테살리아의 왕으로 라피타이족을 다스렸다. 그는 이웃나
라 마그네시아의 왕 데이오네우스(혹은 에이오네우스)의 딸 디아와 결혼
하였는데 이 결혼을 위해 데이오네우스에게 많은 결혼 선물을 약속하

지하로 떨어진 익시온
쥘 엘리 들로네(Jules Elie Delaunay), 1876년
낭트 미술관

였다. 하지만 결혼 뒤에 장인
데이오네우스가 약속의 이행
을 요구하자 선물을 내주지 않
으려고 비열하게도 그를 뜨거
운 숯이 가득한 구덩이에 떨어
뜨려 죽였다.

신들에 의해 신성하게 결합
된 가족의 일원을 살해하는
것은 이전까지 한 번도 없었던

일이었다. 가족은 같은 수호신을 섬기기 때문이다. 이로 인해 익시온은 그리스 신화에서 최초로 친족 살해를 저지른 죄인, 즉 구약 성서의 카인과 같은 인물로 간주된다.

익시온과 네펠레
페테르 파울 루벤스 (Peter Paul Rubens), 1615년
루브르 박물관

헤라를 범하려 한 익시온

친족 살해는 신성모독에 해당하는 중죄였기 때문에 아무도 익시온을 정화해주려 하지 않았다. 모든 신들 가운데 오로지 제우스만이 죄를 저지른 후 광기에 빠져 있던 익시온을 불쌍히 여겨 그의 죄를 정화해주었다. 하지만 익시온이 배은망덕하게도 자신의 아내 헤라를 범하려 하자 제우스는 구름의 님페 네펠레에게 헤라의 환영을 만들게 하여 익시온을 속였다. 익시온은 네펠레(구름)를 헤라로 믿고 정을 통하였고 이 결합에서 반인반마족인 켄타우로스들이 태어났다고 한다.

제우스는 또 다시 신성모독의 죄를 범한 익시온을 불타는 수레바퀴에 묶어 허공으로 던져버렸다. 익시온은 타르타로스(저승)에 가서도 불타는 수레바퀴에 묶여 영원한 고통을 받고 있다고 한다. 전승에 따라 익시온이 묶인 수레바퀴에는 활활 타오르는 불길이 아니라 뱀이 휘감겨 있기도 하다.

수레바퀴에 묶인 익시온
베르나르 피카르(Bernard Picart), 1731년
개인 소장

페이리토오스와 켄타우로스의 싸움

익시온은 디아에게서 테세우스의 친구로 유명한 페이리토오스를 낳았다. 하지만 실제로 페이리토오스는 익시온의 짓을 괘씸하게 여긴 제우스가 그의 아내 디아를 유혹하여 낳게 한 아들이었다고도 한다.

장성한 페이리토오스가 익시온에 뒤이어 테살리아의 왕위에 오르자 켄타우로스들은 자신들도 익시온의 아들이므로 영토를 나누어달라고 요구하였다. 이 분쟁은 결국 켄타우로스들이 펠리온 산을 차지하면서 해결되었다.

라피타이족과 켄타우로스족의 싸움
세바스티아노 리치(Sebastiano Ricci), 1715년
개인 소장

하지만 이복형제들의 싸움은 여기서 그치지 않았다. 페이리토오스가 부테스의 딸 히포다메이아와 결혼할 때 켄타우로스들도 친척으로 결혼식에 참석했다. 그런데 술을 잘 마시지 못하는 켄타우로스들이 잔칫상의 포도주를 너무 많이 마시는 바람에 몹시 취하여 신부와 라피타이족의 처녀들을 겁탈하려 하였다. 그러자 페이리토오스가 라피타이인들을 이끌고 켄타우로스들을 공격하면서 둘 사이에 큰 싸움이 벌어졌다.(켄타우로마키아) 싸움에는 결혼식 하객으로 그 자리에 있던 페이리토오스의 친구 테세우스도 가담하여 결국 수많은 켄타우로스들이 이들의 손에 목숨을 잃고 말았다. 이 일로 켄타우로스들은 테살리아에서 추방되어 펠로폰네소스로 가게 된다.

디아의 아들 페이리토오스는 나중에 테세우스와 함께 하계에 내려가서 페르세포네를 납치하려다 영원히 그곳에 갇히는 신세가 되었다.

일로스 Ilus

요약

그리스 신화에서 트로이 왕국을 건설한 왕이다. 신탁의 명에 따라 이데 산의 밋밋하게 비탈져 나간 밑부분에 위치한 스카만드로스 평야에 자신의 이름을 딴 왕국 일리온을 건설하였다. 일리온은 일로스의 아버지 트로스의 이름에 따라 트로이라고도 불렸다.

그리스 신화에는 그밖에도 몇 명의 일로스가 더 등장한다.

기본정보

구분	트로이의 왕
외국어 표기	그리스어: Ἶλος
관련 신화	트로이 건국
가족관계	트로스의 아들, 에우리디케의 남편, 라오메돈의 아버지, 가니메데스의 형제

인물관계

트로이(일리온)의 건설자 일로스는 다르다니아의 왕 트로스와 강의 신(河神) 스카만드로스의 딸 칼리로에와의 사이에서 난 아들로, 다르다노스의 후손이다. 아사라코스, 가니메데스와는 형제지간이며 에우메데스의 딸 에우리디케와 결혼하여 테미스테, 라오메돈 등을 낳았다. 트로이의 마지막 왕 프리아모스는 일로스의 손자이다.

신화이야기

트로이의 건설

다르다니아의 왕 트로스의 아들인 일로스는 프리기아 지방의 이웃 나라에서 열린 경기에 참가하여 모든 상대자들을 물리치고 승리하였

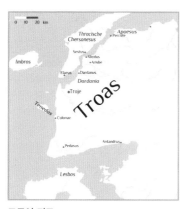

트로이 지도
©Dbachmann@wikimedia(CC BY-SA 3.0)

다. 이웃나라 왕은 일로스에게 상으로 젊은 남녀 50명과 함께 신탁이 지시한 얼룩소를 하사하고는 이 짐승이 멈추는 곳에 도시를 건설하라고 했다. 일로스는 신탁에 따라 얼룩소가 멈춘 곳에 성을 쌓고 도시를 세웠다. 그곳은 그의 일족이 정착하여 살고 있던 스카만드로스 평야의 아테 언덕으로 아버지 트로스의 이름을 따서 이미

트로이라고 불리고 있는 곳이었다. 아테 언덕은 실수의 여신 아테가 제우스를 속인 벌로 올림포스에서 내던져져 떨어진 곳이었다.

아테나 신전

도시를 건설하기에 앞서 일로스는 신의 뜻을 알기 위해 제우스에게 기도를 올렸다. 제우스는 일로스의 기도에 응답하여 도시의 건설을 인정한다는 승인의 징표로써 아테나 여신의 목상 팔라디온을 내려주었다. 일로스는 제우스가 하늘에서 팔라디온을 내려 준 자리에 아테나 여신의 신전을 세우고 팔라디온을 그 안에 모셨다. 그때부터 트로이인들은 팔라디온이 신전 안에 모셔져 있는 한 트로이가 멸망하지 않는다고 믿었다. 나중에 트로이 전쟁이 벌어졌을 때 그리스군에서는 오디세우스와 디오메데스를 트로이 성 안으로 몰래 들여보내 이 여신상을 훔쳤다.

팔라디온은 일로스의 장막 바로 앞에 떨어졌다고도 하고 아직 완성되지 않아 지붕이 열린 채로 있던 아테나 신전의 제단 앞에 곧바로 떨어졌다고도 한다. 팔라디온은 약 3큐빗(1큐빗=50센티미터) 크기의 입상으로 발을 모은 자세였

아테나 여신상 팔라디온
기원전 6세기, 청동상, 그리스 스파르타 유물

고 손에는 아테나 여신을 상징하는 창과 실패가 들려 있었다.

장님이 된 일로스

일로스는 아테나 신전에 불이 났을 때 몸소 불길 속에 뛰어들어 팔

라디온을 구해냈는데 이때 남자들이 절대로 보아서는 안 되는 신성한 여신상을 보았기 때문에 장님이 되고 말았다. 하지만 나중에 일로스는 아테나 여신께 제물을 바치고 상황의 불가피함을 호소한 끝에 여신의 분노를 가라앉히고 다시 눈을 뜰 수 있었다.

두 개의 왕국

아버지 트로스 왕이 죽은 뒤 일로스는 새로 건설한 왕국 일리온에 머물며 다르다니아의 통치는 동생 아사라코스에게 맡겼다. 이때부터 트로이는 다르다니아와 일리온 두 개의 왕국으로 나뉘었다.

호메로스의 『일리아스』에 따르면 일로스의 무덤은 트로이 평원의 야생 무화과나무 근처에 있다고 한다.

또 다른 일로스

1) 다르다노스의 아들 일로스

다르다노스와 바테이아 사이에서 난 네 형제 중 한 명으로 형 에리크토니오스가 죽은 뒤 다르다니아의 왕위를 계승하였다. 그가 후사가 없이 죽은 뒤 다르다니아의 왕위는 에리크토니오스의 아들 트로스에게로 넘어갔다. 하지만 이 일로스가 트로스의 아들 일로스와 실제로 다른 인물인지는 확실치 않다.

2) 메르메로스의 아들 일로스

에피라의 왕 메르메로스의 아들로 영웅 이아손과 메데이아의 손자이다. 호메로스의 『오디세이아』에 따르면 일로스는 오디세우스가 화살에 바를 독을 얻기 위해 찾아왔을 때 신들이 벌을 내릴까 두려워 이를 거절하였다고 한다.

신화해설

　일로스 신화는 트로이가 건국되는 과정을 보여주는 신화이다. 지중해와 흑해가 바닷길로 연결되는 요충지에 건설되어 커다란 부와 영광을 누리다 몰락한 트로이는 일로스에 의해서 비로소 국가의 틀을 갖추기 시작했다. 트로이는 일로스가 세운 나라라고 하여 일리온이라고 불리기도 했다. 트로이 전쟁을 노래한 호메로스의 서사시 『일리아스』는 '일리온의 이야기'라는 뜻이다.

ㅈ

그 리 스 로 마 신 화 인 물 사 전

Greek Roman mythology Dictionary

자그레우스 Zagreus

요약

 제우스와 페르세포네 사이에서 태어난 자그레우스는 트라키아 신화에서 생겨나 그리스 신화에 포함된 인물로, 오르페우스 비교(秘敎)에서 디오니소스와 동일시되며 숭배되었다. 그는 헤라의 명령을 받은 티탄들에게 붙잡혀 사지가 갈가리 찢겨 죽었지만 남아 있는 심장을 통해 세멜레의 몸에서 디오니소스로 환생하였다.

기본정보

구분	전원의 신
상징	환생, 소생
외국어 표기	그리스어: Ζαγρεύς
별칭	자그레우스 디오니소스 (디오니소스와 동일시)
관련 상징	황소
관련 신화	디오니소스의 탄생
가족관계	제우스의 아들, 페르세포네의 아들

인물관계

 제우스와 페르세포네 사이에서 태어난 아들이며 '첫 번째 디오니소스로 간주된다. 헤라의 박해를 받아 죽은 뒤 세멜레의 몸을 통해 디오니소스로 다시 태어났다.

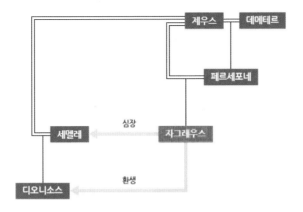

신화이야기

자그레우스의 탄생

　제우스는 대지의 여신 데메테르와 사이에서 페르세포네가 태어나자 그녀에게 자신의 아들 자그레우스를 낳게 하여 후계자로 삼으려는 계획을 세웠다. 제우스는 뱀으로 변신하여 페르세포네를 임신시켰고 자그레우스가 태어나자 헤라의 질투를 피하기 위해 어린 자그레우스를 아폴론과 쿠레테스에게 맡겨 파르나소스의 숲 속 동굴에서 키우게 하였다. 하지만 헤라는 기어코 자그레우스를 찾아내어 티탄 신족을 시켜 그를 잡아오게 하였다.

티탄에게 잡아먹힌 자그레우스

　티탄들은 쿠레테스가 지키는 동굴에서 나오도록 자그레우스를 선물로 유인하였다. 티탄들의 첫 번째 선물은 사과였다. 티탄들은 자신들이 주는 사과를 먹으면 여인의 몸을 가질 수 있다고 자그레우스를 유혹하였다. 두 번째로 티탄들은 자그레우스에게 동굴 밖으로 나오면 동물들의 말을 알아들을 수 있는 능력을 주겠다고 유혹하였다. 자그레우스는 마침내 세 번째 유혹에 넘어가고 말았는데, 티탄의 세 번째 선

황소머리로 표현된 자그레우스

물은 거울이었다. 자그레우스가 거울에 매료되어 방심한 틈을 타 티탄들이 그를 덮친 것이다.

변신 능력이 있었던 자그레우스는 사자, 뱀, 호랑이 등으로 모습을 바꾸며 티탄의 손아귀에서 벗어나려 하였지만 허사였다. 티탄들은 그가 황소로 변신하자 갈가리 찢어 죽이고는 그 고기를 먹어치웠다.

디오니소스로 환생한 자그레우스

아폴론(혹은 데메테르)은 아이의 남은 유해를 모아서 델포이 근처에 묻어주려 했지만 제우스는 아이를 다시 살리기로 마음먹었다. 제우스는 다행히 남아 있는 자그레우스의 심장을 세멜레에게 먹여 그녀의 몸 안에서 다시 아들을 만들어 태어나게 하였다. 이 아이가 자그레우스의 심장으로 태어난 (두 번째) 디오니소스이다. 하지만 다른 이야기에 따르면 제우스는 자신이 자그레우스의 심장을 먹고 세멜레와 결합하여 디오니소스를 낳았다고도 한다.

오르페우스 비교에서는 이와 같은 신화에 바탕하여 자그레우스를 디오니소스와 동일시하며 숭배하였다. 오르페우스 비교에서 전하는 디오니소스의 이후 행적은 그리스 신화의 일반적인 디오니소스 이야기와 동일하다.

제우스 Zeus

요약

그리스 신화의 최고신으로 '주신(主神)', '신들과 인간들의 아버지' 등으로 불린다.

티탄 신족의 우두머리 크로노스와 레아의 막내아들로 태어나 아버지를 왕좌에서 밀어내고 신들과 인간들의 지배자가 되었다. 누이 헤라와 결혼했으나 수많은 여성들과 애정행각을 벌이며 자식들을 낳아 헤라를 질투에 사로잡히게 하였다. 주로 벼락을 손에 든 모습으로 독수리와 함께 표현되며 로마 신화의 유피테르와 동일시된다.

오트리콜리의 제우스
그리스 조각의 로마시대 모사품. 4세기
바티칸 박물관

기본정보

구분	올림포스 12신
상징	주신(主神), 왕, 아버지, 지배자, 천둥과 벼락
외국어 표기	그리스어: Ζεύς
어원	하늘, 대낮의 밝은 빛
별칭	주피터(Jupiter)
로마 신화	유피테르(Iuppiter)
별자리	목성
관련 상징	독수리, 벼락, 떡갈나무, 황소
가족관계	크로노스의 아들, 헤라의 남편

인물관계

혈통

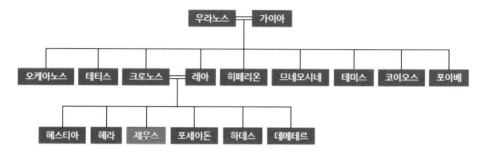

제우스의 여자와 자식들

제우스	= 메티스	아테나
	= 테미스	모이라이 호라이
	= 에우리노메	카리테스
	= 데메테르	페르세포네
	= 디오네	아프로디테
	= 므네모시네	무사이
	= 헤라	아레스 헤베 에일레이티이아 헤파이스토스
	= 레토	아폴론 아르테미스
	= 마이아	헤르메스
	= 세멜레	디오니소스
	= 에리스	리모스
	= 다나에	페르세우스
	= 알크메네	헤라클레스
	= 에우로페	미노스 라다만티스 사르페돈
	= 이오	에파포스
	= 레다	헬레네 디오스쿠로이
	= 아이기나	아이아코스
	= 칼리스토	아르카스
	= 안티오페	암피온 제토스

	= 엘렉트라	이아시온 하르모니아 다르다노스
	= 카르메	브리토마르티스
	= 니오베	아르고스 펠라스고스
	= 플루토	탄탈로스
	= 타이게테	라케다이몬

제우스는 티탄 신족인 크로노스와 레아 사이에서 태어난 6남매 중 한 명이다. 나머지 형제로는 여신 헤스티아, 헤라, 데메테르와 남신 포세이돈, 하데스가 있다. 제우스는 헤라와 결혼하여 삼남매 아레스, 헤베, 에일레이티이아를 낳았고 또 다른 아들 헤파이스토스는 아내 헤라가 남편의 도움 없이 홀로 낳았다는 이야기가 있다.

제우스는 헤라 외에도 신과 인간을 포함한 숱한 여성들과 사이에서 수없이 많은 자식들을 낳았다. 올림포스 주요 신들은 형제들을 제외하고는 대부분 제우스의 자식들로 채워졌으며 그리스 지방의 유명 왕가나 귀족 가문의 시조 중에도 그의 자식들이 많다.

스미르나의 제우스

스미르나(지금의 터키 이즈미르)에서 발굴된 석상, 2세기 루브르 박물관

신화이야기

그리스 로마 신화의 주신(主神)

제우스는 그리스 신화의 최고 신으로 다른 모든 그리스 신들보다 강력하다. 그리스 신화에서 제우스를 능가하는 권력은 운명의 힘 밖에

없다. 하지만 운명을 주관하는 여신들인 모이라이 자매도 그의 딸들이다.(모이라이는 밤의 신 닉스의 딸이라는 이야기도 있다)

제우스라는 이름의 어원은 '하늘'을 뜻하는 디우스(dyeus)로 올림포스 신들 중 유일하게 인도유럽어족에 속한다. 제우스와 동일시되는 로마 신화의 유피테르 역시 '낮의 하늘'을 뜻하는 디에스(dies)와 아버지를 뜻하는 파테르(pater)가 합해진 말로 하늘의 아버지라는 뜻이다.

제우스는 이름에서도 알 수 있듯이 하늘과 빛의 신이지만 우라노스나 아이테르처럼 하늘 자체와 동일시되지는 않는다. 이는 아폴론과 포세이돈이 헬리오스와 오케아노스처럼 바다와 동일시되지 않는 것과 같다. 제우스는 모든 신들과 인간들의 왕으로서 하늘 높은 곳에서 온 세상을 다스린다.

제우스와 독수리
라코니아의 접시 그림, 기원전 560년
루브르 박물관

그리스인들은 제우스의 옥좌가 하늘 높이 치솟은 올림포스 산 정상에 있다고 믿었지만 올림포스는 점차 특정한 산이 아니라 신들이 거처하는 신성한 곳을 가리키는 말로 일반화되었다.

제우스는 천상에서 비와 우박을 내리고 천둥과 벼락을 친다. 특히 벼락은 그가 신들과 인간들의 잘못을 응징할 때 사용하는 가장 강력한 무기이기도 하다. 호메로스는 그의 서사시에서 제우스를 일컬을 때 항상 "구름을 끌어 모으는 자", "벼락을 던지는 자"라고 했다.

제우스는 최고의 권능과 힘으로 세계의 질서와 정의를 유지하고 그리스 신화의 다른 변덕스러운 신들에 맞서 신들과 인간들의 행과 불행을 분배하고 운명의 섭리를 수호한다. 하지만 이미 말했듯이 그 자신도 운명 위에 군림하는 지배자는 아니다.

제우스의 탄생

　제우스는 티탄 신족의 우두머리인 크로노스와 레아 사이에서 태어난 아들이다. 호메로스는 제우스가 크로노스와 레아의 자식 6남매 중 맏이라고 했지만 대부분의 다른 전승들은 헤시오도스의 『신들의 계보』에 따라 그를 막내아들로 본다.

　헤시오도스에 따르면 티탄 신족의 우두머리로 온 세상을 다스리고 있던 크로노스는 언젠가 자기 자식에 의해 왕좌에서 쫓겨날 운명이라는 대지의 여신 가이아의 신탁을 듣고 아내 레아가 임신을 할 때마다 주시하다가 자식을 낳는대로 곧바로 집어삼켰다. 그렇게 크로노스는 레아가 낳은 모든 자식들을 잡아먹었다.

　연이어 자식을 잃은 레아는 커다란 슬픔에 잠겼다. 또 다시 아이를 낳게 되었을 때 그녀는 가이아에게 도움을 청했고 가이아는 크레타 섬의 동굴에 아이를 감춰주었다. 가이아의 도움으로 아이를 빼돌린 레아는 대신 돌덩이를 강보에 싸서 크로노스에게 건네주었고 크로노스는 만족스럽게 그것을 집어삼켰다. 레아는 어린 제우스를 크레타 섬의 님페 아말테이아에게 맡겨 기르게 하였다. 아말테이아는 아이를 염소의 젖과 이데 산 꿀벌들의 꿀을 먹여 키웠다.(다른 이야기에 따르면 레아는 님페 아말테이아를 암염소로 변하게 하여 그 젖을 아이에게 먹였다고도 한다)

제우스의 양육
니콜라 푸생(Nicolas Poussin), 1635~1637년
덜 위치 미술관

　아말테이아는 어린 제우스를 나무에 매달아두고 길렀는데 이는 크로노스가 하늘과 땅과 바다 그 어디서도 제우스를 찾지 못하게 하기 위해서였다. 또 아기의 울음소리가 크로노스의 귀에 들어가지 않도록

크레타 섬의 정령들인 쿠레테스(혹은 코리반테스)를 시켜 창과 방패를 두드리며 요란한 소리를 내게 했다.

티타노마키아: 티탄 신족과 올림포스 신족의 전쟁

제우스는 빠르게 성장하였다. 성년이 된 제우스는 지혜의 여신 메티스의 도움으로 아버지 크로노스가 삼킨 형제들을 모두 되살려낸 다음 그들과 힘을 합쳐 크로노스와 티탄 신족을 공격했다. 제우스가 이끄는 올림포스 신족과 크로노스가 이끄는 티탄 신족 사이의 전쟁(티타노마키아)은 10년 동안 계속되었다.

제우스는 타르타로스에 갇혀 있는 거인족 헤카톤케이레스와 키클로페스의 힘을 이용하면 티탄 신족을 물리칠 수 있으리라는 가이아의 신탁에 따라 이들을 타르타로스에서 구해주었다. 외눈박이 거인족인 키클로페스는 그 보답으로 제우스에게 천둥과 벼락을, 포세이돈에게는 삼지창을, 하데스에게는 머리에 쓰면 보이지 않게 되는 투구를 만들어주었다. 손이 100개씩 달린 헤카톤케이레스 삼형제는 선봉에서 한꺼번에 300개의 바위를 던지며 맹공을 펼쳤는데 이들이 던진 바위덩이들이 날아올 때면 티탄 신족 진영의 하늘이 온통 어두컴컴해졌다고 한다.

헤카톤케이레스가 던진 바위에 맞아 쓰러지는 티탄들
파울 루벤스(Peter Paul Ruben), 1638년, 브뤼셀 왕립미술관

결국 티타노마키아는 제우스와 올림포스 신들의 승리로 끝이 났고 티탄 신족은 저승의 가장 깊숙한 곳인 타르타로스에 유폐되었다. 승리한 신들은 제비를 뽑아 권능을 나누었다. 그 결과 제우스는 하늘을, 포세이돈은 바다를, 하데스는 하계를 각각

다스리게 되었다. 이로써 티탄 신족의 시대가 끝나고 제우스를 주신으로 하는 올림포스 신들의 시대가 열렸다.

기간토마키아, 그리고 티폰과의 싸움

하지만 제우스와 올림포스 신들의 시대는 곧 다시 크나큰 도전에 직면했다. 가이아는 자기 자식들인 티탄들이 전쟁에서 패한 뒤 모두 타르타로스에 유폐된 사실에 분노하여 기간테스를 부추겨 제우스에게 대항하게 하였다. 기간테스는 크로노스에 의해 잘린 우라노스의 성기에서 흘러나온 피가 대지(가이아)에 떨어져 생겨난 거인족이다. 이로써 신들의 세계에서는 다시 전쟁이 벌어졌는데 이를 '기간토마키아', 즉 거인들의 전쟁이라 부른다.

이 전쟁에서 아테나는 가장 무섭고 힘이 센 기간테스인 팔라스를 죽이고 그 껍질을 벗겨 자신의 방패 아이기스에 씌웠는데 이때부터 팔라스라는 별칭이 아테나 여신의 이름 앞에 붙었다고 한다.

제우스와 올림포스 신들의 마지막 시련은 반인반수의 거대한 괴물 티폰과의 싸움이었다. 티폰은 다른 모든 대지의 자식들을 능가하는 힘을 지녔으며 체격은 산보다 훨씬 커서 머리가 별들에 부딪혔다. 이런 무시무시한 존재가 공격해오자 올림포스의 신들은 모두 동물의 형상으로 변신하여 이집트로 도망쳤고 오직 제우스와 아테나만이 맞서 싸웠다. 이 싸움에서 제우스는 티폰에게 붙잡혀 팔다리의 힘줄이 끊긴 채 코리코스 동굴에 갇히는 수모를 당했지만 헤르메스와 판의 기지로 다시 탈출하여 결국 벼락으로 티폰을 제압하였다. 티폰은 시칠리아 바다를 건너 달아나다 제우스가 던진 에트나 산에 깔려 죽었다. 에트나 산의 불길은 제우스가 던진 벼락의 잔재라고 한다.

올림포스 신들의 반항

제우스는 때로는 올림포스 신들의 반항에 직면하기도 했다. 티탄 신족, 기간테스, 티폰과의 전쟁을 모두 승리로 이끈 뒤 제우스의 권력이 하늘을 찌를 듯 높아지자 평소 남편의 바람기에 화가 나 있던 헤라가 포세이돈, 아폴론, 아테나 등과 공모하여 제우스에게 반란을 일으켰다. 이들은 낮잠을 자고 있던 제우스를 덮쳐 쇠사슬로 꽁꽁 묶는데 성공했다. 올림포스의 신들 중 제우스를 돕는 이는 아무도 없었다. 오직 바다의 여신 테티스만이 달려와서는 제우스를 구하기 위해 타르타로스의 출입문을 지키고 있던 헤카톤케이레스 중 하나인 브리아레오스를 불러냈다. 브리아레오스는 100개의 팔을 휘두르며 사납게 위협하여 제우스를 구해냈다. 제우스는 그 보답으로 포세이돈의 딸 키모폴레이아를 아내로 주었다.

제우스는 포세이돈과 아폴론에게 1년 동안 트로이 왕 라오메돈의 노예가 되어 봉사하는 벌을 내렸다. 포세이돈과 아폴론은 이때 라오메돈의 지시로 트로이 성벽을 건설하였다.

제우스는 또 헤라가 자신의 거듭된 경고를 무시하고 계속해서 아들 헤라클레스를 박해하자 화가 나서 헤라의 발에 무거운 모루를 달아 하늘에 매달아놓았다. 이때 헤파이스토스는 어머니 헤라를 변호하다 제우스의 분노를 사게 되어 올림포스에서 지상으로 내던져지는 바람에 절름발이가 되고 말았다.

또 아폴론은 제우스가 자기 아들 아스클레피오스를 벼락을 던져 죽이자 화가 나서 제우스에게 벼락을 만들어준 키클로페스 삼형제를 모두 죽여버렸다. 제우스는 그 벌로 아폴론을 다시 8년 동안 페라이 왕 아드메토스의 노예가 되어 그의 소를 돌보게 하였다.

대홍수

제우스는 또 금과 은의 시대를 지나 청동 시대에 들어서면서 인간들의 마음이 거칠어지고 서로 싸움을 일삼는 등 세상이 악으로 물들자 대홍수를 일으켜 인간 세상을 쓸어버리고자 하였다.(일설에는 제우스가 아르카디아의 왕 리카온의 극악무도한 짓을 보고 실망하여 인류를 대홍수로 멸망시키려 했다고도 한다) 하지만 제우스의 의중을 미리 간파한 프로메테우스는 아들 데우칼리온 부부에게 커다란 배를 만들어 대홍수에 대비하게 하였다.

데우칼리온과 피라가 대홍수에서 살아남자 제우스는 헤

데우칼리온과 피라
조반니 마리아 보탈라(Giovanni Maria Bottalla),
1635년, 브라질 국립미술관

르메스를 보내 이들에게 소원 한 가지를 들어줄 테니 말해보라고 했다. 이에 데우칼리온과 피라는 이 세상에서 함께 살아갈 동반자들이 필요하다고 대답하였다.(또 다른 이야기에 따르면 데우칼리온과 피라는 자신들이 유일한 생존자라는 사실을 알고 테미스 여신의 신전을 찾아가 지상을 다시 인류로 채울 수 있는 방법을 물었다고 한다) 그러자 "베일로 얼굴을 가리고 어머니의 뼈를 어깨 너머로 던지라"는 신탁이 내려졌다. 데우칼리온과 피라는 신탁의 의미를 알아채고 돌을 주어 어깨 너머로 던졌다. 신탁이 말하는 어머니는 대지의 여신 가이아를, 그 뼈는 돌을 뜻했던 것이다. 데우칼리온과 피라가 던진 돌에서는 새로운 인간들이 생겨났고 두 사람은 새 인류의 조상이 되었다.

제우스의 여인과 자식들

제우스의 여성 편력은 유명하다. 그는 신과 인간을 가리지 않고 수많은 여인들과 사랑을 나누고 자식을 낳았다. 제우스는 헤라와 최종적으로 결혼하기 전에도 이미 여러 명의 여성들과 결혼하여 자식을 낳았고 헤라와 결혼한 뒤로는 질투심이 몹시 강한 아내의 눈치를 살피며 몰래 숱한 바람을 피우고 또 자식을 낳았다. 제우스는 그 모든 여성들에게서 낳은 자식들로 올림포스의 신들을 이루고 또 지상의 인간들 나라를 건설하였다. 그리스 세계에서는 제우스의 아들을 시조로 갖지 않은 지방이 거의 없을 정도다. 신화에 나오는 거의 모든 이름난 가문들이 제우스의 후손임을 자처하였다. 반대로 해석하자면 이들은 혈통을 중시하는 그리스인들의 관습에 따라 모두들 앞다투어 최고의 신 제우스를 자기 조상으로 삼기 위해 제우스를 아내인 헤라 몰래 바람피우는 남편으로 만들고 또 자신들의 여성 조상들을 남편을 두고 제우스와 관계를 맺은 부정한 여인으로 만든 셈이다. 물론 이는 통치자들이 자신의 권력을 합리화하고 절대적 지배권을 수립하는 데 유리하였을 것이다.

제우스가 사랑을 나눈 여인들과 그 자식들을 모두 열거하는 것은 거의 불가능한 일이므로 그리스 신화에서 자주 이야기되는 주요 일화 몇 편만을 골라서 소개하기로 하겠다.

메티스와 아테나의 탄생

제우스의 첫 번째 아내는 그가 아버지 크로노스가 삼킨 형제들을 구해낼 때 도와주었던 오케아노스의 딸인 지혜의 여신 메티스였다. 메

아테나의 탄생
아티카 흑색상 도기, 기원전 560년, 테베 출토
루브르 박물관

티스는 제우스의 구애를 피하려고 온갖 모습으로 변신하며 피했지만 결국 그의 아내가 되어 자식을 잉태하였다. 그러나 제우스는 메티스의 배에서 태어나는 아이가 자신보다 더 뛰어난 신이 되어 세상의 지배권을 차지하리라는 가이아의 예언을 듣고는 메티스를 태중의 아이와 함께 삼켜버렸다. 하지

만 아이는 제우스의 몸 속에서 계속 성장하였고 나중에 극심한 두통을 호소하는 제우스의 머리를 헤파이스토스가 도끼로 쪼개자 완전 무장을 한 상태로 딸 아테나가 태어났다.

테미스, 에우리노메, 디오네, 데메테르, 므네모시네

제우스의 두 번째 아내는 질서와 율법을 주관하는 여신 테미스였다. 티탄 신족의 일원으로 유일하게 올림포스 산에서 살았던 테미스는 제우스와 사이에서 계절의 여신 호라이 자매와 운명의 여신 모이라이 자매를 낳았다. 그 후 제우스는 테미스와 헤어져 오케아노스의 또 다른 딸 에우리노메와 사이에서 우미의 여신 카리테스 자매를 낳았고 티탄 신족인 디오네와 사이에서 미의 여신 아프로디테를 낳았다.(하지만 아프로디테는 우라노스의 잘린 성기가 바다에 떨어져 생겨난 거품에서 태어났다는 이야기가 있다)

이어서 제우스는 누이인 대지의 여신 데메테르와 사이에서 나중에 하계의 여왕이 된 딸 페르세포네를 낳았고, 티탄 신족인 기억의 여신 므네모시네와 올림포스 산 동쪽 피에리아에서 9일 밤낮을 관계를 맺어 아홉 명의 무사이(뮤즈) 여신을 낳았다.

『신들의 계보』에 따르면 여기까지는 제우스가 누이 헤라와 '신성한 결혼식'을 올리기 전까지 관계를 맺은 여성들이다. 이들은 모두 제우스와 같은 세대 혹은 윗세대의 여신들이지만 헤라와 결혼한 이후로 제우스의 애정 행각은 인간 여성들로 그 범위가 넓어진다.

헤라와의 결혼

제우스는 같은 부모에게서 태어난 헤라와 최종적으로 결혼하였다. 이 결혼은 당시 그리스 사람들의 결혼과 마찬가지로 일부일처제의 결혼이었고 제우스는 이 결혼 이후로 더 이상 자유롭지 못했다. 남편의 애정 행각에 대한 헤라의 질투와 분노가 대단했기 때문이었다. 제우스와 헤라 사이에서는 전쟁의 신 아레스, 청춘의 여신 헤베, 출산의 여신 에일레이티이아가 태어났다. 대장장이 신 헤파이스토스는 두 사람의 자식이라고도 하고 제우스가 아테나를 홀로 낳은 것을 질투하여 헤라가 혼자 낳은 아들이라는 이야기도 있다.(하지만 후자의 이야기는 헤파이스토스가 제우스의 머리를 도끼로 쪼개고 아테나가 태어났다는 이야기와 모순된다)

아폴론과 아르테미스를 낳은 레토

헤라와 결혼한 뒤 제우스는 티탄 코이오스와 포이베의 딸인 레토와 결합하여 아폴론과 아르테미스를 낳았다. 하지만 레토의 출산은 순탄치 않았다. 레토가 남편 제우스의 자식을 임신했다는 사실을 알게 된 헤라가 질투심에 불같이 화를 내며 그녀에게 이 세상에 해가 비치는 곳에서는 절대로 아이를 낳을 수 없으리라는 저주를 내렸다. 만삭의 몸으로 해산할 장소를 찾아 헤매던 레토는 지상에서는 더 이상 아이를 낳을 수 없다는 걸 깨닫고 제우스의 형제인 해신 포세이돈에게 도움을 청하였고 포세이돈은 바다 속에 가라앉아 있던 섬을 솟아오르게 하여 레토를 그곳으로 데려갔다. 이제껏 바다 속에 있었으므로 헤라의 저주가 미치지 않는 장소였던 것이다.(이 섬이 바로 델로스 섬이라고 한다) 그러자 헤라는 자신의 딸인 출산의 여신 에일레이티이아에게 명령하여 레토의 출산을 방해하였다. 에일레이티이아의 도움을 얻지 못한 레토는 진통만 계속될 뿐 아이를 낳을 수가 없었다. 보다 못한 제우스가 전령의 여신 이리스를 보내 에일레이티이아에게 레토의 출산을 도우라고 명령했다. 그러자 레토는 먼저 아르테

아폴론과 아르테미스
아티카 적색상도기, 기원전 470년
루브르 박물관

제우스와 헤라

안니발레 카라치(Annibale Carracci), 1597년

미스를 낳았고 뒤이어 갓 태어난 아르테미스의 도움을 받으며 아폴론
을 낳았다.

마이아와 헤르메스

　제우스는 헤라의 눈을 피해 아틀라스와 플레이오네의 딸들인 플레
이아데스 자매 중 맏이인 마이아와 키레네 산의 동굴에서 사랑을 나
누어 전령의 신 헤르메스를 낳았다. 마이아와 헤르메스는 그리스 신화
에서 헤라의 질투로 인해 피해를 입지 않은 거의 유일한 모자로 알려
져 있다.

세멜레와 디오니소스

　제우스는 카드모스의 아름다운 딸 세멜레를 애인으로 삼기 위해 인간의 모습으로 변신하여 테바이로 갔다. 얼마 후 세멜레는 제우스의 아이를 임신하였다. 이 사실을 안 헤라는 질투심에 불타 세멜레의 옛 유모인 베로에로 변신하여 그녀에게 접근하였다. 헤라는 세멜레에게 그녀의 애인이 스스로 말하듯 제우스가 아닐 수도 있으니 그가 정말 제우스인지 확인해야 한다며 의심을 부추겼다. 그러자 세멜레는 인간으로 변신하고 나타난 제우스에게 올림포스 주신(主神)으로서의 본모습을 보여달라고 졸랐다. 제우스는 이미 그녀가 원하는 것이면 뭐든지 들어주겠다고 스틱스 강물에 대고 맹세하였으므로 세멜레의 요구를 거절할 수가 없었다.('스틱스' 참조) 세멜레의 생각을 되돌릴 수 없었던 제우스는 하는 수 없이 천둥과 번개에 휩싸인 본모습을 드러냈고 세멜레는 그 자리에서 타 죽고 말았다.

디오니소스의 탄생
아풀리아 적색상도기, 기원전 400년경
타란토 국립 고고학박물관

　세멜레가 제우스의 번갯불에 타 죽을 때 그녀의 몸 속에는 태아 디오니소스가 있었다. 제우스는 황급히 디오니소스를 그녀의 몸에서 꺼내 자신의 넓적다리에 집어넣고 꿰매어버렸다. 디오니소스는 그렇게 아버지의 넓적다리 안에서 산달을 모두 채우고 신으로서 태어났다.

다나에와 페르세우스

　아르고스의 왕 아크리시오스는 아들은 없고 다나에라는 딸만 하나 있었다. 아들을 얻고 싶었던 아크리시오스는 신탁에 그 여부를 물었다. 신탁은 그에게 아들은 없고 딸 다나에의 몸에서 손자를 얻게 될 터인데 그 손자의 손에 목숨을 잃게 될 것이라고 말했다. 이에 아크리시오스는 신탁의 예언을 피해보려고 다나에를 높은 성탑에 가두었지만 소용이 없었다. 다나에의 미모에 반한 제우스가 황금 빗물로 변신하여 지붕 틈으로 스며들어 다나에를 임신시켰던 것이다.

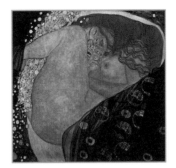

다나에와 황금비
구스타프 클림트(Gustav Klimt), 1908년
빈 레오폴트 미술관

얼마 뒤 다나에는 아들을 낳았는데 이 아이가 바로 메두사를 죽인 영웅 페르세우스였다.

알크메네와 헤라클레스

암피트리온의 아름다운 아내 알크메네에게 반한 제우스는 암피트리온이 전쟁에 나간 사이에 그의 모습으로 변신하여 알크메네와 사랑을 나누었다. 제우스는 알크메네의 의심을 풀기 위해 전리품을 선물로 주고 마치 실제로 싸운 듯 전쟁터에서의 이야기도 들려주었다. 다음날 전쟁터에서 돌아온 암피트리온은 아무 것도 모른 채 아내와 사랑을 나누었고 얼마 뒤 알크메네는 쌍둥이를 임신하였는데 이들이 헤라클레스와 이피클레스였다.

헤라 여신은 헤라클레스가 제우스의 자식임을 알고 쌍둥이가 누워 있는 방으로 독사 두 마리를 보내 어린 헤라클레스를 죽이려 했다. 어린 아들의 자지러지는 울음소리를 들은 암피트리온이 칼을 빼들고 방으로 가보니 이피클레스는

뱀을 죽이는 헤라클레스와 겁에 질린 이피클레스
고대 그리스 도기 그림, 기원전 470년경
루브르 박물관

겁에 질려 울고 있는데 헤라클레스는 양 손에 뱀을 한 마리씩 쥐고

있었는데 뱀들은 목이 졸려 죽어있었다. 이때 헤라클레스는 태어난 지 겨우 열 달이었다.

이후 헤라클레스는 질투에 불타는 헤라의 극심한 박해로 온갖 시련을 겪으며 그리스 최고의 영웅으로 성장하였다.

황소에게 납치된 에우로페

제우스는 아게노르가 다스리고 있던 페니키아의 시돈 해변에서 시녀들과 놀고 있는 에우로페의 미모에 반해서 그녀에게 접근하기 위해 황소로 변신하였다. 멋진 뿔이 달린 새하얀 황소가 어디선가 나타나 풀을 뜯고 있는 모습을 본 에우로페는 호기심이 동하여 조심스레 황소 곁으로 다가가 등에 올라타 보았다. 그러자 황소는 냉큼 자리에서 일어나 해변으로 가더니 바다 멀리로 헤엄쳐갔다. 에우로페는 깜짝 놀라 비명을 질렀지만 시녀들은 유유히 바

에우로페와 황소
티치아노 베첼리오(Tiziano Vecellio)
1560~1562년, 이사벨라 스튜어트 가드너 박물관

다를 헤엄치며 멀어져 가는 황소와 에우로페를 지켜볼 수밖에 없었다. 황소는 그대로 크레타 섬까지 헤엄쳐 가더니 고르티나 샘 근처의 플라타나스 나무 밑에서 다시 제우스로 변신해서 에우로페와 사랑을 나누었다. 제우스와 에우로페 사이에서는 세 아들 라다만티스, 미노스, 사르페돈이 태어났다.

암소로 변한 이오

제우스는 강의 신 이나코스의 아름다운 딸 이오에게 반해 검은 구

름으로 변신하여 정을 통한 뒤 아내 헤라에
게 들키지 않으려고 그녀를 암소로 변신시켰
다. 헤라는 남편의 속임수를 눈치 챘지만 모
른 체하며 암소를 달라고 하였다. 제우스는
아내의 의심을 사지 않기 위해 하는 수 없이
이오가 변신한 암소를 헤라에게 주었고 헤라
는 눈이 백 개 달린 거인 아르고스에게 암소
를 지키게 하였다.

〈제우스와 이오〉 중 이오
안토니오 다 코레조(Antonio
Allegri da Correggio)
1530년경, 빈 미술사 박물관

하지만 얼마 뒤 제우스는 헤르메스를 보내
아르고스를 죽이고 이오를 구해냈다. 그 후
이오는 암소의 모습을 하고서 헤라가 보낸 쇠
파리들에게 쫓기며 지상의 이곳저곳을 떠돌
아야 했는데 이때 이오가 건넌 바다는 그녀
의 이름을 따서 이오니아 해라고 불리게 되었
다. 이오는 이집트 나일 강변의 피신처에서 제우스를 다시 만나 사람
의 모습으로 변한 뒤 아들 에파포스를 낳았다.

레다와 백조

제우스는 스파르타 왕 틴다레오스의 아내인 아름다운 레다에게 반

레다와 백조
미켈란젤로 부나로티(Michelangelo Buonarroti),
1530년, 런던내셔널 갤러리

해 그녀가 호숫가에서 시녀들
과 물놀이를 하고 있을 때 백
조로 변신하여 다가가 범하였
다. 레다는 같은 날 밤 틴다레
오스와도 사랑을 나누었다.
그 후 레다는 달이 차자 여자
아이 하나와 알 두 개를 낳았
는데, 알 하나에서는 헬레네

가 태어났고, 다른 알에서는 디오스쿠로이('제우스의 아들들')라고 불리는 쌍둥이 형제 카스토르와 폴리데우케스가 태어났다. 알에서 태어난 세 아이는 제우스의 자식이고 처음부터 사람으로 태어난 또 다른 여자아이 클리타임네스트라는 틴다레오스의 자식이라고 한다.

아이기나와 아이아코스

제우스는 독수리로 변신하여 강의 신(河神) 아소포스의 딸인 아름다운 님페 아이기나를 납치해서 아티카 근처에 있는 오이노네 섬으로 데려갔다. 사라진 딸을 찾아 그리스 방방곡곡을 돌아다니던 아소포스에게 코린토스의 왕 시시포스가 딸의 행방을 알고 있다면서 자기 나라의 아크로폴리스에 샘물이 솟아나게 해주면 알려주겠다고 하였다. 아소포스가 요구를 들어주자 시시포스는 그에게 커다란 독수리 한 마리가 아름다운 아이기나를 품에 안고 오이노네 섬으로 날아가는 것을 보았다고 말해주었다. 즉시 아소포스가 오이노네 섬으로 쳐들어갔지만 제우스는 벼락을 내리쳐서 아소포스를 다시 원래의 물줄기로 되돌려보냈다. 이때부터 아소포스 강의 바닥에서는 시커먼 석탄이 나오기 시작했다고 한다.

아이기나는 오이노네 섬에서 제우스와 사랑을 나누어 아들 아이아코스를 낳았고 아이아코스는 자라서 왕이 되어 섬 이름을 아이기나로 바꾸었다. 하지만 제우스의 아내 헤라는 자신의 연적인 아이기나로 이름을 바꾼 이 섬나라가 못마땅하여 역병을 내리고 무서운 괴물을 보내 거의 모든 섬 주민들을 죽였다. 아이아코스는 눈물을 흘리며 아버지 제우스에게 자신의 백성들을 다시 돌려달라고 간청했다. 이에 제우스는 아들의 청을 들어주어 땅에 기어다니는 수많은 개미들을 사람으로 변하게 했고 아이아코스는 이들에게 개미에서 생겨난 사람이라고 하여 미르미도네스(개미족)라는 이름을 붙여 자신의 백성으로 삼았다.

곰으로 변한 칼리스토와 아르카스

칼리스토는 아르카디아를 다스리는 리카온의 딸로 아르테미스를 섬기는 아름다운 님페였다. 제우스는 칼리스토의 미모에 반해 유혹하려 했지만 처녀 신 아르테미스의 시종인 그녀는 영원히 순결을 지키기로 맹세한 몸이었으므로 제우스의 구애를 한사코 거절하였다. 몸이 단 제우스는 아르테미스 여신으로 변신하여 접근하여 마침내 욕망을 채웠고 칼리스토는 아르카스를 임신하였다.

제우스와 칼리스토
카사르 반 에베르딩겐(Caesar van Everdingen), 1655년
스웨덴 국립미술관

칼리스토는 아르테미스 여신의 처벌이 두려워 임신 사실을 감추었지만 여름날 사냥을 끝내고 다 함께 목욕을 할 때 그만 들키고 말았다. 당장 여신의 무리에서 추방당한 칼리스토는 숲에서 홀로 아들 아르카스를 낳아 기르다 헤라 여신의 눈에 띄었고 질투심에 불타는 헤라는 그녀를 곰으로 변신시켜 버렸다. 동굴 속에 홀로 남은 칼리스토의 어린 아들 아르카스는 제우스에 의해 외조부 리카온에게 맡겨져 자랐다.

세월이 흘러 건장한 청년으로 성장한 아르카스는 숲으로 사냥을 갔다가 곰으로 변한 어머니 칼리스토와 마주쳤다. 칼리스토는 아들을 알아보고 다가가려 했지만 아르카스에게 그녀는 위협적인 곰일 뿐이었다. 그는 칼리스토를 향해 화살을 겨누었다. 하늘에서 이 모습을 지켜보고 있던 제우스는 두 모자를 함께 하늘로 끌어올려 별자리로 만들었다.(큰곰자리와 작은곰자리)

헤라는 칼리스토가 하늘에 올라 신의 반열에 든 것을 참을 수 없었다. 그녀는 어린 시절 자신을 길러준 대양의 신 오케아노스와 테티스를 찾아가 두 모자의 별자리가 바다에 잠겨 휴식을 취하지 못하게 해 달라고 부탁했다. 오케아노스와 테티스는 사랑스런 헤라의 부탁을 들어주었고 칼리스토와 아르카스의 별자리는 바닷속으로 내려앉지 못하고 계속해서 북극성 주변을 맴돌게 되었다.

제우스의 성지

그리스 신화 최고의 신인 제우스는 그리스 전역에 신전과 성지를 두고 있지만 그 중에서도 특히 유명한 곳은 도도네의 성스러운 떡갈나무 숲에 있는 신탁소였다. 이곳의 떡갈나무는 심지어 예언 능력까지 있어서 도도네 떡갈나무로 만들어진 아르고호의 뱃머리는 예언으로 영웅들의 항해를 돕기도 했다.

제우스의 옥좌가 있다고 믿어졌던 테살리아의 올림포스 산 정상에는 정작 제우스 숭배에 대한 어떤 흔적도 남아있지 않다. 그러나 산기슭에 자리잡은 디온에서는 제우스 숭배가 이루어졌던 신전 유적지가 발견되었다.

제우스의 신전이 유명한 곳은 올림피아의 제우스 신탁소와 아테네 아크로폴리스의 파르테논 신전이다. 제우스의 탄생 신화와 관련이 있는 크레타 섬도 제우스 숭배가 활발히 이루어지는 곳으로 꼽는다. 제우스의 유모 아말테이아가 크로노스 몰래 제우스를 키운 이데 산 동굴은 제우스의 성지로 지금도 많은 사람들이 찾고 있다.

제테스 Zetes

요약

그리스 신화에 나오는 북풍의 신 보레아스의 쌍둥이 아들 중 하나
이다. 칼라이스와 제테스 형제는 보레아스의 아들이라는 뜻인 보레아
다이로 불리며 항상 함께 등장한다. 아르고호 원정대에 참가한 두 형
제는 누이 클레오파트라의 남편 피네우스 왕을 괴조 하르피이아이의
시달림으로부터 구해주었다.

기본정보

구분	영웅
상징	바람처럼 빠른 용사
외국어 표기	그리스어: Ζήτης
관련 신화	보레아다이, 아르고호 원정대, 하르피이아이

인물관계

제테스는 북풍의 신 보레아스와 아테네 왕 에레크테우스의 딸 오레
이티아 사이에서 태어난 쌍둥이 형제 중 한 명이며 다른 한 명은 칼
라이스이다. 두 형제는 피네우스 왕의 첫 번째 아내 클레오파트라와
남매지간이다. 피네우스와 클레오파트라 사이에는 두 아들 판디온과
플렉시포스가 태어났다.

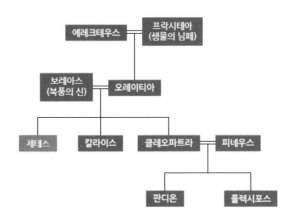

신화이야기

바람처럼 빠른 보레아다이

보레아스의 아들이란 뜻의 '보레아다이'로 불린 쌍둥이 형제 제테스와 칼라이스는 태어날 때는 보통 인간의 모습을 하고 있었지만 청년이 되어 수염이 나기 시작하면서부터 어깨에 (혹은 다리에) 금빛 날개가 자라나기 시작했다. 또 다른 이야기에 의하면 그들은 실제로 날개가 달렸던 것이 아니라 북풍의 자식들답게 마치 발에 날개를 단 듯 빠르게 달릴 수 있었다고 한다. 신탁에 따르면 그들은 뒤쫓던 도망자를 잡지 못하고 놓치면 죽음을 맞게 된다고 했다.

하르피이아이들의 추격

제테스와 칼라이스 형제는 황금 양털을 찾기 위해 결성된 아르고호 원정대에 함께 참여했다. 두 형제는 원정대가 트라키아 지방에 들렀을 때 괴조 하르피이아이에게 괴롭힘을 당하던 피네우스 왕을 구해주게 되는데 피네우스 왕의 첫 번째 부인 클레오파트라가 그들의 누이이므로 피네우스는 그들의 매부였다.

피네우스는 계모의 말만 듣고 자신의 두 아들을 장님으로 만든 죄로 제우스의 분노를 사서 자신도 장님이 되었을 뿐만 아니라 괴조 하르피이아이들에게 박해를 당하는 신세가 되었다. 하르피이아이들은 피네우스가 음식을 먹으려고만 하면 순식간에 어디선가 날아와서 음식을 빼앗거나 배설물로 더럽혀 먹을 수 없게 만들었다. 원정대는 예언자이기도 한 피네우스가 자신들의 모험이 앞으로 어떻게 진행될 지를 알려주는 조건으로 하르피이아이를 퇴치해주기로 했다.

원정대가 피네우스와 함께 식탁에 앉아 음식을 먹기 시작하자 예상대로 곧 하르피이아이들이 나타났다. 어깨에 날개가 달린 보레아다이 형제는 즉시 하늘로 날아 올라 괴조들을 뒤쫓았다. 그들은 도망치는 하르피이아이들을 필사적으로 추격했는데 이는 도망자를 잡지 못하면 죽게 될 운명이라는 신탁 때문이기도 했다. 보레아다이 형제는 하

피네우스와 보레아다이
아티카 적색상도기, 기원전 460년, 루브르 박물관

르피이아이를 뒤쫓아 펠로폰네소스를 지나 이오니아 해까지 날아갔다. 하지만 마침내 붙잡아 죽이려는 순간 무지개의 여신 이리스가 나타났다. 이리스는 하르피이아이들이 자신의 명령을 실행했을 뿐이니 죽이지 말라는 제우스의 말을 전하며 앞으로 하르피이아이가 다시 피네우스를 괴롭히는 일은 없을 것이라고 약속했다. 이에 제테스와 칼라이스는 하는 수 없이 추격을 멈추고 다시 트라키아로 돌아왔다. 이때부터 그곳의 섬에는 '되돌아온 섬'이라는 뜻의 스트로파데스라는 이름이 붙었다.

보레아다이의 죽음

아르고호 원정대에는 헤라클레스도 있었다. 헤라클레스는 그가 아

끼는 미소년 힐라스를 창잡이로 데리고 참여했다. 그런데 아르고호가 미시아 해안에 잠시 정박했을 때 아름다운 힐라스가 물의 님페들에게 이끌려 연못 속으로 사라지는 일이 발생했다. 헤라클레스는 힐라스를 찾아 온 숲을 헤매고 다녔다. 하지만 시간이 너무 지체되자 원정대에서는 헤라클레스를 두고 떠나자는 의견이 나왔다. 이 의견을 낸 사람이 바로 보레아다이 형제였다. 결국 원정대는 헤라클레스를 남겨둔 채 출항했다. 이 일로 두 형제는 헤라클레스의 원한을 사게 되어 나중에 테노스 섬에서 그의 손에 목숨을 잃게 된다. 그 뒤 헤라클레스는 두 형제의 장례를 치르고 무덤 위에 기둥을 세워주었는데 아버지 보레아스가 탄식할 때마다 바람에 기둥이 흔들렸다고 한다.

또 다른 이야기에 의하면 보레아다이 형제는 비록 이리스의 권유로 하르피아이들의 추격을 포기하였지만 어쨌든 도망자를 놓쳤기 때문에 신탁이 고지한 운명대로 죽음을 맞았다고도 한다.

제토스 Zetus

요약

그리스 신화에 등장하는 테바이의 왕이다.

쌍둥이 형제 암피온과 함께 테바이를 다스리며 일곱 성문이 달린 테바이 성을 축조하였다. 아내가 실수로 외아들을 죽이자 슬픔을 이기지 못하고 스스로 목숨을 끊었다.

기본정보

구분	테바이의 왕
외국어 표기	그리스어: Ζῆθος
관련 신화	테바이 성 건설, 안티오페
가족관계	제우스의 아들, 안티오페의 아들, 테베의 남편, 니오베의 아버지

인물관계

제토스는 스파르토이(용의 이빨을 땅에 뿌려서 태어난 자들)의 후손인 안티오페가 제우스와 사이에서 낳은 아들로 암피온과 쌍둥이 형제이다. 그는 강의 신 아소포스와 메토페 사이에서 태어난 테베와 결혼하여 외아들을 두었고 또 다른 전승에 따르면 판다레오스의 딸 아에돈과 결혼하여 외아들 이틸로스(혹은 이틸로스와 네이스)를 낳았다.

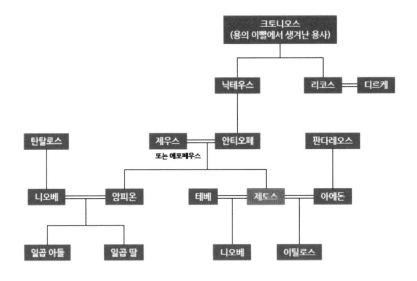

신화이야기

출생

  제토스와 암피온은 당시 카드메이아라고 불리던 테바이의 섭정 닉테우스의 딸 안티오페가 사티로스로 변신한 제우스와 관계하여 낳은 쌍둥이 아들이다. 안티오페가 쌍둥이를 임신한 채 시키온의 왕 에포페우스에게로 도망치자 닉테우스는 사랑하는 딸의 부정한 행실에 낙담하여 스스로 목숨을 끊었다.(혹은 에포페우스가 딸을 유혹하여 임신시켰다고 여겨 그와 결투를 벌이다 죽었다. '에포페우스' 참조) 닉테우스는 죽어가면서 동생 리코스에게 복수를 당부했고 리코스는 시키온으로 쳐들어가서 안티오페를 빼앗아왔다.

  리코스는 안티오페가 테바이로 돌아오는 길에 쌍둥이를 출산하자 아이들을 카이론 산에 버리고 안티오페는 자신의 집으로 데려와서 아내 디르케의 노예로 삼았다. 산에 버려진 제토스와 암피온은 목동이 발견하여 집으로 데려가 길렀다.

테바이 성의 축조

쌍둥이는 목동의 집에서 건장한 청년으로 자랐다. 제토스는 무술과 목축에 뛰어난 재능을 발휘했고 암피온은 음악의 재능이 뛰어났다.

특히 암피온은 목동들을 위해 헤르메스에게 제단을 만들어 바치고 리라를 선물 받았는데 원래 있던 4현에 현 3개를 추가하여 7현으로 된 리라(칠현금)를 만든 것으로 유명하다.

제토스는 리라에만 열중하는 암피온을 틈만 나면 조롱했지만 암피온의 음악적 재능은 훗날 테바이 성을 축조할 때 제토스의 힘을 능가하는 위력을 발휘하였다. 제토스는 돌을 등에 짊어지고 날랐지만 암피온은 리라를 연주하여 돌들이 스스로 성벽 쪽으로 움직이게 하였던 것이다.

제토스와 암피온
율리우스 트로셸(Julius Troschel),
1840~1850년, 뮌헨 노이피나코테크
©Rufus46@wikimedia(CC BY–SA 3.0)

일곱 개의 성문을 지닌 유명한 테바이 성은 이들 쌍둥이 형제의 작품으로 암피온이 연주한 리라의 7현을 본떠서 만들었다고 하는데, 훗날 아르고스의 7장군이 테바이로 쳐들어와서 성문을 각각 하나씩 맡아서 공격했지만 테바이 성의 일곱 개 성문은 하나도 파괴되지 않았다.('테바이 공략 7장군' 참조)

어머니 안티오페의 복수

한편 리코스의 궁에 노예로 들어간 안티오페는 리코스와 디르케에게 모진 학대를 당하고 있었다. 리코스는 안티오페가 아버지를 배신하여 결국 죽음에 이르게 만들었다고 여겨 미워하였고, 디르케는 안티오페의 미모를 질투하였다. 그러던 어느 날 안티오페는 그녀를 묶고 있던 사슬이 제우스의 도움으로 저절로 풀린 덕분에 리코스의 궁을 탈출하여 두 아들과 만나게 된다. 처음에는 서로를 몰라본 어머니와 두 아들의 상봉이 극적으로 이루어진 뒤 제토스와 암피온은 어머니의 학대 사실을 듣고 복수를 다짐하였다. 무예가 출중하여 '백마를 탄 디오스쿠로이(제우스의 아들들)'라고도 불리던 두 형제는 리코스의 궁으로 쳐들어가 리코스와 디르케를 죽였다. 디르케의 죽음은 특히 끔찍했다. 형제는 그녀를 산 채로 황소 뿔에 묶어 바위투성이 언덕으로 끌고 다니며 갈가리 찢겨져 죽게 만들었다. 그 후 두 형제는 앞서 언급한 테바이 성을 쌓은 뒤 나라 이름을 카드메이아에서 테바이로 바꾸어 함께 다스렸다. 테바이는 제토스의 아내 테베의 이름에서 유래하였다.

디르케를 죽이는 제토스와 암피온
폼페이 내의 벽화

제토스는 테베와 사이에 아들 하나를 두고 있었는데 아내가 실수로 외아들을 죽이자 슬픔을 이기지 못하고 스스로 목숨을 끊었다고 한다. 하지만 호메로스의 『오디세이아』에 따르면 제토스는 밀레토스의 왕 판다레오스의 딸 아에돈과 결혼하여 아들 이틸로스를 낳았다고 한다. 아에돈은 암피온의 아내인 니오베에게 자식이 많은 것을 시기하여 니오베의 장남을 죽이려다 실수로 이틸로스를 죽이고는 슬피 울며 아들의 이름을 하염없이 부르다 꾀꼬리가 되었다. 이틸로스는 꾀꼬리 울음소리의 의성어이기도 하다.

한편 암피온 역시 아내 니오베의 오만한 자식 자랑 때문에 아폴론과 아르테미스에게 자식들을 모두 잃고 슬퍼하다 스스로 목숨을 끊었다.(혹은 자식들을 죽인 아폴론의 신전을 부숴버리려다 아폴론의 화살을 맞고 죽었다고도 한다)

제토스와 암피온이 죽은 뒤에는 오이디푸스의 아버지 라이오스가 테바이의 왕이 되었다.

제피로스 Zephyrus

요약

그리스 신화에 나오는 바람의 신 아네모이 중 하나로 부드러운 서풍을 인격화한 신이다. 고대 그리스에서 제피로스는 봄의 전령이자 '씨앗을 자라게 하는 신'으로 숭배되었다.

기본정보

332

구분	개념이 의인화된 신
상징	서풍, 씨앗을 자라게 하는 봄바람, 미풍
외국어 표기	그리스어: Ζέφυρος
어원	산에서 내려오는 자
별칭	제퍼(zephyr)
관련 자연현상	서풍, 봄바람
관련 식물	히아신스
가족관계	에오스의 아들, 아스트라이오스의 아들, 에로스의 아버지, 이리스의 아내

인물관계

제피로스는 티탄 신족인 아스트라이오스와 에오스 사이에서 태어난 아들로 바람을 의인화한 신이다. 형제로는 북풍 보레아스, 남풍 노토스, 동풍 에우로스가 있다.

무지개의 여신 이리스와 사이에서 에로스를 낳았다.

신화이야기

탄생 신화

　헤시오도스에 따르면 제피로스는 티탄 신족 아스트라이오스와 에오스 사이에서 태어난 아들로 구름을 쫓아버리고 옷을 살랑거리게 만드는 가볍고 따스한 미풍이다. 형제로는 북풍 보레아스, 남풍 노토스, 동풍 에우로스가 있다. 한편 아이스킬로스는 제피로스가 가이아에게서 태어난 것으로 묘사하였다.

　호메로스는 아킬레우스의 신마(神馬) 크산토스와 발리오스가 날개 달린 정령 하르피이아이의 하나인 포다르게와 제피로스 사이에서 난 자식들이라고 말한다. 서정 시인 알카이오스는 제피로스가 무지개의 여신 이리스와 결합하여 사랑의 신 에로스를 낳았다고 했고, 서사시인 논노스는 애욕의 신 포토스를 낳았다고 했다. 오비디우스는『변신이야기』에서 제피로스를 꽃의 여신 플로라의 남편으로 묘사하였다.

제피로스와 히아킨토스

제피로스는 아름다운 소년 히아킨토스를 사랑했는데 아폴론도 같은 소년을 사랑하고 있었다. 결국 아폴론이 히아킨토스의 사랑을 얻게 되자 질투심에 사로잡힌 제피로스는 아폴론이 던진 원반이 소년의 머리에 맞도록 바람을 일으켜 히아킨토스를 죽게 만들었다. 이때 소년이 흘린 피에서 피어난 꽃이 그의 이름을 딴 히아신스이다.

제피로스와 히아킨토스
적색상 도기, 기원전 5세기
보스턴 미술관

제피로스와 플로라

신화는 또한 제피로스를 꽃과 풍요와 봄의 여신 플로라와 짝을 이루게 한다. 봄이 되어 따뜻한 훈풍이 불면 대지가 살아나고 꽃들이 피어나는 것을 이들의 사랑스런 속삭임으로 표현한 것이다.

밀턴은『실락원』에서 이 둘의 이야기를 소개하였다. 아담이 잠든 이브를 깨우려 하는 광경을 묘사할 때이다.

"그(아담)는 모로 누운 채 반쯤 몸을 일으키고
사랑이 담긴 그윽한 눈길로 이브를 내려다보며
눈을 떠도 감아도 변함없는 그 아름다움에 취해 있었다.
이윽고 그는 제피로스가 플로라에게 속삭일 때처럼 손을 어루만지며 속삭였다.

'눈을 떠요. 참 아름다운 이여,
내 배우자여, 내가 마침내 찾아
낸 이여,
마지막으로 그리고 가장 후하
게 베풀어진 하늘의 선물이여,
영원히 새로울 내 기쁨이여.'"

제피로스와 플로라
윌리앙 아돌프 부그로(William Adolphe
Bouguereau), 1875년, 릴 루즈 미술관

신화해설

   그리스 신화에서 제피로스는 겨우내 죽어 있던 세상에 생기를 돌게
하는 훈훈한 봄바람을 몰고 오는 신이다. 그래서 제피로스는 늘 미풍
에 살랑대는 옷자락이나 울긋불긋한 꽃들에 둘러싸여 있다. 사랑의
신 에로스가 제피로스의 자식으로 등장하는 것 역시 만물을 소생시
키는 봄바람의 위력을 상징한다고 하겠다. 제피로스는 에로스를 위해
프시케를 바람에 실어 에로스의 성으로 데려가기도 하였다.

관련 작품

문학

   호메로스, 『일리아스』
   헤시오도스, 『신들의 계보』
   알카이오스, 『단편』
   논노스, 『디오니시아카』
   오비디우스, 『달력』
   아이스킬로스, 『아가멤논』

회화

산드로 보티첼리, 〈비너스의 탄생〉, 우피치 미술관, 1482~1483년

조반니 바티스타 티에폴로, 〈제피로스와 플로라〉, 스트라스부르 미술관, 1751~1753년

루이 드 불로뉴 2세, 〈플로라에게 관을 씌워주는 제피로스〉, 1702년

윌리앙 아돌프 부그로, 〈제피로스와 플로라〉, 밀루즈 미술관, 1875년

음악

클라우디오 몬테베르디, 마드리갈 〈제피로스의 귀환〉

게오르크 필리프 텔레만, 〈함부르크의 조수간만〉 중 '쾌적한 제피로스', 1723년

비너스의 탄생

산드로 보티첼리(Sandro Botticelli), 1485년경, 피렌체 우피치 미술관

: 캔버스 위에 그린 템페라화. 사랑의 여신이자 미의 여신인 아프로디테(가운데)가 푸른 바다의 거품에서 태어나 나체로 진주조개를 타고 바다 위에 서 있다. 서풍의 신 제피로스(왼쪽의 남신)는 연인 클로리스(왼쪽의 여신)와 함께 입으로 바람을 불어 아프로디테가 탄 조개를 육지로 보내고 있다. 육지에는 계절의 여신 호라이(오른쪽)가 외투를 들고 아프로디테를 맞이하고 있다.

젤로스 Zelus

요약

그리스 신화에 등장하는 신으로 경쟁, 열의, 전념, 시기, 질투 등과 같은 추상 개념이 의인화된 신이다.

티탄 신족에 속하는 팔라스와 지하세계를 흐르는 강의 여신 스틱스 사이에서 태어났다. 폭력의 신 비아와 힘의 신 크라토스와는 형제지 간이며 승리의 신 니케와는 남매지간이다. 올림포스 신들과 크로노스 를 중심으로 한 티탄 신족 사이에서 벌어진 전쟁인 티타노마키아에서 올림포스 신들의 편에 서서 싸웠다

기본정보

구분	개념이 의인화된 신
상징	경쟁, 열의, 전념, 시기, 질투
외국어 표기	그리스어: Ζηλος
어원	시기하는 자, 질투하는 자
로마 신화	인비디아(Invidia)
관련 신화	스틱스, 티타노마키아
가족관계	스틱스의 아들, 팔라스의 아들, 니케의 남매, 크라토스의 형제

인물관계

크레이오스와 에우리비아 사이에서 태어난 팔라스가 아버지이며 오 케아노스와 테티스 사이에서 태어난 장녀 스틱스가 어머니이다. 여자 형제로는 니케가 있으며 남자형제로는 크라토스와 비아가 있다.

신화이야기

젤로스의 가계

　고대 그리스인들은 실체가 있는 세상 만물 속에 신이 있다고 믿었
다. 또한 그들은 실체를 확인할 수 없는 추상적 개념 속에도 신이 있
다고 믿었다. 이런 믿음을 반영하는 예들 중 하나가 바로 '젤로스라는

신이다. 젤로스는 그리스 신화에 등장하는 신으로, 경쟁, 열의, 전념, 시기, 질투 등과 같은 추상 개념이 의인화된 신이다.

아버지는 티탄 크리오스와 에우리비아 사이에서 태어난 티탄 팔라스이다. 어머니는 티탄 신족에 속하는 오케아노스와 테티스 사이에서 태어난 장녀 스틱스이다. 팔라스와 스틱스 사이에 젤로스 이외에도 승리의 여신 니케, 힘의 신 크라토스 그리고 폭력의 신 비아가 태어났다.

> "오케아노스의 딸 스틱스는 팔라스와 몸을 섞어 궁전에서 젤로스(열의)와 발목이 예쁜 니케(승리)를 낳는다. 또한 스틱스는 크라토스(힘)와 비아(폭력)라는 걸출한 자식들을 낳는다."
>
> (헤시오도스, 『신들의 계보』)

> "팔라스와 스틱스 사이에서 니케(승리), 크라토스(힘), 젤로스(열의)와 비아(폭력)이 태어난다."
>
> (아폴로도로스, 『비블리오테케』)

한편 히기누스의 『이야기』에 따르면 팔라스와 스틱스 사이에서 태어난 자식들은 니케, 크라토스 니케, 비아 이외에도 바다 괴물 스킬라, 분수들 그리고 호수들도 낳았다. 따라서 『이야기』는 팔라스와 스틱스 사이에서 태어난 자식들의 수와 관련하여 『신들의 계보』나 『비블리오테케』와 다른 견해를 내놓는다.

> "기가스 팔라스와 스틱스 사이에서 스킬라, 비아, 젤로스, 크라토스, 니케, 분수들과 호수들이 태어난다."
>
> (히기누스, 『이야기』)

제우스의 충실한 조력자이자 수행원 젤로스

젤로스와 그의 형제자매 니케, 크라토스, 비아는 어머니 스틱스와 함께 제우스의 조력자이자 수행원의 역할을 충실히 하였다. 특히 그들은 제우스를 중심으로 뭉친 올림포스 신들과 크로노스를 중심으로 뭉친 티탄 신족 사이에서 벌어진 전쟁 티타노마키아에서 제우스의 편에 서서 그를 열심히 도왔다. 제우스는 자신을 도와준 스틱스에게 보은하기 위해 신들이 맹세를 할 때는 스틱스의 이름을 걸고 하도록 정하였고, 또한 스틱스의 자식들이 항상 그의 곁에 머물도록 허락하였다.

"제우스는 맹세할 때 하데스의 세계(저승세계)에 있는 바위에서 흘러나오는 스틱스의 강물에 대고 맹세를 한다. 그가 그녀에게 이런 영예의 선물을 준 데에는 이유가 있다. 그가 티탄 신족과 전쟁을 벌일 때 스틱스와 그녀의 자식들이 그를 도와주었다. 그래서 제우스가 이에 대한 보답을 한 것이다."

(『비블리오테케』)

"스틱스의 자식들은 제우스에게서 멀지 않은 곳에 산다. 그들은 제우스가 인도하지 않은 곳에서 살지도 않으며 그가 앞장서지 않는 곳으로 가지도 않는다. 그들은 큰 천둥소리를 치는 제우스 곁에 항상 머무른다. 이는 오케아노스의 영생불멸의 딸인 스틱스가 그렇게 하도록 결정을 내렸기 때문이다. 이런 결정이 내린 때는 번개를 치는 제우스가 불멸의 모든 신들을 높디높은 올림포스로 불러놓고 자신의 의지를 천명한 날이다. 제우스는 자신과 함께 티탄 신족과 싸우는 자에게서 어떤 특권도 결코 빼앗지 않을 것이고 그들이 영생불멸의 신들 사이에서 누리던 명예를 예전과 똑같이 누리게 될 것이라고 입장을 밝힌다. 그날 제우스는 크로노스에게서 명예와 특권을 받지 못한 신들도 그에 합당한 명예와 특권을 받게 될 것이라고 덧붙인다. 영생불멸의 스틱스는 사랑하는 아버지 오케아노스의 조언을 받아들여 자식들을 데리고 맨 먼저 올림포스로 간다. 그러자 제우스는 그녀의 명예를 드높여주고 그녀에게 각별한 선물을 선사한다. 그는 신들이 앞으로 하는 위대한 맹세는 그녀의 이름을 걸고 하도록 정하고 그녀의 자식들은 항상 자신의 곁에 살도록 한다."

(『신들의 계보』)

한편 젤로스는 '시합'의 의인화된 신 아곤(Agon)과 동일인으로 여겨지기도 한다.

젤로스에서 유래된 영어 단어들

젤로스에서 유래된 영어 단어들로 '열의, 열심, 열성'을 뜻하는 명사형 zeal과 '열심인, 열광적인, 열중하는'을 뜻하는 형용사형 zealous뿐만 아니라 '시기, 질투'를 뜻하는 명사형 jealousy와 '시샘하는, 질투하는'을 뜻하는 형용사형 jealous도 있다.

•참고문헌•

게롤트 돔머무트 구드리히; 〈신화〉

게르하르트 핑크; 〈그리스 로마 신화 속 인물들〉

괴테; 〈파우스트 II〉, 〈가니메드〉

논노스; 〈디오니소스 이야기〉, 〈디오니시아카〉

단테; 〈신곡 지옥편〉

디오니시오스; 〈로마사〉

디오도로스 시켈로스; 〈역사 총서〉

레싱; 〈라오코온〉

로버트 그레이브스; 〈그리스 신화〉

루키아노스; 〈대화〉

리비우스 안드로니쿠스; 〈오디세이아〉

리코프론; 〈알렉산드라〉

마르쿠스 바로; 〈농업론〉, 〈라틴어에 관하여〉

마리 셸리; 〈프랑켄슈타인〉

마이어스 백과사전, '바실리스크'

마이클 그랜트; 〈그리스 로마 신화사전〉

마크로비우스; 〈사투르날리아〉

몸젠; 〈라틴 명문 전집〉

밀턴; 〈실락원〉, 〈코머스〉

베르길리우스; 〈농경시〉, 〈목가〉, 〈아이네이스〉

보카치오; 〈데카메론〉

비오 2세; 〈비망록〉

세네카; 〈파에드라〉

세르비우스; 〈베르길리우스 주석〉

셰익스피어; 〈한여름 밤의 꿈〉

소포클레스; 〈오이디푸스 왕〉, 〈콜로노스의 오이디푸스〉, 〈안티고네〉, 〈수다(Suda)
　　　　　백과사전〉, 〈에피고노이〉, 〈트라키아의 여인〉, 〈텔레포스 3부작〉, 〈필
　　　　　록테테스〉, 〈테레우스〉, 〈엘렉트라〉, 〈아이아스〉

솔리누스; 〈세계의 불가사의〉

수에토니우스; 〈베스파시아누스〉

스테파누스 비잔티누스; 〈에트니카〉

스트라본; 〈지리지〉

실리우스 이탈리쿠스; 〈포에니 전쟁〉

아라토스; 〈천문〉

아르노비우스; 〈이교도들에 대해서〉

아리스타르코스; 〈호메로스의 일리아스 주석〉

아리스토파네스; 〈개구리〉, 〈여자의 축제〉, 〈정치학〉, 〈벌〉, 〈아카르나이 사람들〉, 〈여자들의 평화〉

아리안; 〈알렉산더 원정〉

아엘리안; 〈동물 이야기〉

아우구스투스; 〈아우구스투스 업적록〉

아우구스티누스; 〈신국〉

아이소푸스; 〈우화〉

아이스킬로스; 〈아가멤논〉, 〈자비로운 여신들〉, 〈결박된 프로메테우스〉, 〈오레스테스 3부작〉, 〈자비로운 여신들〉, 〈제주를 바치는 여인들〉, 〈탄원하는 여인들〉, 〈테바이 공략 7장군〉, 〈오이디푸스 3부작〉, 〈페르시아 여인들〉

아테나이오스; 〈현자들의 식탁〉〈현자들의 연회〉

아폴로니오스 로디오스; 〈아르고나우티카〉, 〈아르고호의 모험〉, 〈황금양피를 찾아 떠난 그리스 신화의 영웅 55인〉

아폴로도로스; 〈비블리오테케〉, 〈원전으로 읽는 그리스 신화〉, 〈아폴로도로스 신화집〉

아풀레이우스; 〈황금의 당나귀〉

안토니누스 리베랄리스; 〈변신이야기 모음집〉

안티클레이데스; 〈노스토이(귀향 서사시)〉

알베르트 카뮈; 〈시시포스의 신화〉

에리토스테네스; 〈별자리〉

에우리피데스; 〈레수스〉, 〈안드로마케〉, 〈크레스폰테스〉, 〈안티오페〉, 〈크레스폰테
스〉, 〈알케스티스〉, 〈메데이아〉, 〈감금된 멜라니페〉, 〈현명한 멜라니
페〉, 〈이피게네이아〉, 〈헤리클레스의 후손들〉, 〈오레스테스〉, 〈힙시
필레〉, 〈박코스 여신도들〉, 〈트로이 여인들〉, 〈멜레아그로스〉, 〈키
클롭스〉, 〈페니키아 여인들〉, 〈헬레네〉, 〈화관을 바치는 히폴리토
스〉

에우세비우스; 〈복음의 준비〉

에우스타티우스 〈호메로스 주석집〉

오비디우스; 〈변신이야기〉, 〈헤로이데스〉, 〈달력〉, 〈로마의 축제일〉, 〈사랑의 기술〉

요한 요하임 빙켈만; 〈박물지〉

월터 카우프만; 〈비극과 철학〉

이시도루스; 〈어원지〉

이진성; 〈그리스 신화의 이해〉

임철규; 〈그리스 비극, 인간과 역사에 바치는 애도의 노래〉

작자 미상; 〈아르고나우티카 오르피카〉

작자 미상; 〈호메로스의 찬가〉

제프리 초서; 〈캔터베리 이야기〉

존 드라이든; 〈돌아온 아스트라이아〉

존 키츠; 〈라미아〉

최복현; 〈신화, 사랑을 이야기하다〉

카를 케레니; 〈그리스 신화〉

카시우스 디오; 〈로마사〉

칼리마코스; 〈데메테르 찬가〉, 〈제우스 찬가〉

퀸투스 스미르네우스; 〈호메로스 후속편〉

크리스토퍼 말로; 〈포스터스 박사의 비극〉

크세노폰; 〈헬레니카〉, 〈테로크리토스에 대한 주석집〉

클라우디우스 아에리아누스; 〈다채로운 역사(varia historia)〉

키케로; 〈신에 관하여〉, 〈의무론〉

토마스 불핀치; 〈그리스 로마 신화〉

투키디데스; 〈펠로폰네소스 전쟁사〉, 〈역사〉

트제트제스; 〈리코프론 주석집〉

티투스 리비우스; 〈로마건국사〉

파르테니오스; 〈사랑의 비애〉

파우사니아스; 〈그리스 안내〉

파테르쿨루스; 〈로마사〉

포티우스(콘스탄티노플); 〈비블리오테카〉

폴리아이누스; 〈전략〉

프로페르티우스; 〈애가〉

플라톤; 〈국가론〉, 〈향연〉, 〈고르기아스〉, 〈프로타고라스〉, 〈파이드로스〉, 〈티마이
　　　오스〉, 〈파이돈〉

플루타르코스; 〈모랄리아〉, 〈사랑에 관한 대화〉, 〈로물루스〉, 〈사랑에 관한 대화〉,
　　　〈영웅전-로물루스편〉, 〈영웅전-테세우스편〉, 〈강에 대하여〉

플리니우스; 〈박물지〉

피에르 그리말; 〈그리스 로마 신화사전〉

핀다로스; 〈네메이아 찬가〉, 〈올림피아 찬가〉, 〈피티아 찬가〉

필로스트라토스; 〈아폴로니오스의 생애〉

헤라클레이토스; 〈단편〉

헤로도토스; 〈역사〉

헤시오도스; 〈신들의 계보〉, 〈여인들의 목록〉, 〈헤라클레스의 방패〉, 〈일과 날〉

헤시키오스; 〈사전〉

호라티우스; 〈서간문〉

호메로스; 〈일리아스〉

히기누스; 〈이야기〉, 〈천문학〉

히에로니무스; 〈요비니아누스 반박〉

그리스 로마 신화 인물사전 7

1판 1쇄 인쇄 2021년 5월 27일
1판 1쇄 발행 2021년 6월 4일

지은이 박규호, 성현숙, 이민수, 김형민

디자인 씨오디
지류 상산페이퍼
인쇄 다다프린팅

발행처 한국인문고전연구소 발행인 조옥임
출판등록 2012년 2월 1일(제 406-251002012000027호)
주소 경기 파주시 가람로 70 (402-402)
전화 02-323-3635 팩스 02-6442-3634 이메일 books@huclassic.com

ISBN 978 － 89 － 97970 － 62 － 9 04160
       978 － 89 － 97970 － 55 － 1 (set)